U0929446

THE CHINESE ECONOMIC

RENAISSANCE

中国经济的复兴

[加] 迪利普·K. 达斯　著
吕增奎　李冬梅　冯瑾　张志超　译

人民出版社

责任编辑：钟金铃
装帧设计：汪　莹

图书在版编目（CIP）数据

中国经济的复兴 /（加）达斯 著；吕增奎 等 译 .
　– 北京：人民出版社，2013.11
ISBN 978 – 7 – 01 – 012850 – 4

I. ①中… II. ①达…①吕… III. ①中国经济 – 经济发展 – 研究 IV. ① F124

中国版本图书馆 CIP 数据核字（2013）第 278498 号

The Chinese Economic Renaissance: Apocalypse or Cornucopia?
Dilip K. Das

First published 2008 by Palgrave Macmillan
北京市出版外国图书合同登记号：01—2009—1048

中国经济的复兴
ZHONGGUO JINGJI DE FUXING

［加］迪利普 · K. 达斯 著　吕增奎 等 译

人民出版社 出版发行
（100706　北京市东城区隆福寺街 99 号）

北京汇林印务有限公司印刷　新华书店经销

2013 年 11 月第 1 版　2013 年 11 月北京第 1 次印刷
开本：710 毫米 ×1000 毫米 1/16　印张：18
字数：240 千字

ISBN 978 – 7 – 01 – 012850 – 4　定价：39.00 元

邮购地址 100706　北京市东城区隆福寺街 99 号
人民东方图书销售中心　电话（010）65250042　65289539

目　录

序

回顾经济历史，能够让人获得诸多启示和教益。19 世纪初期，中国是世界最大的经济体，经济总量超过了整个欧洲。然而，在此后的 150 年里，中国沦落为积贫积弱的境地。封建统治的颟顸无能遭到政治、社会和经济的混乱。随着 1978 年的改革开放，惊人的经济增长和全球一体化的新时代现出了曙光。在 2008 年改革开放 30 周年之际，中国完成了 30 年的宏观经济市场化改革和重组。在短短 30 年内，中国取得了史无前例的成就。2008 年北京奥运会恰如其分地证明了中国重新获得的国际经济地位。

在这 30 年里，几乎所有的经济和社会福利指标都得到了改善，在许多情况下明显如此。中国已经成为一个具有全面决定性的经济体，拥有在全球经济的最快速增长地区中最快的长期年均GDP增长率。中国GDP保持稳定、高速和持续的增长。中国已经从全球经济舞台的边缘走向了中心。很少有经济学家事先认为这是合理的进程。中国经济经历了许多大规模的变革，即从命令经济走向私人部门主导的、分权化的、市场导向的经济，从农村—农业社会走向城市—工业社会，从封闭的经济走向开放的经济。基于中国过去的经济表现，一些分析家预测，按照市场汇率计算，中国在不远的将来将成为世界第二大经济体。中国的成功引起了广泛关注，中国也成为学术界、企业家和公共政策制定者关注的焦点。一些热心的经济学家和分析家开始谈论“中国世纪的黎明”。20 年前，这可能被视为浪费时间，但如今则不是如此。

在改革时期，中国拥有非常高的储蓄率和投资率。在这一时期，投资是中国经济增长的主要推动力。投资与工业增长之间的关系是理解中国经济快速增长的关键。中国经济的全要素生产率出现了骄人的增长。劳动生产率也稳步增长，这有利于中国成为亚洲生产率最高的经济体之一。计划生育政策显著地改善了劳动力供应增长的质量，推动了经济的发展。计划生育政策还迅速地降低了人口增长率。劳动人口的抚养率下降，减轻了他们的抚养重担，为经济提供了人口红利。

来自亚洲邻国和工业化经济体的外商直接投资稳步地流入中国，在此帮助下，中国的制造业部门已经崛起为强大的、具有全球竞争力的庞大部门。中国变成了世界第三大外商直接投资接受国。在大量的工业品市场上，中国被视为难以与之竞争的制造大国。诚然，外商直接投资扩大了中国工业品的种类，提高了它们的质量。最近的工业发展反映了中国生产和制造能力广泛而又深入的增长。中国赢得了“世界工厂”的美誉。

快速的经济增长使中国成为一个越来越重要的全球性经济体，因而提高了它在世界经济中的地位。从以美元目前市场汇率来计算的名义 GDP 总量来看，从 1990 年到 2003 年，中国的排名从第 11 位上升到第 7 位，到 2005 年又上升到第 4 位，中国商品和服务总产值达到 18.2 万亿人民币（或者 2.2 万亿美元）。在名义 GDP 的这种水平上，中国在 2005 年超过了英国。由于 2007 年下半年 GDP 增长率达到 11.5%，因此，按照市场汇率来计算 GDP 的话，中国已经在 2007 年超过了德国，成为世界第三大经济体。中国如此迅速的崛起将会影响全世界的企业、工人和消费者。商业公司将必须制定各种战略，以便在这个新兴的全球商业环境中保持竞争力。随着辐射型安排的衰亡，全球商业发展也不可避免地形成新的中心。随着中国经济扩大它的全球存在，至今仍然傲慢专横的“西方”（加拿大、欧盟、日本和美国）肯定会相对地削弱。在日益多极化的世界中，商业和政治领袖将需要形成一种真正全球性的合作思维。

在不到30年的时间里，中国成为了全球贸易大国，2004年成为仅次于德国和美国的世界第三大贸易大国。对外部门改革促进了这一过程，中国经济的全球一体化继续推进。中国对外部门的表现像亚洲其他高绩效经济体一样。中国一直保持着巨额的贸易盈余，带来经常账户盈余，这部分是因为惊人的高储蓄率。出口导向的工业产品和投资实质上是中国经济增长的支柱。中国把自身改造成为大多数消费品和工业品的全球工厂，成为世界级消费品和工业品的低成本出口国。

中国的另一项卓越成就是成为全球消除贫困的最大贡献者。在过去20年发展中世界的消除贫困成就中，中国就占到了75%。到2015年，中国很有可能消除每天1美元（按照购买力评价计算）的贫困人口。

有一种观点认为，中国崛起成为一个具有系统重要性的经济体，这是地区和全球经济的重大威胁。许多国家无论过去和现在都在加强保护主义大棒。中国被指责导致了全球经济的各种失衡。许多恐慌不仅毫无道理，而且毫无根据。总体上来看，中国已经证明了它对全球经济的积极影响。到20世纪90年代中期，中国开始为全球经济增长提供重要的推动力。中国在供应面上对全球经济产生了显著的积极影响。尽管在短期内中国经济也给全球经济秩序带来了某种混乱，但是中国崛起成为经济大国却是一种建设性的、有益的和有利的发展。自21世纪初以来，中国被视为仅次于美国的全球增长的第二大发动机。我们目睹了未来的经济超级大国的持续增长，它拥有无与伦比的资金，并且精通商业的阶层拥有远大的抱负。随着快速的经济增长进一步扩大中国的全球存在，中国将会对其他经济体产生更大的影响，也使其他经济体更迫切地需要制定应对这种调整的战略和策略。

当然，美国将会继续是全球经济增长的重要引擎。然而，倘若全球经济继续目前的增长趋势，中国和美国将会成为未来全球经济增长的两个主要来源，这是一项有益的发展。前面已经指出，按照某些假设，中国甚至可能比美国发挥更大的作用。在2007年9月美国次债危机爆发和道琼斯指数暴跌之后，美国经济的衰退可能性非常大。全球经济更加迫切需要第二个增长引擎。到 2007 年年底，中国开始被视为全球经济的稳定力量。

本书的主题是中国不再像过去那样是一个边缘的经济体；过去 30 年的快速增长使中国变成全球领先的经济体，一个具有系统重要性的经济体。中国已经巧妙地走上了全球经济的中心舞台，开始像最大的经济体那样影响全球经济。这是一项历史性的成就。中国的经济决策和所发生的事情影响着全球的许多经济体，包括其他新兴市场经济体和工业化经济体。随着全球地位不断提高，中国经济对学术界、商业界和公共政策界的重要性也不断提高。不仅中国经济的增长和成就至今仍然具有重大的意义，而且中国也为其他经济体和公共政策界提供了诸多启示。随着中国的政策制定者从充满活力的东亚经济体吸取了许多经验，其他的发展中国家也能够尝试学习和效仿中国的经验。除此之外，世界其他国家的学者、企业家和公共政策制定者也不可能无视中国的经济。对中国经济的认识现在是而且将来也是他们的宝贵知识。无知会付出高昂的代价。

与大多数关于中国的著作不同，本书全面而又权威地论述了中国经济的大多数领域，包括宏观经济、贸易和金融。这是本书的突出特点。本书并不排除农业、人口特点和人力资源开放等其他相关的事实。值得关注的重点领域包括中国与亚洲其他充满活力的经济体以及全球经济之间的关系和融合。本书深入讨论了储蓄、投资以及经济的金融、银行和货币方面。贸易增长带来的地区一体化、金融流动、外商直接投资和由垂直专业形成的地区生产网络是本书各章所关注的重要问题。人民币问题是另一个激烈争论的领域，本书使用了一章的篇幅讨论了这一问题。

尽管本书从多方面尽可能全面地透视中国经济，但是本书并不想永久保持关于中国经济增长的传说。本书秉持客观、冷静的立场，深入探究中国经济的正面和负面、有利方面和不利方面，既不忽视也不掩盖中国经济的缺点和不足。例如，自从实现宏观经济改革以来，中国的收入不平等已经加剧，基尼系数已经增长。缺乏社会保障网，加剧了收入不平等所产生的问题。本书也讨论和质疑了围绕着中国经济的许多神话，其中著名的神话包括：中国的宏观经济管理是美国宏观经济困境的罪魁祸首；中国的经常账户之所以爆炸性增长，是因为中国廉价的劳动密集型出口；中国偷走了工业化国家的就业岗位；只要人民币大幅贬值，全球经济失衡就会继续；人民币的重新估值将会降低美国的贸易赤字和经常账户赤字。

本书的另一个突出特点是以当代或者后亚洲经济危机（1997—1998年）的视角看待中国经济，提供了关于中国经济相关主题和最新思想的最新看法。本书简洁地讨论了人们在这个主题上必须适当了解的主要规范和实证观点。本书部分章节的写作风格是先列举一些事实，然后对各种主题进行阐述。这是此类书籍的关键。本书以恢弘的笔触描绘了那些与中国经济相关的重要主题的静态和动态方面，极其谨慎地选择和放弃一些主题。

本书所采用的既不是过度技术化的方法，也不是高度模型化的方法。过于强调技术、公式和经济模型，就会让许多读者望而却步，使读者仅限于少数的专家和学者。没有数学公式和经济计量模型的描述性分析风格使本书容易让目标读者理解。许多学生和其他具有良好分析思维、对经济学原理具有适当了解的读者，都会在数学公式中迷失了方向。这种写作风格使更多具有不同文化和专业知识水平的读者容易理解本书。

正是使用这样一种简洁的方式，这种紧凑的篇幅涉及了大量的主题，向学生、研究人员和政策制定者提供了关于中国经济的大量知识。这是一项重要的工作，因为不同类型的相关者都存在着知识的空白。本书的五章内容以容易理解的分析性叙述风格讨论了独立但又密切相关的主题。

就这个主题的重要性而言，许多大学和商学院开始提供关于中国经济的课程。这样的大学和商学院数量庞大，并且日益增多。尽管本书以参考书的风格写作，但也能够用作教科书。前面已经指出，大学生和其他读者在本书中能够找到关于中国经济的一些重要主题的最新知识和思想，能够理解并消化这些知识和思想，并把它们纳入自己的决策之中。大学生尤其是商学院的学生——在完成学业后可能承担与中国经济相关的工作——将会发现这是非常相关、有用和有帮助的知识。

本书的目标读者是经济学、国际经济学、国际政治经济学、国际关系和亚洲经济课程以及工商管理课程的硕士生。志向远大的高年级大学生以及政策官员和研究人员也能从本书中受益。本书在注释中提供了专业术语和深奥概念的定义和说明，因此，只要具有基本的微观经济、宏观经济、国际贸易和货币经济学背景，就足以读懂本书。

本书的目标是为全世界的大学生、商业领袖和政策官员提供一个关于中国经济的事实库，让他们更好地认识那些塑造全球经济的最重要的变革之一。我也想要阐明，尽管中国崛起成为具有系统重要性的经济体和未来的经济大国在短期内给一些经济体带来了破坏性影响，但总体上来看，这对全球经济来说是一种有利的、积极的历史性力量。

狄利蒲·K. 戴斯

2008 年 1 月写于多伦多

致 谢

借此机会，我感谢我的儿子悉达哈斯（Siddharth）提供了快捷而又高效的研究协助，感谢三位匿名评审专家的详细评审意见。这些意见富有建设性，使我受益匪浅。我感谢英国帕尔格雷夫·麦克米伦出版社的拉什卡·巴图尔（Taiba Batool），她极其高效地处理了本书的出版和印刷。三十多年来，我一直忙于研究、写作和发表。我发现，拉什卡·巴图尔的高效率在出版行业是绝对罕见的。我衷心感谢拉什卡·巴图尔在编辑本书的过程中投入的关心和精力。我也非常感谢目光极其锐利的文字编辑菲利普·布斯（Philip Booth）。伊莲娜·蔻特（Hélène Côté）为我的研究提供了一流的帮助；她的幽默像她的图书资料研究一样富有帮助。要想在任何领域中取得卓越的成绩，都需要付出艰辛的努力。在任何社会中，都不需要用刀枪来扼杀卓越的能力。这和无知都将会消失。

毫无疑问，我最应该感谢的人是我的妻子瓦桑蒂（Vasanti）。她料理了所有家务，让我专心从事研究和写作。没有她的不懈支持，我不可能从早到晚毫不停歇地工作。她还一丝不苟地阅读了初稿，毫不留情地找出语法的错误和混乱的比喻。

第 1 章

中国的复兴：30 年不可阻挡的经济进步

The Chinese Economic Renaissance

1

中国经济的“U 形”发展

作为一个政治和经济实体，中国是世界上历史最悠久的国家。自秦代（前 221—前 204 年）以来，中国一直是一个统一、繁荣的帝国。秦始皇的历史功绩在于他创建了一个持续了 2000 年的复杂政府体制。在秦始皇去世后大多数时间里，中国是一个繁荣和管理良好的帝国，是一个富裕的国家，拥有强劲的国内和国际贸易，拥有高度发达的文化和技术。长城据说具有 2200 年的历史，长达 4300 公里，不仅成为自信的象征，而且象征着中国对自身作为一个发达和高雅文明的信念，显示中国渴望把自身与“边境”外的“野蛮人”明确地区别开来（Lovell, 2006）。到公元 10 世纪，中国拥有了职业化的官僚体制，高效地管理着城市和各省。集约式和管理良好的农业给社会带来了繁荣，支撑了中央集权的政治体制（Maddison, 1998）。然而，中国缺乏欧洲国家和日本成功培育的商业实力和军事力量。因此，中国从经济富裕走向急剧的衰落，沦落为贫困的国家。1978 年，中国的经济开始出现了现在所说的“U 形”转向。

15 世纪初期永乐年间，中国的海军和商业船队曾远航到非洲东海岸，也曾穿过太平洋抵达墨西哥，对外贸易非常活跃。在历史上的这一时期，中国是世界上人均收入最高的国家。阿布—卢格霍德（Abu-lughod, 1989）全面地描述了明代（1368—1844 年）郑和直到 15 世纪 30 年代的航海活动。明朝的海军拥有 3800 多艘舰船，其中许多舰船比当时葡萄牙的舰船大好几倍。[1] 在这个时期，中国不仅在造船业上领先于世界，而且在钟表制造、水力学和炼铁工艺上也领先于欧洲。中国其他的发明包括轧花机、丝绸、折叠伞、纸币和纸牌。中国的一些机械“能够与18世纪引发英国工业革命的新机器相媲美”(*The Economist*, 2007a)。科层制的现代政府制度也起源于中国。19世纪初期（1820年），中国是世界最大的经济体，按照购买力平价计算，中国的GDP占到世界GDP总量的32.4%。这使得“中央王国”[2] 远远超过欧洲的经济总量。[3]

在清代（1644—1912年），中国直到18世纪末和19世纪初仍然是最大的经济大国。一直到这时候，中国实质上仍是全球经济的中心。1792年，英国国王乔治三世（1738—1820年）派遣了第一个访华贸易使团。这是一个由外交官、商业、军队和科学家组成的700人的庞大使团。这个贸易使团乘坐3艘大船，带来了西方最先进的科学进步成果，包括望远镜、钟表、气压计、气枪和热气球。[4] 它的目的是让乾隆皇帝（1735—1796年）为之叹服。英国使团力劝乾隆皇帝开放与西方的贸易。[5] 乾隆皇帝狂妄自大，但让马嘎尔尼勋爵向乔治三世转达了十分恰当的信息：

> 天朝抚有四海，惟励精图治，办理政务，珍奇异宝，并不贵重。尔国王此次赍进各物，念其诚心远献，特谕该管衙门收纳。其实天朝德威远被，万国来王，种种贵重之物，梯航必集，无所不有。尔之正使等所亲见。然从不贵奇巧，并更无须尔国置办物件。[6]

然而，在随后的150年里，中国积贫积弱，封建制度颟顸无能，造成政治和社会混乱和经济动荡。[7] 在19世纪中期到20世纪后半期，中国变成了经济社会停滞的典型。中国被广泛视为世界最贫穷的国家之一，通常被认为是饥荒、疾病、瘟疫和落后的地方。20世纪中期，尤其是20世纪60年代，中国遭受了严重的饥荒，经济财富降低到了最低点。“大跃进”（1958—1960

年）和“文化大革命”（1966—1976 年）是严重的不稳定和混乱时期。在毛泽东去世之时（1976 年），中国是世界上最贫穷和最自给自足的国家之一。用国际外交的善意的玩笑话说，中国变成了可怜的经济“废人”。即使 20 世纪 80 年代初期，中国还被普遍当作“贫困”的低收入经济体。

2008 年，中国完成了 30 年广泛的市场取向的宏观经济改革和重组。在这一时期，经济和社会福利的几乎所有指标都得到了改善，在许多指标上明显如此。中国的 GDP 一直长期、稳步、高速地增长。中国经济实力的增强变成了具有决定意义的全球事件。很少有经济学家事先认为这是可行的。基于中国过去的经济表现，一些分析家预测，按照市场汇率来计算，中国在不远的将来会成为世界第二大经济体。这种成功引起了人们的注意，中国已经成为学术界和商业界以及公共决策者关注的焦点。

尽管转型过程仍然有一段漫长的道路要走，但是中国经济发生了多重的明显变革，即从一个命令经济转变成一个私人部门主导的、分权化的市场经济，从一个农村—农业的社会转变成一个城市—工业的社会，从一个低收入的经济体转变成一个中低收入的经济体（按照世界银行的定义），从一种封闭的经济变成一种开放的经济。在过去的 30 年里，中国不仅变成了一个生机勃勃的工业经济体，而且逐渐融入了地区和全球的产品和服务市场，为自身营造了急需的环境。与其他类似规模的新兴市场经济体相比[8]，中国的全球化速度明显更快。新兴市场国家是一组发展中经济体，有趣的是，它们在全球市场上变成了发展中经济体和工业化经济体的激烈竞争对手。

改革进程是毫无问题、一直往前的坦途吗？确切的答案必然是否定的。在史无前例的变革和经济增长的道路上，一些结构性问题显现出来。中国面临着无数的挑战。一个明显的问题是城市居民与农村人口之间扭曲的收入分配。城乡收入差距继续恶化。城市的实际收入一直以每年 12%的速度增长，但农村的实际收入增长速度却只有 5.5%。目前，中国城市居民的收入比农村居民的收入高 3 倍。这种农村与城市之间的收入差距是世界上最大的差距之一，造成了农村人口大规模地涌入城市。到 2005 年，大约 2 亿农村人口流入城市；未来 15 年可能有相同数量的农村人口进入城市。其他的挑战包括日益扩大的收入不平等和随之不断上升的基尼系数。从 1978 年到 2006 年，中国的基尼系数从 0.25 增至 0.41。[9] 在 1990 年到 2000 年的 10 年，中国的基尼系数是亚洲增长最快的国家之一，仅次于尼泊尔（*The Economist*, 2007b）。随着国有企业的重组，本来高企的失业率变得更加严重。地区的经济差距继续扩大，部门内部和部门之间出现了严重的不平等。东南地区的沿海城市比西北和内陆地区拥有更高的人均收入。一些重要部门的产能过剩困扰着中国经济，快速增长导致的环境污染一直在以惊人的速度恶化。这些棘手的经济问题可能阻碍经济增长，提高 GDP 增长的成本，播下社会不满的种子。[10]

全球化不完全是中国的福音。它使中国的经济更加依赖外部需求，使中国容易受到外部冲击。中国的政策官员面临的主要制度性缺陷包括薄弱的法律体系、不成熟与问题重重的金融市场和银行部门以及治理不善。快速的增长加剧了环境的退化和工业污染的严重蔓延。政策改革过程变得更为复杂和挑战性，因为省级和地方政府拥有相当大的经济决策自主权。由此看来，中国的政策环境并不轻松，分歧到处存在。包括制度改革在内的改革只能小步地逐渐实施。

独特的发展模式

在晚近的中国历史上，最重要的历史事件是中国接受了全面的市场取向的经济改革、自由化和重组，抛弃了过去基于中国从苏联学来的中央计划的自给自足体系。经济改革提供了实质性的和意义深远的贡献，即提高了资本和劳动的生产率。经济改革大幅度地提高了经济的效率，大大增强了经济的竞争力。

这种改革和开放计划开始于 1978 年 12 月，改变了中国的经济方向。在中国共产党第十一届三中全会上，最高的领导层作出了这一决策。中国通过了现在所称的“改革开放”政策。这项具有里程碑意义的政策措施结束了中国长达 30 年的经济孤立状态。中国政治领导人宣布了从 1978 年到 2000 年 GDP 翻两番的目标。这已经证明是中国经济历史“U 形转向的决定性时刻。改革开放政策为中国在短短 30 年里惊人的经济进步奠定了基础。

改革的独特性在于它不包括一份详尽的宏观经济改造纲领，而是建立在渐进的、增量的和实验性的变化上。改革的实施者仔细地遵循了邓小平的“要管用”、“实事求是”和“摸着石头过河”等名言。务实和实验实质上是改革的指导原则。由于相信“不管黑猫白猫，捉到老鼠就是好猫”等简单的思想，改革过程的简单可行性被赋予了最高的优先性。改革被命名为“双轨制”，意味着计划经济体制和市场经济体制的结合。这意味既要维护旧的计划经济轨道，又要建立新的市场取向的轨道。这种路径谨慎地避免产生绝对的输家（Das, 1996；Lau, Qian and Roland, 2001）。这种改革范式的一个独特特征，是它面对改革计划通常面临的制约时所具有的灵活性和适应性。双轨制的改革计划带来了高速而又相对稳定的增长，已经证明是一种可行的增长战略。

中国各项改革的顺序已经众所周知。20 世纪 70 年代末，改革以农业部门的地方重组始于农村地区，结果大大提高了单个的集体生产单位及其农民的自主性。随后，这些改革以 1978—1979 年的家庭联产承包责任制的形式而法律化和发展起来。下一步改革是 20 世纪 80 年代初以家庭生产单位取代集体生产。同时，1979 年创办了乡镇企业；乡镇企业也由地方的政治领导人创办，结果证明是一项成功的实验。20 世纪 80 年代，乡镇企业是工业部门中最有活力的部分。它们把市场引入农村经济之中。当农村地区的这些改革实验似乎取得成功的时候，充满信心的当局于 1984 年在城市地区引入了类似的措施。国有企业的管理人员被谨慎地赋予了自由，允许保留部分的利润。随后，国有企业按照承包责任制进行了许多制度性改革，个别国有企业被给予了越来越多的权力。这就是中国大步前进的经济改革进程的起点。在30年里，改革实际上更新了整个经济结构。

城市的改革继续进行，改善了城市人口的收入状况，而城市人口在被管理的经济下受到了优待。这导致了目前的城乡差距。城市人口享有农村人口得不到的食品和社会保障。“偏袒城市”使中国进行了城市化和维护了社会稳定（Yueh, 2008）。人民币在改革之时遭到了高估，在20世纪80年代又发生了贬值。因此，人民币的真实有效汇率出现了下降。然而，必须指出的是，由于数据问题和多种汇率的存在，难以正确地计算出20世纪80年代人民币的币值。

1994年后，中国加速了追赶进程。一些分析家认为，1994年之后的增长超过并快于1994年之前的增长。在这一阶段，工业部门和对外部门加速了市场导向的改革。中国第一次颁布了公司法。于是，在1994年后的时期，GPP的长期平均增长率、投资和贸易扩张比以前更高。这是因为“一种把市场导向而又精明的宏观经济改革与积极的、增长导向的宏观经济政策相结合的政策组合”（Geiger, 2005）。像在过去的其他亚洲高绩效经济体[11]中一样，中国的政策制定者格外关注对外部门。稳步地提高对主要出口市场的渗透，使中国能够快速增加和积累工业资本。当然，促进对外部门驱动型增长的战略是一项要求很高的任务，因为其中有许多相互作用的因素。政策制定者务实地效仿其他亚洲高绩效经济体的成功增长经验，这是容易想到的策略。

为什么改革开放计划取得了成功？

这是一个值得探究的问题，因为全面的或者所谓的爆炸性的改革开放计划面临诸多的困难，在东欧许多中央计划经济体和苏联那里表现糟糕。实施改革开放计划已经证明是一场复杂而又艰苦的斗争，产生了巨额的短期调整成本。在早期阶段，改革开放计划导致了严峻的负增长和失业率的飙升，这产生了很高的社会成本，为大多数人带来了痛苦。中国的改革计划之所以取得了成功，根本原因是过往的政治领导层具有远见，被广泛地视为睿智、能干、务实和注重结果的领导层。他们真诚地致力于改革计划，拒绝意识形态教条的欺骗。他们具有开放的思维，不会受制于意识形态。其他国家的政策制定者尊敬他们的务实态度、专心和对那些促进增长和全球一体化的战略的强烈信念。中国领导人实施改革的路径高度重视权宜之计。因此，他们理性地思考和选取对中国具有价值的资本主义经济政策。最富有成效的措施是采取帕累托改进的局部性改革。局部性改革的基本思想是采取价格双轨制。旧的国有企业制度继续是享有特权的经济部门，拥有优先获取投入的特权地位。结果，改革初期出现了不必要的大量下岗工人。旧的重工业部门得到了保护，因此，当它萎缩的时候，它的萎缩速度并不快于正在取代它的新轻工业部门的增长，而新的轻工业部门正在取代旧的重工业部门（Sachs and Woo, 2003）。国有企业或者非公司经济单位是全民所有并由国家管理的单位。国有企业部门是如此协调地缩减，因此，它继续让位于在新经济下产生的经济单位，就是说，后者扩张，前者萎缩。这种局部性改革战略结出了丰硕的果实。宝贵的成绩之一是中国的改革已经证明是一种没有输家的过程（Lau et al. 2001）。

显而易见，政策官员的经济政策目标是工业化、增长、城市化、全球化和经济现代化，这些目标充满了趋同的力量。一旦走上了高速增长的轨道，政策官员们谨慎而又娴熟地尝试转向实现公平的增长框架。由于农村地区的贫富差距日益突出，它们近年来成为了政策关注的特殊焦点。控制农村人口的外流，使之不对城市人口的生活质量产生负面的影响，这样一种管理农村人口外流的方式也是政策关注的焦点。中国的改革战略为许多经济主体提供了合理的激励。这意味着激励具有高度的相容性。收益预期促使经济主体采取了所渴求的经济行为。这种类型的改革实施方式是邓小平的遗产。当大多数人口看到有利于自身的好处时，他们就支持改革开放计划。当然，有一些失望的群体承受了损失。例如，现任的官员认为自己是潜在的输家。在印度、东欧国家和俄罗斯联邦的改革过程中，这个阶层的抵制产生了无数的障碍。在中国，改革并未排斥或打击现任的官员。他们获得了同企业家共同创办私人或准私人企业的机会。尽管这种路径导致了腐败，后来遭到了批评，但是腐败被认为是改革要取得进展就不得不付出的代价。

那些设想中国改革进程的人相信必须围绕着旧的经济体制建立新的经济体制。他们并不是从摧毁旧的制度和结构并代之以新的制度和结构开始。事后来看，这种战略哲学极为出色地促进了中国的改革。第一，始于 1979 年的农业改革贯穿于整个 20 世纪 80 年代初期。授予每一家农户长期使用土地的许可是最重要的政策步骤之一。农村的改革结果非常成功。在新的体制下，农民实质上变成了拥有家庭所有权的私人农民。第二，在工业领域中，新的非国有企业是改革的最明显的特征。私人部门或者非国有企业诞生了，缓慢但稳步地成长，尽管在经济中没有取得支配地位，但为自己谋得了一席之地。以银行为中心的金融体系存在严重的缺陷，为创业活动制造了障碍，但并未阻止创业活动的产生。

第三，尽管庞大的国有企业帝国继续萎缩，但是一些国有企业的生产率仍然得到了一定的提高。这是因为它们采取了经济上的自由化措施和激励。除了保留利润外，国有企业制定了管理人员的新聘用方法，成功的管理人员将会获得金钱奖励。接下来，国有企业被允许奖励生产更多的工人、付给他们奖金和设计自己的激励制度。允许管理人员以短期合同雇用工人，缓解了劳动法规的僵化。第四，在改革的后来阶段上，国家在经济中的作用缓慢下降，逐渐减少对国有企业的支持，放手让国有企业部门与非国有企业部门竞争，这些促进了经济走向市场体制这个大肆宣传的目标。第五，外商投资企业的增多[12]在改革的成功中发挥了至关重要的作用。最后，中国改革之所以取得成功，最重要的因素之一是中国释放了经济竞争的力量，尽管最初有些犹豫不决。[13]

正如上一段话所说，由于改革不断取得进展，中国采取了创造性破坏的措施，国有企业部门的规模也随之开始缩小。20 世纪 90 年代期间，中国开始私有化一些国有企业，其目的就像世界其他国家的私有化计划一样，即利用资本市场的压力改善国有企业的业绩，其中许多国有企业拥有脆弱不堪的资产负债表，不像其他国家的公众持股公司那样是商业关注的焦点(Ahn and Cogman, 2007)。1995 年，在 30 万家国有企业中，大约有一半关闭、合并和私有化。2005 年，14 万家国有企业雇佣了 4000 万工人（*The Economist*, 2006)。中国的许多国有企业已经变成了私人所有的企业。所有权结构的这种变化带来了高效率的资本配置，加强了对增长的关注，提高了对投资者的回报。(Tang, 2007)

从 1980 年到 2003 年，国有企业在固定资产投资中的比例从 80%下降到 40%。在同一时期，国有企业在工业产出中的比例从 80%下降到 13%。2000 年初，非国有企业部门的产出占到了工业总产出的一半以上，但这并不是说私有部门拥有强劲的增长。根据国家统计局的估算，2003 年私有企业的产出占到 GDP 的 59.2%，而公有部门则占到 40.8%（Zeng and Wang, 2007)。现在，国有企业开始在许多工业部门中占据主导地位，这使它们变成越来越市场导向型的企业。然而，从工业增加值的角度来看，从 1994 年到 2003 年，国有企业所占的比例从 54%下降到 45%。这些统计数据令人信服地证明，尽管国有企业部门继续急剧衰落，退出许多经济领域，但是它仍然具有重要的作用（Lo, 2005)。国有企业部门的资产仍然占到中国工业总资产的 50%。更糟糕的是，三分之一的国有企业不会取得任何投资回报。在市场取向的经济中，它们可能会马上倒闭。毫无疑问，国有企业的倒闭把失业率提高到令人不安的水平上，尽管日益壮大的非国有部门雇用了一些失业工人。

两派分析家研究了中国改革成功背后的因素，但并不赞同彼此的观点。第一派分析家属于实验主义学派，相信改革成功的原因在于它们具有实验的、渐进的和增量的性质。另一派分析家属于趋同主义学派，相信改革成功的原因在于它们趋同于非社会主义经济或市场经济的改革。后一学派解释了为什么中国在实施改革时采取了渐进主义路径。在这一学派看来，这主要是因为政策制定者在行动的路线上缺乏共识。由于新式的市场取向改革者与旧式的社会主义改革者之间的权力分化，几乎没有可能采取并迅速地实施新的市场取向改革（Sachs and Woo, 1997）。因此，改革被迫而不是主动地采取了渐进主义。经济的许多部门开始按照市场的方式运作，利用市场的力量。它们的壮大带来了经济尤其是生产率的增长，为经济提供了大量的改革红利。

两个至关重要的变量：储蓄与投资

一般认为，储蓄率和投资率对发展中国家来说是最重要的两个变量。因为它们共同创造了生产性的股本，这反过来对GDP的增长率产生了重要影响，换句话说，国内的宏观经济环境是否有利于增长，经济是否不充满了扭曲。

高储蓄率具有明显的好处：提供廉价和充沛的资本，从而帮助产生物质资本和带来强劲增长。中国经济的突出特征是它的增长奇迹严重依赖惊人的储蓄率和投资率。即使在改革之前，中国也是一个储蓄率和投资率超高的经济体。因此，物质资本形成率维持在非常高的水平上。

在宏观经济改革开始的时期，由于储蓄第一，所以，正是政府部门创造了绝大多数的国内储蓄。在一个中央计划的经济体中，政府能够毫不费力地做到这一点。这种趋势持续到20世纪80年代初期。当时，以可支配收入的比例来衡量，家庭储蓄率低到只占GDP的5%的程度。随着20世纪80年初期之后政府储蓄率下降，家庭储蓄率稳步上升和逐步恢复。到 20 世纪 90 年代中期，家庭储蓄率已经上升至占到 GDP 的 30%以上的水平上。随后，家庭储蓄率又小幅下降。这种水平的家庭储蓄率远远高于经合组织的任何成员国。中国的家庭恪守儒家原则，勤俭持家，精明投资。家庭储蓄率唯一高过中国的国家是印度。在印度，政府通常保持巨额的赤字，也就是说，政府并不进行储蓄。中国公司或企业部门的储蓄率也保持在异常高的水平上。自 20 世纪 90 年代中期以来，家庭储蓄率一直下降。在这一时期之后，企业部门储蓄率的上升是因为政府和公司部门储蓄率的上升。这三种储蓄率共同使国家的储蓄率成功地维持非常高的水平上。因此，在这个方面，中国的发展经验类似于其他亚洲高绩效经济体，这些经济体在快速增长时期通常成功地维持很高的储蓄率（Modigliani and Cao,2004; He and Cao, 2007）。

洛亚萨等人（Loayza et al., 2000）使用根据总储蓄标准收集到的目前最大量的数据，探究国家和私人储蓄的决定因素。从一个经济体中影响储蓄表现的决定因素的类型来看，他们的跨国经验研究是最丰富的。他们确认了下列变量：发展水平、GDP 增长率、财政政策、养老金改革、金融自由化、人口和城市化。有趣的是，这些决定因素只能部分地解释中国的储蓄表现。从 1978 年到 1995 年，中国的平均储蓄率是占到 GDP 的 37%，而同一时期国际的平均储蓄率是 21%。卡拉伊（Kraay, 2000）使用了洛亚萨等人确定的变量，进行了跨国回归分析，发现高增长率乃至有利的人口影响只能部分地解释中国的高储蓄率。即使一组充分的变量也不能解释中国的高储蓄率，中国的储蓄率比基于中国经济特征的预期高出 10 个百分点。这种趋势一直保持下去，2004 年，中国的储蓄率仍然比 1978—1995 年 37%的平均水平高出 10 个百分点（Kuijs, 2006）。在最近一段时期，中国的储蓄率比储蓄率传统决定因素所解释的水平高出 15%到 20%。家庭储蓄率和公司储蓄率之所以如此之高，明显是因为市场经济的降临使这两个部门不得不想要为它们的长期金融安全做好准备。由于经济转变为市场经济体系，家庭再也得不到过去由国有企业提供的慷慨的养老保障。此外，家庭需要为购买消费耐用品和住房、子女教育费用和赡养老人进行储蓄。在缺乏有效的社会安全网的情况下，它们也需要为不时之需储蓄，即所谓的“预防性”储蓄。还有，当国有企业是依赖融资的银行时，新生的私人公司部门却需要为了再投资进行储蓄。因此，这两个部门别无选择，只能变成高储蓄者，就像其他亚洲高绩效经济体一样。尽管生产繁荣，但是储蓄率高企并不断增长，直接的影响和缺陷是中国经济的消费低下（参见本章第 6 节第 3 小节）。自 20 世纪 80 年代中期以来，消费在 GDP 中所占的比例持续下降。在亚洲金融危机之后，其他亚洲高绩效经济体的公共消费在 GDP 中所占的比例不断恢复，但是中国的比例却持续下降。

从国际的标准来判断，投资率也明显高企，即使在改革之前就是这种状况了。投资，或者更确切地说，作为 GDP 重要部分的投资，是这一时期经济增长的主要推动力。20 世纪 70 年代下半期，固定资产形成总值在 GDP 中所占的比例是 34.5%，20 世纪 80 年代上升到 35.4%，20 世纪 90 年代增至 38.5%，2000—2004 年又进一步增至 39%（Perkins, 2006）。2004 年，投资在 GDP 中所占的比例达到 45%。高投资率部分地反映出中国资本密集型的经济结构和对基础设施的大量投资，也部分地解释了 GDP 的快速增长。尽管 20 世纪 70 年代投资在 GDP 中所占的比例很高，但是 GDP 增长率却未曾提高。随后，由于宏观经济的改革，当 GDP 增长率加速的时候，它提高了投资率，支撑了股本积累的增长。中国实质上依赖国内的储蓄来维持很高的物质资本形成率。外商直接投资无疑为中国的增长作出了重要贡献，但仅占到每年净投资率的小部分。

2005 年，名义固定资产形成总值超过了 GDP 的 40%，这超过了 20 世纪 90 年代初期 37%的最高水平。此外，它比 20 世纪 90 年代的最低水平高出 10 个百分点。与经合组织国家和其他亚洲高绩效经济体相比，这是异常高的投资水平；在经合组织国家和其他亚洲高绩效经济体中，没有一个国家达到占 GDP 的 30%的水平（Barnett and Brooks,2006）。近年来，出口导向的制造业、基础设施和房地产开发是投资的三个主要推动力。然而，如此快速的投资导致了对生产资源配置效率的怀疑。就中国的经济而言，并非所有的投资都是高效而又精明的投资。尽管银行和金融部门以及国有企业的改革取得了进展，但是局限和缺点仍然存在，往往拖累了投资的效率。

投资与工业增长之间的关系是理解中国增长加速的关键因素。对新工业资产的投资或利润再投资是 GDP 增长背后的重要推动力。不断增长的投资导致了资本深化，从而提高了劳动生产率和潜在的 GDP 水平。在一段时期内，汹涌的投资导致了对经济过热的担忧。政策制定者已经尝试遏制信贷扩张，提高商业银行的准备金率，以便放慢投资。同时，政策制定者还多次提高了一年期贷款基准利率。

2006 年，固定资产投资增长率从上半年的 30%下降到下半年的 21%。纺织、煤炭、电力、汽车、水泥、铝和钢铁等生产过剩部门的投资明显放慢。由于严重的过剩，为房地产投资降温的努力持续了数年。尽管投资不再加速增长，但是仍然继续增长。金融部门的脆弱性通常使以货币和财政政策对信贷和投资率进行微调变得困难。此外，这些政策措施在市场经济体中非常奏效。中国至今尚未完全转变为市场经济体。同样地，中国的银行体系并不是市场取向的，中国人民银行并不是一个市场经济所要求的独立机构。基础设施领域也时而不时地出现判断失误的过剩投资。[14] 除了货币和财政政策外，政府还尝试通过行政措施遏制投资率，有时竟然取得了成功。

人口红利

20 世纪五六十年代，中国出现了生育高峰。像所有低收入国家一样，中国的婴儿死亡率在这一时期高得令人痛心。然而，总体上来说，出生率仍然很高，因而，决策层日益担心自然资源的消耗。于是，1978 年中国采取了计划生育政策。计划生育政策先在城市地区实施，然后又扩大到农村地区。1982年年底，宪法正式确立了这一政策。尽管计划生育政策执行严格，但是确实出现了一些例外情况。

当然，计划生育政策明显改善了质量调整后的劳动力供应增长，从而使中国的经济受益。这项政策使年均人口增长率从1950—1978年的2.01%下降到1979—2004年的1.16%。2005年，中国的人口增长下降到0.65%。人口增长率的下降，也降低了抚养率。[15]由于要抚养的子女减少，15—64岁的劳动年龄人口降低了所承担的抚养压力。这为经济带来了人口红利。

计划生育政策导致了低人口增长率，在1978年后的快速增长时期帮助提高了人均收入。这一时期也是人力资本积累的重要时期。由于计划生育政策，人力资本投资稳步增长，从而直接对教育和生活标准的提高产生了有利的影响。计划生育政策增加了对教育的公共和私人投入，使人力资本出现了质的提高。按照梁红（Liang, 2005）的估计，1979—2004年人力资本质量的提高为经济增长贡献了15个百分点，相比之下，劳动力增长贡献了13个百分点。

自20世纪70年代末以来，中国受益于人力资源即新生劳动力的强劲增长。中国农村地区拥有大量过剩的非熟练劳动力，目前仍然如此。农村不仅比城市存在更高的失业率，而且还持续存在大量的隐性失业。因此，农村地区已经并且继续拥有具有十足弹性的劳动力供应。这种劳动力供应具有超低的机会成本，几乎可以忽略不计。这符合著名的经济发展的刘易斯模式。[16]农村的劳动力一直不断流入城市。这帮助中国获得并强化了基于制造业的经济成功。

现有的证据表明，劳动力的增长率在2010—2030年之间将会放慢。在这一时期，人口的快速老龄化将会制约增长的前景。[17]这将是人均寿命提高和计划生育政策的结果，而计划生育政策则将会放缓年轻人口的增长。随着时间的流逝，年轻人口数量低，将会减少15—64岁的劳动人口的规模，造成抚养率上升。据估计，中国的抚养率将在 2010 年开始上升（Qiao, 2006）。这将会逆转中国的人口公式，使上文所提及的人口红利变成人口赤字。诚然，中国人口公式的逆转将会对中国经济产生不利的影响。

全要素生产率的增长

要改善一般生活标准，提高经济的总体竞争力，关键在于生产率的增长。在改革时期，中国的增长是基于要素的积累还是基于生产率的增长？这个问题引起了学者们的激烈争论。全要素生产率衡量一个经济体的总体效率。全要素生产率也被称为“索洛余值”（Solow residual）或多要素生产率，被定义为不是由要素投入增长带来的产出增长。一些经验研究和经济计量学研究评估了中国增长的来源。虽然评估和结论由于方法论和假设的不同而不同，但是其中许多研究得出了一些一致的重要结论，例如在全要素生产率对实际 GDP 增长的积极贡献上。基于生产函数的评估显示，在 1978 年以前，几乎全部的产出增长可能来源于资本积累，因为劳动力增长的贡献率非常低（Heytens and Zebregs, 2003）。

早期的一些研究员使用 20 世纪 80 年代的数据系列，指出增长实质上来源于资本积累（Chow, 1993; Borensztein and Ostry, 1996; and Sachs and Woo, 1997）。这些研究使用增长核算方法来评估中国经济的增长。根据刘遵义和朴贞秀（Lau and Park, 2003）的研究，在 1965—1995 年，“有形投入”或物质资本积累对产出增长的贡献率是 86%到 95%，而劳动力增长的贡献率则是 5%到 14%。他们得出结论，在这一时期，全要素生产率并未出现增长。克鲁格曼（Krugman, 1994）赞同这些研究者的结论，告诫说，如果 20 世纪 90 年代中国的全要素生产率并未增长，那么单纯的生产要素积累不足以维持快速的增长。

随后的一系列研究（例如 Hu and Khan, 1997; Wang and Yao, 2003; Wu,

2004 和 Arayama and Miyoshi, 2004）使用超越对数（Translog）生产函数，在计算总生产率的过程中集中估算要素投入的份额。这些研究发现了改革时期全要素生产率正增长的可信证据，虽然所估算的全要素生产率增长率在2%到4%之间。梁红（Liang, 2005）驳斥了刘遵义和朴贞秀（Lau and Park, 2003）的结论，发现他们所估算的60%的资本积累比例过高，得不到全国收入统计数据或对企业财务数据的自上而下分析的支持。

更晚近的研究使用了不同的方法，以确定究竟是中国的全要素生产率出现了增长，还仅仅是生产要素积累出现了快速增长。在改革启动之后，中国的 GDP 增长率大约是 9%，也就是说，比改革前的平均增长率高出 3%，大约是全球 GDP 增长率的 3 倍。海登斯和哲布克（Heytens and Zebregs, 2003）得出结论，这种增长是全要素生产率增长的结果。一些研究使用前沿生产方法来估算全要素生产率的增长，把全要素生产率的增长分解为两个部分：效率变化和技术变化。陈雨（Chen, 2001）使用了这种方法，得出如下结论：在 1992—1999 年，全要素生产率出现了增长。此外，技术改进对全要素生产率增长的贡献大于其他任何因素。同样地，郑京海和胡鞍钢（Zheng and Hu, 2004）得出了同样的结论，发现尽管全要素生产率的增长起伏不定，但是在 1979—2001 年的大部分时期技术进步推动了全要素生产率的增长。

高路易和王涛（Kuijs and Wang, 2005）运用的柯布—道格拉斯（Cobb-Douglas）生产函数模型，估算了 1978—2004 年生产要素积累和全要素生产率的贡献率。他们发现，自从 1978 年开始改革以来，全要素生产率的增长为 GDP 增长作出了重大贡献。他们的估算表明，在这一时期，尽管股本增长对 GDP 增长的贡献率超过了一半以上，但是全要素增长对 GDP 增长率的贡献率是年均 3.3%。就业增长的贡献率是正的。他们把样本时期分为 1978—1993 年和 1993—2004 年这两个时期，并进行了比较。他们得出结论，生产要素积累对 GDP 增长的贡献在前一时期大于后一时期。原因是在这两个时期资本—产出率从 2.2%增长到 2.4%。1994 年后，投资出现了快速增长，而全要素增长则出现了小幅下降。一些学者（Shiu and Heshmati, 2006）不赞同这些研究结果，描绘了 1993—2003 年技术的稳步增长。他们的研究发现了中国经济的全要素生产率增长状况：1991—1995 年达到了最高。他们的研究也涵盖了中国 30 个正在进行工业化的省份。由于基础设施大幅改善，中部省份的全要素生产率达到了最高。但是，西部省份的全要素生产率最低。原因包括资源配置的改善、技术升级和边干边学。

农业和工业部门的结构性改革似乎是全要素生产率增长的原因。上文已经表明，农业部门的自由化在 20 世纪 80 年代初期取得了进展，而工业部门的市场导向改革则在 20 世纪 90 年代初期加速进行。这些是全要素生产率增长的重要因素。劳动力从第一产业向第二产业和第三产业的转移是生产率增长的基本因素之一。这是因为农业具有极低的劳动边际生产率，而工业和服务业则拥有很高的劳动边际生产率。

与服务业相比，工业部门生产率的增长远远高于服务业，尽管它们的生产率都在增长。到 2003 年，中国工业部门的全要素生产率是世界上最高的（Kuijs and Wang, 2005）。德克尔和范登布洛克（Dekle and Vandenbrocke, 2006）又一次确证了中国全要素生产率的增长。根据增长核算研究，他们使用了调整后的全国核算数据，发现在 1979—2003 年增长的主要来源是私人工业部门全要素生产率的增长，而国有企业全要素生产率的增长接近于零。生产率的微观工业数据显示，私人工业部门全要素生产率的增长是国有企业的 2 倍多（OECD, 2005a）。这个结论并不令人惊讶。全要素生产率之所以明显增长，实质上是因为改革政策的演进过程。改革政策至关重要的贡献之一是逐渐而又持续地提高体制的效率。此外，我们不能忽视的一个事实是：在改革之前，中国经济的生产率处在低点之上。从中央计划机制走向市场机制，是“生产率不断增长的最重要的一个原因”（Bernanke, 2006）。

过去 30 年里，中国经济发生了巨大的结构性变革，现在市场力量支配着大多数经济活动。市场力量首先开始在农业部门中发挥了进步作用，提高了整个农业部门的生产率。随后，市场机制逐渐扩大到工业中，接着也扩大到大多数服务业中。中国逐步取消了命令经济的价格控制。到1999年，大约95%的零售业、农产品和工业品以及超过80%的贸易都按照市场决定的价格进行（Lardy, 2002）。私人部门和外商投资企业逐渐被允许与国有企业进行竞争。中国贸易的扩张和外商直接投资的增长进一步加强了经济的市场规则。诚然，这种结构性变革至今尚未完成，仍在继续。经验的研究得出结论：国有企业部门的效率过去并且继续远远低于私有部门。倘若中国高效地把资本配置给私人部门而不是国有企业，就能够以更少的投资因而以更高的消费，实现同样高的GDP增长率。

劳动生产率是另一个必须关注的相关变量。在中国经济的快速增长中，劳动生产率的稳步增长或者工人人均产出的增长发挥了重要作用。三个变量（工资、相对价格和劳动生产率）共同决定了单位劳动成本。如果生产率不增长，工资的增长将会导致单位劳动成本升高，从而使经济失去竞争力。相反，劳动生产率的提高将会降低单位劳动成本，提高经济的竞争力。正是劳动生产率使工资增长和提高经济总体竞争力得以可能。正如中国一直所做的那样，一个经济体要在全球市场上成功地进行竞争，关键在于劳动生产率的提高。

劳动力从中国农业部门到制造业和服务业部门的重新配置，相当于它们从低生产率和低工资的就业流向高生产率和高工资的就业。中国的劳动力显著地从农村地区流向城市地区。1970年，80%的中国人口生活在农村地区。到2005年，这一数字下降到60%。近年来，这种人口从农村地区向城市地区的流动加快了速度。这带来了劳动力从任何标准来看都是大规模的跨部门流动。农民与城市工人之间的生产率差距是世界上最大的生产率差距之一。整个经济的人均GDP比农村地区人均附加值高出3倍。

自1978年以来，农业部门劳动力所占的比例稳步下降，而制造业和服务业所占的比例则稳步上升，尽管1990年上升的幅度有所降低。这种结构性变革已经成为不仅是劳动生产率大幅增长，而且是一般增长的来源。它也影响了中国经济的结构性变革。中国跨部门的劳动生产率继续存在巨大的差异。2005 年，农业的人均产出据估计达到 800 美元；工业、制造业和公用事业的人均产出是 5900 美元，比农业的人均产出高出 7 倍。[18] 德克尔和范登布洛克（Dekle and Vandenbroucke, 2006）所作的预测表明，私人工业部门和整个经济将来会继续保持高速的劳动生产率增长。国有企业的就业比例将会继续缩小，而充满活力的私人工业部门的就业比例将会继续提高。到 2030 年，它将会占到总就业的 70%左右。

国际劳工组织（ILO）的最新研究提供了中国劳动生产率稳步增长的证据。这种增长促使中国成为亚洲生产率最高的经济体之一。2000 年，中国的劳动生产率比东盟 [19] 经济体的劳动生产率低 26%。然而，到 2005 年，中国的劳动生产率提高了 5%。这种差距开始扩大。中国的劳动生产率一直以每年 6.6%的速度增长，这比东盟经济体 2.9%的增长速度高出 1 倍多。中国的劳动生产率增长同高中和大学教育的爆炸性增长是一致的。相比之下，印度的劳动生产率远远低于中国。2005 年，印度的劳动生产率是 27%，低于东盟的劳动生产率。然而，印度的工人正在逐渐追赶，他们的劳动生产率的最新增长率是 4.4%（ILO, 2007）。

快速的增长与持续的经济崛起

在改革时期，中国出现了令人眩晕的经济增长，未曾像其他新兴市场经济体那样遭遇过任何重大的危机，增长过程也未发生急剧的中断。在全球经济增长最快的地区，中国成为 GDP 长期平均增长率最高的经济体。中国刚刚成为全球增长最快的经济体。从 GDP 真实平均增长率、人均 GDP 增长和工人人均 GDP 增长这三个长期（1978—2005 年）增长指数来看，中国是全球经济增长的冠军，博茨瓦纳、韩国和泰国分别位列第二、第三和第四位。

主要是由于在短短30年内的经济表现，中国崛起成为全球经济的主要经济大国。中国强劲的增长势头创造了经济发展史上的新标准。经济史上几乎不存在与中国目前的增长表现相媲美的例子。从1979年到2005年，中国人均GDP按照美元计算暴涨了5倍（Yusuf and nabeshima, 2006），由此显而易见，这个史无前例的成功故事带来了巨大的福利影响。在从旧的命令经济框架进行转型的社会主义经济体中，中国是少数向市场经济体制转型取得重大进展的国家之一（参见本章第1节第2小节）。

中国最初之所以吸引外企，是因为中国是一个拥有十多亿消费者的巨大市场，也成为生产销往全球的工业品的首选地点。中国的制造业部门已经成强大的、大规模的和进行全球竞争的部门。它变成了一个在大规模制造的产品上难以与之竞争的制造巨兽。诚然，外商直接投资为中国制造业产品的数量和质量作出了贡献，“最新的工业发展反映了中国生产和制造能力广泛而又深入的增长”（Brandt and Rawski, 2005）。在不远的将来，中国经济快速增长和融入全球具有良好的前景。中国阻止了全球经济的急剧放缓，也防止了国内的严重危机，因而受到了广泛的期待，即坚持它在一些制造业部门中的领导地位。中国几乎没有显示出经济在短期内急剧下降的迹象。倘若这种前景成为现实，并且中国的经济在中期内即在十多年里按照目前的速度继续增长，中国就会比日本产生更广泛的全球影响。

中国长期（1978—2004年）的年均实际GDP增长率达到9.6%，这无论在绝对的意义上还是在相对的意义上都是令人印象深刻的数字。[20]1994年，中国采取了统一的、稳定的和竞争性的汇率策略。直到那时，中国一直实行官方汇率和浮动汇率的双重汇率制。浮动汇率是掉期市场汇率。20世纪90年代，中国采取了低利率和反周期财政政策的政策立场。由于采取了市场导向的宏观经济改革和微观经济改革相结合的政策组合，中国经济在1994年后加速增长。在1994年短暂的通货膨胀后，降低通货膨胀成为优先的政策。近年来，中国的经济表现仍然稳健。在2000—2006年的7年里，实际

GDP 的年均增长率按照不变价格计算达到了 9.41%。在 2003—2006 年的 4 年里，实际 GDP 的年均增长率超过了 10%。[21] 尽管 2007 年 GDP 增长率的目标是 10%，但是当年上半年 GDP 的增长率达到 11.5%；按照市场汇率或人均购买力平价来计算，这使中国能够为全球经济增长作出最大的贡献。据预测,2007 年，中国的 GDP 增长率据预测是 11.5%，减速后达到 10%(WEO, 2007)[22]。倘若增长奇迹的定义是 GDP 年均增长率为 7%，或者是长达 25 年或更长期的增长，那么中国经济无疑经历了增长奇迹。快速的增长需要高超的宏观经济管理，高超的宏观经济管理减少了波动性和风险，并使现实的 GDP 增长接近潜在的 GDP 增长。1995 年，中国实现了这一目标，它的 GDP 增长率更接近于潜在的 GDP 增长。

中国经济增长的根基实质上是出口导向的工业产品和投资。由于成为大多数消费品和工业品的全球工厂，中国成功地变成了世界大多数消费品和工业品的低成本出口国。中国赢得了“世界工场”的美誉。根据 2006 年的统计数据，这种趋势仍然在持续，对外部门和投资继续是增长的主要动力。2006 年，工业部门对 GDP 增长总额的贡献率是 7%或者占到 65%；服务业部门的贡献率是 3.2%或者占到 30%；农业部门的贡献率是 0.5%或者占到 5%。从需求面来看，正是源源不断的投资推动了 GDP 的增长，对 GDP 增长总额的贡献率是 4.1%或者占到 44%。消费的贡献率仅仅为 3.2%，或者占到 38%，而出口的贡献率是 2.1%，或者占到 21%（ADO, 2007)。对外贸易和投资复苏共同推动了国内需求，GDP 增长率在 2007 年上半年达到了 11.5%。

1997—1998 年的亚洲经济和金融危机间接地影响了中国，21 世纪第一个十年初期 SARS 流行病也损害了中国的经济表现，使中国的 GDP 增长率出现了明显的放慢。更重要的是，在经历 30 年的快速增长后，中国经济也充满了结构性问题，需要再平衡。尽管中国经济并未受到亚洲经济和金融危机的严重影响，但是亚洲新兴工业化国家[23] 和东盟四国[24] 却付出了沉重的经济和社会代价。中国向受到危机影响的地区邻国伸出了援手（Das, 1999, 2005），证明了自己是一个负责的全球公民。中国政府为亚洲海啸救援提供了巨额资金（8300 万美元）；中国的公司和个人还捐赠了数百万美元。向邻国呈现出仁慈慷慨的形象的好处之一，是目前中国在地区上能够动用巨大的“软实力”（参见本章第 3 节第 1 小节）。[25]

GDP 的快速增长极大地推动了削减贫困的行动，使数亿人摆脱了贫困的束缚。按照国际贫困线来衡量，1978—2004 年，中国农村地区的绝对贫困人口从 2.5 亿减少到 2610 万（OECD, 2005）。这是对全球削减贫困的最大贡献。利普斯基（Lipsky, 2007）评论说：“过去 20 年来，中国贫困人口减少的数量占到了发展中世界贫困人口减少的数量的 75%以上。”到 2015 年，中国完全可以消除人均每天 1 美元（按照购买力平价计算）的贫困（Dollar, 2007）。经济的快速增长也使中国成为全球的重要经济体，持续提高了它在世界经济中的地位。按照美元的市场汇率来计算的话，中国的名义 GDP 总量在 1990 年排在第 11 位，到 2003 年升至第 7 位，2005 年又上升至第 4 位，中国的产品和服务总产值按照人民币计算达到 18.2 万亿，按照美元计算则达到 2.2 万亿。在 GDP 的这种名义水平上，中国在 2005 年超过了英国（WDI, 2007）。[26] 在未来几年内，中国有望更上一层楼。2007 年上半年，中国超过了德国，到 2007 年年底，按照市场汇率来计算的话，中国已经成为世界第三大经济体。

表 1.1　2006 年各国 GDP 比较

排　名	国　家	GDP（单位：10 亿美元）
1	美　国	13201
2	日　本	4340
3	德　国	2906
4	中　国	2668

排　名	国　家	GDP（单位：10 亿美元）
5	英　国	2345
6	加拿大	1251

资料来源：世界银行：《世界发展指数》，2007 年 7 月。

正如表 1.1 所表明的那样，按照 2006 年的统计数据，美国、日本和德国分别为全球前三大经济体。按照市场汇率计算，这些标准总体上低估了中国经济的真实规模。然而，如果按照中国相对较低的生活成本进行调整，按照购买力平价计算名义 GDP, 那么中国在 2004 年已经成为仅次于美国的世界第二大经济体（*The Economist*, 2004）。2006 年，中国的 GDP 按照购买力平价计算达到 10.04 万亿美元，而美国的 GDP 则为 13.2 万亿美元（WDI, 2007）。按照市场汇率和货币价格来计算，中国的 GDP 达到美国的四分之一。因此，到 2015 年，无论从哪一种标准来衡量中国都将成为全球经济大国。

毫无疑问，中国仍然是一个新兴经济体，经济增长模式和结构仍然需要改进，经济仍然需要再平衡。在技术实力、管理专业知识、金融部门力量、工业化和治理等重要领域，中国在长期内将会继续追赶工业化世界。此外，中国无疑迫切需要提高人民的生活标准。尽管中国最近在减少贫困上取得了值得称道的成就，但是从人均 GDP（2005 年按照市场价格和汇率计算达到 1740 美元）来看，中国要达到经合组织的主要工业化经济体的同等水平，还有漫长的道路要走。[27] 这种人均 GDP 水平真实地表明，尽管中国正在实现更全面发展的潜能，但是要实现这一目标，仍然需要漫长的时间。按照盖保德（Keidel, 2006）的预测，2010 年，中国的人均 GDP 按照市场汇率计算仍然未达巴西和墨西哥的水平，将达到美国的十分之一，按照购买力平价计算则是美国的七分之一。2010 年，中国的 GDP 总量按照市场汇率计算不到美国的四分之一，按照购买力平价计算仍然不到美国的一半。必须指出的是，中国的人均收入按照购买力平价计算目前已经超过了6600美元。

当经济快速增长的时候，中国也迅速地融入地区和全球经济。2001年，世界银行进行了一项关于全球化的研究，按照1977—1997年贸易相对于收入增长的水平对发展中经济体进行了排名，对水平最高的三分之一的国家与其他三分之二的国家进行比较（WB, 2001）。这项研究把中国与阿根廷、巴西、印度、墨西哥、马来西亚、菲律宾、泰国等其他新兴市场经济体列为快速全球化的国家。为了加工出口和满足国内需求，中国产生了大规模进口需求，这成为了地区经济和全球经济增长的重要来源。因此，中国对全球GDP增长作出了巨大的贡献。自2000年以来，按照人均购买力平价来计算，中国的贡献率比其他三个新兴市场经济——巴西、印度和俄罗斯——的总和高出了一半（*The Economist*, 2006）。毫无疑问，这大大增加了中国的全球影响。在世纪之交全球经济放缓期间，中国成为世界经济增长的重要源泉。2000—2003年，按照购买力平价计算，中国经济的年均增长率占到了世界经济年均增长率的22.77%。2004年，这一比例下降到20.6%（WEO, 2005）。从更长的时段来看，在1990年至2005年间，中国的GDP增长按照购买力平价计算占到了全球GDP增长的28%（Dollar, 2007）。

经济持续增长的放缓

硬币还有另一面。快速的增长导致了国内不同类型的动荡。群体性事件的密度和数量都在增长。中国的政治领导人认识到，国内的不稳定可能成为将来的挑战。持续的经济增长是解决和纠正国内不稳定的良方。2003年，即将离任的国务院总理朱镕基指出，持续的经济增长是中国面临的所有问题的关键。[28] 此外，随着中国经济的全球化，正在快速进行的增长是其他经济体惊慌恐惧的根源。中国的经济崛起将会成为其他地区和全球经济体拉响警报的原因吗？中国经济的全球化和快速增长及其走上全球经济舞台中心的努力被工业化经济体不情愿地——即使不是鄙视地——被称为“中国综合症”和“中国效应”。“恐华症”不仅出现在国会山，而且也出现其他工业化经济体的立法机构中。[29] 它们错误地以为，中国的快速增长可能导致全球经济严重而又痛苦的混乱，包括成熟工业化经济体的制造业和服务业部门就业的严重流失。它们害怕这会导致成熟工业化国家的生活水平下降以及工业和服务业部门崩溃。

工业化国家公共政策界和新闻界的这些担心显然十分夸张。零和思维即使不完全错误，也是已经过时了，因为这不是一种零和博弈。政客们的警告声明似曾相识。当 19 世纪德国崛起成为生机勃勃的工业化大国的时候，导致了当时欧洲其他工业化国家的焦虑，因为德国被视为现存经济秩序的破坏者。同样地，19 世纪末 20 世纪初美国崛起成为经济大国的时候，在当时同样被欧洲国家视为现存经济秩序的破坏性发展。美国被说成是打破现存经济秩序的恶棍。美国农场出口的廉价粮食大幅增长，导致了欧洲国家的保护主义措施。中国拥有供应大量工业品的无限能力，因此，它的崛起再次给全球经济带来类似的状况。

在这方面，除了中国外的其他亚洲高绩效经济体的最新经历提供了一个教训。1955 年之后，日本的产出和出口开始展现出大幅的增长。这时，日本出口在 3 年内的平均增长率按照不变价格计算第一次超过了 10%。对亚洲新兴工业化国家和东盟四国来说，这个时刻分别出现在 1967 年和 1973 年（Prasad and Rumbaugh, 2003）。所有这些经济体也在成熟工业化国家的公共政策界和新闻界都造成了类似的担心。当四个新兴亚洲工业化国家成为工业化国家的时候，经合组织位于巴黎的秘书处启动了一项研究项目，考察这是否对经合组织国家造成了不利的影响，量化全球经济的这种新发展的所有负面影响。尽管在短期内产生了不利的影响，但是这些转型时期为全球经济的所有玩家带来了大量的机遇。20 世纪后半期，日本、四个亚洲新兴工业化国家和东盟四国的崛起及全球经济的一体化，为亚洲经济和全球经济提供了重要的推动力。它们与全球经济的一体化像巨浪一样最终升高了所有船只。中国的崛起正在对全球经济产生类似的影响。把中国的崛起视为全球经济拉响警铃的时刻，是错误的和不合逻辑的。

若是有什么的话，现在是应该欢庆的时刻。到 20 世纪 90 年代中期，中国开始从供应面上对全球经济产生了积极的重要影响。确实，在短期内，中国经济也会造成全球现存经济秩序的一定混乱。中国是否是担心的根源是一个悬而未决的问题。中国经济全球化的有形好处之一是使全球经济受益的"通货膨胀折现"。来自中国的进口产品由于竞争而压低了价格，使工业化国家节省了许多成本，带来了财富效应。通货膨胀率的降低提高了消费者的购买力。单就美国而言，1995 年至 2004 年节省的金额达到了 6000 亿美元（Lo, 2005）。各国银行不可能具有降低全球通胀的能力。中国伸出了援手。中国出口的工业品降低了全球通货膨胀率，包括工业化经济体的通货膨胀率。中国经济影响了全球经济的结果，"能够继续给世界带来降低通货膨胀的好处……"（O'Neil et al., 2006）。中国经济快速增长的降低通货膨胀效应还压低了全球经济的短期利率。中国经济还在一定程度上降低了长期债券收益率。《经济学家》（*The Economist*, 2005）杂志指出了这种观点的局限，认为中国通过压低利率制造了全球流动性泡沫。2004 年和 2005 年，全球流动性以 30 年里最快的速度上升。于是，经常有人认为，中国间接地制造了房地产的繁荣尤其是美国的房地产繁荣（Hormats, 2007）。

30 年的卓越经济表现扭曲了经济结构，因而中国经济需要再平衡。中国经济如何并以何种方式进行再平衡是目前激烈争论的问题。2006 年，中国实际 GDP 的增长率是 10.7%，这是 10 年来的高点，也是第四年的两位数增长。2006 年是"十一五"规划（2006—2010 年）的开局之年，"十一五"规划所计划的 GDP 年均增长率是 7.5%。因此，实际的 GDP 增长率远远高于中国政策制定者所计划的增长率。他们确实有理由担心经济过热，不断采取措施降低 GDP 增长率，但并不总是取得成功。

2

与其他亚洲高速增长国家的比较

全球的学术界和政策界广泛地讨论并持续地分析和称赞了中国经济及其全球贸易扩张的成功。但是，当与亚洲其他成功经济体的年均 GDP 增长率、以美元不变价格计算的出口增长比较时，中国的增长率表现得并不是十分突出。与亚洲高绩效经济体相比，中国似乎并无不同，因为它的亚洲邻国在对应的增长时期表现得同样出色，甚至更为出色。尽管中国的增长率与其他亚洲高绩效经济并无不同，但是中国成功地维持了长期的增长。

例如，在 1954—1981 年，日本的年均出口增长率达到 14.2%。在 1960—1995 年，韩国的年均出口增长率达到 21.5%，而马来西亚在 1968—1996 年的年均出口增长率则是 10.2%。在 1966—1997 年，四个亚洲新兴工业化国家的年均出口增长率达到 13.1%。在这种背景下，1978—2002 年中国 11.9%的年均出口增长率并不是异常出众或值得过分赞誉（Prasad and Rumbaugh, 2003）。在进口方面，当中国准备加入世界贸易组织时，它稳步地降低法定关税率的水平和范围，使它的进口快速增长。中国进口的增长率再度类似于日本、亚洲新兴工业化国家和东盟四国的水平。在增长和一体化的相应阶段，中国在世界贸易中所占的份额通常低于日本和亚洲新兴工业化国家，但略高于东盟四国（(OECD, 2003; WEO, 2004)。因此，我们有把握得出结论：中国不过是遵循了亚洲的外贸导向型经济传统，效仿充满活力的邻国来规划具有竞争力的外贸部门，因此成功地实现了实际 GDP 和外贸的增长。

对实际GDP长期增长率的比较还使人们得出如下结论：当与其他亚洲高绩效经济体进行比较时，中国经济并不具有异常的增长表现。在1955—1995年的高速增长时期，日本GDP的年均增长率达到8.5%。在1965—1995年，韩国和中国台湾也实现了相同的GDP年均增长率。如果选择另一个指标——按照购买力评价的汇率来计算的人均GDP增长——进行比较，中国经济的表现再次与其他亚洲高绩效经济体是一致的。在1978—2004年，中国的人均GDP增长了3.7倍，年均增长率达到6.1%。在1955—1975年，日本的人均GDP增长了4.6倍，年均增长率达到8.2%。在1965—1995年，韩国的人均收入飙升了6.8倍，年均增长率达到7.6%。中国台湾的这一指标在同一时期增长了6倍，年均增长率达到7.1%（Lo, 2005）。因此，这些类似的亚洲高绩效经济体在各自的高速增长时期都比中国表现得更好。这种统计数字上的证据使我们得出结论，按照亚洲的标准，中国的增长表现并不异常。

中国一直吸引着大量的外商直接投资。然而，与日本、亚洲新兴工业化国家和东盟四国在各自的增长和融入全球时期所吸引的外商直接投资相比，中国所吸引的外商直接投资并不让人惊讶。从在GDP中所占的比例来衡量，亚洲高绩效经济体在类似的增长和融入全球时期所占的比例高于中国。从人均水平来看，中国在21世纪第一个十年初期落后于亚洲新兴工业化国家和东盟四国；马来西亚和泰国是更大的外商直接投资接受国。从其他的标准来看，例如从外商投资企业的附加值在制造业部门的总附加值中所占的比例来看，亚洲新兴工业化国家和东盟四国在相应的增长时期领先于中国（Lemoine, 2000）。这其中的部分原因是中国金融市场，尤其是问题重重的银行部门和股票市场发展缓慢。从外商直接投资的量级来看，新加坡和泰国名列前茅，从在GDP中所占的比例来看也吸引了最高量级的外商直接投资。

同样地，从国内的投资率来看，中国符合亚洲的传统。当然，在全球背景下，20 世纪 80 年代 35.4%和 90 年代 38.5%的投资率可以说是表现突出。这两个增长率类似于亚洲邻国的增长率。例如，在 1961—1973 年，日本的年均投资率占到 GDP 的 33.1%。在 1983—1991 年，韩国的年均投资率达到 31.5%。20 世纪八九十年代，中国的国内投资率仍然相对较高和稳定。同样地，在类似的增长时期，中国的实际消费趋势也类似于亚洲邻国。在亚洲经济体开始加速增长时期，消费增长率不仅低于 GDP 增长率，而且稳定不变。在经济追赶时期，包括中国在内的所有亚洲高绩效经济体保持 8%或 8%以上的年均消费增长率。在中国，实际私人消费支出达到 9%的年均增长率，这清楚地反映出日本和韩国的趋势。在包括中国在内的亚洲高绩效经济体中，这种消费增长率与实际工资增长率有关（Geiger, 2005）。

上述解释表明，中国的 GDP 增长、贸易扩张、外商直接投资流入、投资率和消费率以及它对全球经济的影响或多或少地类似于日本、亚洲新兴工业化国家和东盟四国。中国并不是一个例外。即便有所不同，中国的政策官员也从其他亚洲高绩效经济体的早期成功经验中选取了一两条发展战略。中国实质上遵循了亚洲经济增长的传统，变成了像它们一样的增长奇迹。

中国对全球经济更大的潜在影响

上文已经指出，与其他亚洲高绩效经济体相比，或者与在类似增长时期的亚洲新兴工业化国家和东盟四国相比，中国的增长率不能称之为异常。在很大程度上，中国经济并不比亚洲其他类似经济体对全球经济产生了更大的影响。将来会怎么样呢？我们拥有充分的理由相信，未来也不可能如此。沿着这条道路走下去，中国可能比日本、亚洲新兴工业化国家和东盟四国对全球经济产生更长期的影响。这可能是因为如下因素：第一，中国是一个正在追赶的经济体。第二，从目前的市场汇率来计算，中国是一个经济大国。中国每年正在稳步而又异常快速地大幅度增长。2005 年，中国的产出占到全球产出的4%左右，比加拿大的经济高出1.5倍（Krueger, 2005）。第三，中国庞大的低工资劳动力进入了全球经济，提高了全球的资本回报。将近2.5亿劳动人口尚未从农村地区流向城市地区，这就是中国农村失业和隐性失业的程度。即使每年2000万到2500万农村人口进入城市，这也相当于全球经济增加了一个中小规模的经济体。第四，中国就其规模而言是一个异常开放的经济体，并且非常热情地接受全球化。由于贸易和投资的开放，中国几乎所有部门都避不开国际市场压力的直接影响，国际市场的压力则使中国的经济现代化和升级换代。全球化是产业资本稳步积累和出口导向型制造能力增长的推动力。由于全球化和增长可能长期地持续下去，中国在未来20年里将会获得远高于现在的全球地位（Deng and Moore, 2004）。随着中国继续它的趋同趋势，中国经济将会超过日本和亚洲新兴工业化国家或东盟四国。与以前对世界的融入相比，中国最终将会给世界要素禀赋和全球经济带来更大的冲击（WEO, 2004）。

有一些迹象表明，中国对全球经济已经产生了一些影响，这种影响高于其他亚洲高绩效经济体在其类似的快速增长时期对全球经济的影响。按照购买力平价计算，中国自2000年以来对全球GDP增长的贡献远远高于三个最大的新兴市场经济体——巴西、印度和俄罗斯——的总和。此外，当2001年信息通讯技术泡沫破裂的时候，全球经济之所以避免了严重的衰退，主要归功于中国的强劲增长推动了全球出口扩张。2001—2002年的全球衰退是温和的，但全球经济的复苏则是强劲的。这部分地归功于中国对全球GDP增长的贡献。自那时以来，中国被视为“世界其他地区增长的发动机”，对亚洲地区来说更是如此（Stiglitz, 2006）。中国开始被视为仅次于美国的全球第二大增长引擎。同时，21世纪第一个十年初期由于中国对美国国债的购买，美国能够压低利率和维持GDP快速增长。这些都是具有全球重要意义的贡献。

中国正在形成自己的人力资本，但它的水平实质上仍然低于类似的亚洲高绩效经济体。众所周知，中国严重缺乏生产线管理人员。我们有理由预测，中国在许多年内将会继续发展自己的人力资源，直到它至少达到日本、亚洲新兴工业化国家和东盟四国所达到的水平。人力资本形成将会为经济增长作出决定性的贡献。进而言之，人力资源从农村—农业部门低生产率就业岗位向城市—工业高生产率就业岗位的重新配置，是中国 GDP 增长的动力。中国的这种人力资源重新配置仅仅处于初级阶段，仍需进一步深化。在接下来的 25 年里，这两种平行的发展将会推动中国经济的增长和扩张，从而强化中国的全球地位。

除此之外，中国的趋同过程不得不持续漫长的时间，在这一过程结束时，中国将会成为比任何亚洲高绩效国家或者其中任何一组国家更大的经济体。到这个时候，中国的崛起将会对全球经济产生更广泛的影响。由于中国是一个极其多样、资源丰富和规模庞大的经济体，它的内部动力能够比亚洲高绩效的小型经济体维持更长期的增长。中国比许多亚洲高绩效经济体拥有更大量的资源禀赋，这使它能够比之前 30 年融入全球产生更广泛的全球影响。到那时，中国可能对全球经济的某些部门、一些经济体自身以及地区经济产生巨大的影响。[30]

21 世纪初期，中国通过影响一些商品的价格，让人感受到了它在全球市场中的存在。中国已经急剧地扩大了国内市场的规模。它对能源、自然资源和工业原材料的需求显著增长。中国将会继续促进资源出口型国家的发展情景。石油、矿产品和商品的价格以及航运费用将会对中国需求的增长产生巨大的影响。在一些产品上，中国需求的增长正在影响着世界市场和价格，例如大豆、大豆油和棕榈油，对它们的消费每年分别以 15%、20%和 20%的速度增长。自 1995 年以来，中国的石油和矿产品进口量占到世界市场增长的 40%（Streifel, 2006）。2004 年金属价格高涨反映了中国经济的实力。[31]由于收入的增长，中国消费者正在比过去购买更多的消费耐用品。随着人均收入的进一步增长，家庭消费必定会增长。对其他的产品和服务出口国来说，机会也会随之增多。

中国的全球接受状况

20 世纪 90 年代初期，西方工业化国家越来越意识到中国经济的影响。西方的大学开始组织关于这个主题的演讲，同时，BBC 和 CNN 等主要媒体网络播放了一些充分调查的纪录片。学术界、政策界和商业界逐渐认识到中国将会成为工业和出口大国，中国是否可能成为具有全球重要性的经济大国成为了认真讨论的问题。著名的意见领袖——例如比尔·克林顿——开始公开地宣扬"中国将会如何显示它的伟大"。[32] 另一位重要的意见领袖比尔·盖茨（2005 年）在达沃斯论坛上极力夸赞中国的"新资本主义"，明确地指出了中国的强大实力。联合国秘书长科菲·安南说："中国的一举一动将会对全球经济产生越来越深远的影响。"[33] 一些分析家认为，中国注定要成为"下一个经济超级大国"（Fishman, 2005）。2007 年年初，《时代》杂志称 21 世纪将是"中国世纪"[34]。哈佛大学著名经济学教授丹尼·罗德里克（Dani Rodrik, 2006）称中国为"过去 25 年的伟大经济奇迹"。在学术界和商业界中，中国正在增强的经济实力究竟是全球经济的威胁还是机遇开始成为最激烈争论的问题。

中国似乎完全走上了和平地成长为经济超级大国地位的道路。中国著名战略思想家郑必坚（2005 年）称中国的增长是"和平崛起"[35]。（参见第 3 章）中国的国际行为是一个负责任的全球公民的行为，"中国威胁"论正在衰落，失去恩宠。一个恰当的例子是中国对亚洲金融危机的反应。当时，中国拒绝人民币贬值，向问题重重的亚洲经济体伸出了援手。中国意识到，它的持续发展离不开世界的和平。中国的政治领导层已经表明，成为一个良好的全球公民对中国来说至关重要。中国现任政治领导层给自己设定的目标是：到 2020 年使人均 GDP 翻两番，实现小康社会。[36] 致力于改革计划的中国政治领导层希望，中国实现小康社会，而不会严重打破全球权力平衡和开启另一场冷战。他们希望避免犯下使美国和苏联陷入危险的、长期的和极其浪费的冷战之中的错误（Funabashi, 2005）。

在全球社会中，中国留下了这样一种印象：它支持和平共处和互惠互利的思想，希望与其他国家进行平等对话。这种政策目标充满了远见和睿智，反映出中国过去和现任政治领导人的成熟老练。这种国际立场的结果得到了世界各国的广泛赞同和接受。日本国际经济交流财团和芝加哥全球事务委员会在印度、日本和美国联合进行的一项最新民意调查发现，这些国家分别只有 23%、28%和 29%的受访者相信能够积极地遏制中国日益增长的影响。在印度、日本和美国，分别有 40%、72%和 65%的受访者希望与中国建立友好与合作的关系（Qing, 2007）[37]。更多的受访者认为，中国新的经济活力是发展本国经济的机遇。尽管中国有时确实引起了工业化国家的嫉妒和愤恨，但是“中国威胁”论从整体上来看正在消退。

3

贸易大国的演变

在一段漫长的时期（1948—1978 年）内，中国一直是边缘化的贸易经济体，它在世界商品出口中所占的份额徘徊在 1%左右，1953 年所占的份额是 1.2%，1977 年则下降至 0.6%（Lardy, 1998）。换句话说，在这一时期，中国实际上是一个封闭的经济体，1978 年，它的对外贸易（进出口）总额微不足道，仅有 21 亿美元。在中央计划经济结构下，中国通过国有贸易机构进行对外贸易。国有贸易机构实行贸易垄断，紧接着由对外贸易部管理。政府官员完全控制了对外贸易，决定了对外贸易的指导方针。这种由政府官员决定的对外贸易与经济的比较优势不存在任何联系。因此，难怪当时中国被视为不微不足道的贸易国家，在多边贸易领域中毫无影响。

在采取改革开放计划之后，中国的对外贸易开始十分缓慢地开放。尽管国家相对放松了对外贸易垄断，但代之以一种复杂和高度限制性的由关税、非关税和许可证构成的管制结构。1982 年非加权平均税率是 55.6%，1984 年下降到 43.3%，但 1991 年略微增至 44.1%（Rumbaug and Blancher, 2004）。[38] 像其他亚洲高绩效经济体一样，中国采取了一种出口导向、投资主导的增长模式（本章第 1 节第 1 小节）。20 世纪 80 年代下半期，中国开始成为一个贸易大国。当时，实质上为了利用低工资，纺织品、服装、玩具、皮革制品和其他劳动密集型轻工业产品的生产从香港转移至广东省的深圳。这些公司把大量产品出口到全球市场。自那时以来，中国的出口产品获得了越来越多的海外市场份额，中国的进口以略低于出口的速度增长，支撑了地区经济和全球经济的增长。

1990 年，中国仍然是一个部分开放的经济体。外贸部门到 20 世纪 90 年代初期才开始进行实质性的改革。1994 年后，贸易政策体制加速进行单方面的自由化。影响深远的广泛改革开放了外贸部门。1992—1999 年，配额和许可的关税细目数量从 1247 项减少到 261 项（Lardy, 2002）。1996 年到 2001 年，中国所有非关税壁垒涉及的进口产品数量从 32.5% 下降到 21.6%（Ianchovichina and Martin, 2006）。现在可以得到对非关税壁垒减少的各种估计。这些估计因资料来源不同而不同，但都普遍认为非关税壁垒确实——例如许可要求和指定经营——稳步减少，这些是中国所使用的侵入性较少的量化限制形式。因此，在 2000 年后的十年里，中国的贸易政策体制变得更为开放。从新兴市场经济的标准来判断，中国在加入世界贸易组织后的关税水平非常低。2001 年，所有产品的平均关税率是 9.8%，而加权关税率则是

6.8%。在这个阶段，所有制造业产品的平均关税率是 9.5%，而加权关税率则是 6.9%。[39] 中国贸易政策体制另一个同样重要的特征是关税率的离散系数急剧下降，从 1992 年到 2001 年关税率标准差从 32.1%降至 10%。[40] 贸易政策的自由化从根本上使经济受益。中国能够按照世界市场的价格交换产品和服务，从而使经济结构与全球经济结构进行重组，让经济受益于它的真正比较优势。这种政策措施带来了大量的好处。

随着贸易体制的自由化，中国大陆的出口结构已经发生了变革，变得类似于相邻的台湾地区。在更小的程度上，中国的出口结构也类似于 1990 年韩国的出口结构。此外，外贸目标的自由化也是中国在全球商品出口市场上的份额稳步增长的因素之一。从 1983 年到 2003 年，中国出口在世界贸易总额中所占的比例从 1.2%上升至 2.5%。2006 年，中国在多边出口总额中所占的比例是 8%，在多边进口总额中所占的比例是 6.4%。2006 年，美国在多边出口总额中所占的比例是 8.6%，德国所占的比例是 9.2%（WTO, 2007）。中国的三大贸易伙伴是欧盟、美国和日本，它们从中国进口的商品占到中国出口总额的 51%，向中国出口的产品占到中国进口总额的 34%。

1978 年至 2006 年，中国的贸易额以每年 15%的速度增长，而同期多边贸易的年均增长速度是 7%（Lipsky, 2007）。同时，中国的出口结构发生了急剧的变革。2005 年，只有德国（9.3%）和美国（8.7%）是比中国更大的出口国[41]。在短短 30 年的时间里，中国已经崛起成为全球性的贸易大国。外贸部门的改革促进了这一过程，中国经济继续进一步融入全球经济。1990 年至 2006 年，中国的出口在名义上增长了 12 倍，而多边贸易则只增长了 3 倍。中国一直在获得巨额的贸易顺差，带来了经常账户顺差，而中国高得惊人的储蓄率则是这些顺差的部分根源。中国对外贸易的表现类似于其他亚洲高绩效经济体的表现。其他在中国之前实现增长奇迹的亚洲高绩效经济体，也把外贸部门作为它们快速增长的主要推动力（Amiti and Freund, 2008）。

根据 2007 年“世界发展指数”，2005 年中国的货物和服务产品出口占到 GDP 的 37.5%，进口占到 GDP 的 31.9%。因此，2005 年中国对外贸易（进出口）总额占到 GDP 的 69.4%，而 2000 年这一比例则是 39.6%。[42] 到 21 世纪第一个十年初期，中国变成了类似的新兴经济体大国中最开放的经济体。与中国相比，欧盟、日本和美国的对外贸易总额占到 GDP 的 25%至 30%。这些统计数字令人信服地证明，中国经济的开放性是史无前例的。

像 20 世纪下半期之前日本、亚洲新兴工业化国家和东盟四国融入全球经济一样，中国快速增长的贸易直接扩大了它在全球三大主要市场——欧盟、日本和美国——上的市场份额。1980 年到 2003 年，来自中国的进口商品在日本进口总额中所占的比例从 3.1%增至 18.5%，在欧盟这一比例从 0.7%增至 8.9%，在美国则从 0.5%增至 12.5%。[43] 20 世纪 80 年代期间，中国最初对这些市场的出口实质上集中于劳动密集型产品和初级产品，包括纺织品和服装、鞋类、玩具、皮革制品、袜子和轻工业产品。直到 1990 年，中国几乎一半的出口产品都属于这些产品。中国起初并不出口高附加值产品。然而，中国在世界工业品出口市场的份额稳步增长。20 世纪 90 年代初期，中国的出口结构升级，包括中等技术含量的产品，例如家具、办公设备和通讯设备、运输设备、电力机械、工业设备和小型电子产品。初级产品在出口中的重要性逐步下降。到 21 世纪第一个十年初期，中国的出口变得更加多元化，包含了广泛的高科技产品。下列工业品的出口出现了十分惊人的增长：旅行用品、自动数据加工设备、高端消费电子产品、音响设备、厨具、汽车轮胎和电路板。这些产品都不属于夕阳工业。此外，中国已经使自己成为低成本工业品的全球出口国。

纺织和服装部门在中国经济中具有特殊的地位。即使在《多种纤维协议》时代（1974—2004 年）中国也是最大的纺织品和服装出口国之一，并在《多种纤维协议》体制下获得最大数量的配额，获得了最多的绑定配额（Buelens, 2005）。在改革开始不久后，中国变成了大量协调制度 10 位数产品的最大出口国，也成为了最大的纺织品和服装出口国。中国拥有丰富的原材料资源，拥有最大的棉制品、丝绸和人造纤维生产能力。中国的纺织和服装公司也拥有低成本的熟练劳动力优势（Delpeuch, 2007）。关贸总协定主持的第八回合多边贸易谈判即乌拉圭回合多边贸易谈判决定于 2005 年 1 月 1 日废除《多种纤维协定》。在此之后，中国纺织品和服装出口出现了名副其实的繁荣；尽管美国和欧盟对中国的出口采取了保障措施，但是并未阻止中国纺织品和服装出口的繁荣。

正如上文所述，过去 30 年里，中国的出口结构已经完全改变了模样。中国迈上了新的技术阶梯，显著地升级了它的出口结构。消费品过去是中国出口的主宰，它们在中国出口中所占的比例稳步而又急剧地下降。在工业品出口中，高科技产品逐渐取代了低技术产品。21 世纪第一个十年初期，电子产品和信息通讯软硬件产品在中国的出口中占到了 20%以上。这种趋势将来可能得到加强，中国的出口结构将会继续转向技术密集型和知识密集型的产品。中国很有可能在低端的高科技产品出口中变得更有竞争力。这一变化接下来会促使中国的出口在附加值链条上不断攀升。最近，中国的出口取代了高工资经济体尤其是拉美经济体的出口。出口结构的升级部分得益于高端零件和部件的进口，部分得益于国内产业结构的改善。在最近一段时期，固定设备和中间产品的出口急剧增长。这类产品占到了中国出口总额的 40%（Cui and Syed, 2006）[44]。

在很大程度上，中国的出口结构受到了外商直接投资的影响，这种影响既是质上的，又是量上的。外商投资企业对进出口的重要性持续增加。1990 年，外商投资企业的出口占到了中国总出口的 15%（Tseng and Zebregs, 2002）。2003 年，大约 57%的出口来自于合资企业[45]、外商投资企业和外商全资子公司（Hsiao and Hsiao, 2004）。另一项研究估计，2003 年和 2004 年，这些企业分别占到中国进口总额的 50%和 60%；外商投资企业每年对中国 GDP 的贡献率达到了 20%以上（Whally and Xin, 2006）。

加入世界贸易组织：马拉松式的谈判

当 1986 年 7 月中国正式申请加入关贸总协定的时候，中国实质上仍然是一个中央计划的经济体，贸易体制并不透明，存在大量的关税和非关税壁垒。苏联和南斯拉夫是中国最重要的两个贸易伙伴。中国加入世界贸易组织花费了 15 年的时间（1986—2001 年），经历了艰辛而又彻底的谈判，这是世界贸易组织成员国最漫长的加入之旅（Das, 2001a）。2001 年 11 月，中国加入世界贸易组织，成为它的第 143 个成员国。[46] 这是中国贸易政策体制演变的分水岭。中国渴望加入世界贸易组织的主要原因之一是确保一个安全和可预测的贸易环境，从而帮助中国促进它的各类企业，增强全球商业和投资伙伴的信心。加入世界贸易组织之后，中国的贸易出现了快速增长。在入世 3 年后，中国的出口额增长了 2 倍。到目前为止，中国入世后的对外贸易一直非常顺利。所预测的许多负面影响并未出现。世界贸易组织总理事会称赞中国忠实地履行了它的义务和遵守了入世承诺。到 2005 年，中国正式成为世界贸易组织成员国达到了 5 年。根据美国贸易代表办公室的看法，中国到 2005 年完全履行了它的入世义务，尽管一些根本的改革仍未完成，包括严格的知识产权保护和扩大外国公司市场准入（USITC, 2007）。中国的入世议定书包括如下条款：在 8 年里每年监督执行——截止日期是 2010 年——的过渡性审议机制。2002 年和 2003 年的过渡性审议机制报告并未发现中国存在不遵守入世承诺的行为，尽管一些领域中存在技术性问题。在最近的一次审议中，布莱恩斯提特和拉迪（Branstetter and Lardy, 2006）称赞了中国对入世承诺和义务的遵守状况，发现中国对入世承诺和义务的遵循是“合乎情理的”。中国降低了进口产品的全部关税。然而，世界贸易组织的规则禁止对跨国公司和外商投资者强加任何业绩要求，但直到 2004 年，中国确实劝说它们增加在华研发，深化当地因素，加强国内产业联系。这违背了世界贸易组织的规定。

欧盟 / 日本和美国频繁地使用过渡性审议机制，2005 年也使用过。在过渡性审议机制下，它们不断地质疑中国在特定产品和特定部门上的贸易政策。其他的贸易伙伴只是偶尔使用过渡性审议机制。中国在银行部门上的承诺经常遭到质询和审查。过渡性审议机制指出的一些问题领域，包括工业的规划、标准、技术法规和其他非关税壁垒、服务业市场准入和知识产权保护（Overmyer, 2006）。经合组织秘书处对发展中经济体和工业化经济体进行的一项比较研究得出结论，中国的贸易体制在一些重要的服务领域中仍然存在限制，例如银行、保险和移动通信（OECD, 2005b）。2006 年，美国贸易代表办公室的调查强调了服务贸易和知识产权交易领域的问题（USTR, 2006）。

2006 年落实的主要承诺包括允许外国公司进入建筑、工程和综合工程服务领域，允许外国银行不分地区和客户地开展业务，允许外国批发商和代理商批发化肥、成品油和原油，允许外国保险公司从事再保险业务。这些开放市场的承诺得到了及时兑现。2006 年执行的主要焦点是中国保护的银行部门。贸易伙伴的政府和公司紧盯着更细微的贸易壁垒，向中国施压，要求中国比在入世协议期间所作的承诺更多地开放市场。

加入世界贸易组织的准备阶段始于 20 世纪 90 年代初期。在这一时期，中国降低了关税。例如，1992 年到 2001 年，加权平均关税率从 40.6%下降到 9.1%，同时工业品的加权平均关税率从 47%下降到 13%。中国还取消了许多非关税壁垒。在加入世界贸易组织后，自由化进程继续进行。中国承诺到 2005 年至少不迟于 2010 年进一步减少非关税壁垒。中国的贸易改革和承诺是《中国入世议定书》的一部分，有利于中国经济与地区经济和全球经济的一体化。这种一体化过程目前正在快速进行。加入世界贸易组织还使得中国经济开放了服务业部门的一些重要领域（Rumbaug and Blancher, 2004; Das, 2001b）。自加入世界贸易组织以来，中国经济加快了贸易和投资的开放。

出口大国的诞生

1990年，中国的出口仅占全球商品出口总额的1.9%。自那时以来，中国出口的增长速度一直十分惊人；事实上，中国的一切都十分惊人。1990—2000年是一个独特的出口增长时期，出口尤其是工业品出口的数据令人信服地证明了这一点。在这个重要产品门类中，中国出口的年均增长率达到了16.9%，而同期世界的平均增长率仅有6.4%，发展中国家的平均增长率是12%，东亚其他国家的增长率是10.3%（Lall and Albaladejo, 2004）。因此，从1990年到2000年，中国工业品出口的份额从1.7%增长到4.4%。此外，在同一时期，中国在发展中国家工业品出口中所占的份额从11%增长到20%（WTO, 2002）。正如其他实现经济奇迹的亚洲高绩效经济体的增长过程一样，出口也成为中国经济增长的主要动力之一。就20世纪90年代中国出口的实力而言，一项值得注意的发展是中国高科技产品出口每年高速增长，其中电子产品出口的年均增长率达到了36.1%。[47]

按照世界贸易组织的最新统计数据（WTO, 2007），2006年中国出口总额达到9769亿美元，进口总额达到7915亿美元，进出口总额达到176904亿美元。中国的服务贸易出口总额达到914亿美元，服务贸易进口总额达到1003亿美元，总计达到1917亿美元。最近一段时期，中国的出口仍然保持30%到40%的年均增长率。这些巨额的贸易量使中国成为多边贸易舞台上的竞争力量。根据2004年的统计数据，中国是仅次于德国和美国的世界第三大贸易大国，而日本则位列第四。[48]对中国来说，超越日本这个规模更大的经济体是一项突出的成就。按照市场汇率计算，中国的经济规模仅有日本的五分之二和美国的四分之一。20世纪80年代初期，中国处在于世界贸易的边缘，但到2004年，中国却成长为世界第三大贸易经济体。这发生在中国加入世界贸易组织3年之后。从中国过去的表现来看，中国有望在短期内成为世界第二大贸易经济体。正如其他亚洲高绩效经济体一样，出口部门充当了中国经济高速增长的主要动力。

为了实现出口导向的增长，中国采取了一种双重战略。第一，由于劳动力资源极其丰富，中国集中全力推动劳动密集型产品出口。这符合赫克歇尔—俄林（Heckscher-Ohlin）的贸易理论。通过生产面向出口市场的劳动密集型产品，中国成功地为庞大的劳动力创造了就业，降低了高企的失业率。第二，中国也生产和出口科技含量更高的产品，从而支持了工业发展，使经济走上更高的价值链。第二种战略帮助了经济技术水平的升级。

上文已经指出，中国的出口结构不仅继续升级，而且在区域上继续变得更多样化。虽然 21 世纪第一个十年欧盟、日本和北美仍然是中国主要的出口市场，但与对传统市场的出口相比，对非洲、东欧和拉美的出口以更快的速度增长。另一个值得注意的发展是传统出口比加工贸易出口增长得更快，这是制造过程分散化——所谓的价值链切片——的结果。关于这类出口产品，生产网络包括位于中国的组装工厂，这些工厂进口零件、组件、中间产品和部件。加工贸易产品的所有进口都免除了关税。最终的制成品在中国完成，并出口到欧盟、日本和美国的市场。于是，中国成长为亚洲地区的再出口制造大国。[49] 加工中心或再加工中心之类的称号也被用来称呼这种“三边”贸易运动。中国几乎一半的出口属于“三边”贸易。中国对亚洲邻国存在贸易赤字，即使在 2006 年这一赤字也持续扩大。这同上文指出的亚洲供应链发展和制造过程分散化是一致的。中国对制造过程的生产网络的参与，深化了生产分散化，使之融入其他的亚洲高绩效经济体（Haddad, 2007）。[50] 为加工产品出口建立的生产网快速地扩大。合资企业和外商投资企业是加工产品出口的主要来源。中国的低单位劳动成本仅仅部分地抵消了较低的劳动生产率。上文所指出的出口区域分布趋势仍然在持续。2007 年，中国对美国和日本的出口下降，而对欧盟的出口则在上升，对其他市场即非洲、东欧和拉美的出口继续递增。

中国的出口实力部分来源于过去对新生产能力的投资。这在钢铁和机械等中国从进口国转为出口国的部门中是显而易见的情况。另一个独特的特点是中国的出口增长率一直高于进口增长率。因此，1990 年中国的经常账户顺差达到 119.9 亿美元，2000 年达到 205.1 亿美元，2004 年增长到 686.5 亿美元或者占到 GDP 的 3.6%，2005 年剧增至 1610 亿美元或者占到 GDP 的 7.1%。2006 年中国的经常账户顺差飙升至 2500 亿美元，或者占到 GDP 的 9.5%。[51] 中国对于欧盟和美国保持着不断增长的双边贸易顺差。2006 年，为了限制对这两个目的地的出口，中国政府大幅削减出口激励，例如出口退税。2007 年 6 月，2831 项商品减少或取消了出口退税。中国也同意对出口到欧盟和美国的纺织品和服装实行配额。尽管这些对纺织品和服装的出口限制将会大大降低中国从《纺织和服装协定》配额取消中获得的好处，但是这些限制措施到 2008 年年底才生效。然而，到 2010 年，损失基本上已经消除 (Jianwu and Shantong, 2007)。在同意使用各种出口限制措施时，中国决策者的目标是减少不断增长的贸易顺差，这种顺差正在造成中国与许多最大贸易伙伴之间关系紧张。中国的决策者还希望，提高关税将会缓解经济对出口的依赖，鼓励对高附加值产品的投资。

然而，这些出口限制措施并未成功地限制和减少贸易顺差，2007 年中国的贸易顺差不降反增。贸易顺差构成了收支顺差的主要部分，一直推动国内流动性的高速增长。2007 年 6 月这一个月的贸易顺差达到 269 亿美元，创造了中国和世界的新记录。世界贸易组织成员国身份使中国出口摆脱了关税和配额限制。尽管如此，进口国还是可以施加非关税壁垒，例如技术和安全标准。虽然这些非关税壁垒也受到了世界贸易组织的监管，但是它们给各国政府留下了大量的余地。只要关于这些非关税壁垒的法规统一地应用于国内生产商和所有贸易伙伴，它们就是合法的，可以延续下去。在未来的数年内，针对中国出口的安全和植物检疫壁垒完全可能增加。中国在质量和健康标准上的不良记录将会强化保护主义论调。这可能破坏全球贸易关系和多哈回合多边贸易谈判的谈判进程。

中国的加工贸易集中于科技含量比较高的产品，实质上由外商投资企业占据主导地位。[52] 加工贸易是中国高附加产品出口增长和贸易顺差产生的主要来源。中间产品的所有进口通常都不存在关税。2005 年，加工贸易占到中国进口总额的 42%，占到出口总额的 55%（Dean, et al., 2007）。加工贸易帮助中国进入地区和全球的供应链之中。亚洲新兴经济体正在寻找更低成本的制成品组装地点，它们的投资是中国加工出口工业的主要动力。这一观点也适用于韩国电子产品制造商、中国香港服装企业和台湾计算机制造商。2006 年，中国对欧盟和美国的经常账户顺差继续扩大，这实质上是因为加工产品出口。不断膨胀的贸易和经常账户顺差成为中国外汇储备积累的主要动力。

外部导向与经济变革

对中国而言，外部导向是一项成功的发展战略。在这一方面，20 世纪 90 年代是最重要的时期，因为在这一时期，对外部门自由化获得了发展势头，贸易增长不断加速和多样化，外商直接投资流入和外商投资企业不断增长。进而言之，20 世纪 90 年代，地区和全球的生产网络开始形成，变成了中国贸易的主要动力。世界三大经济体——中国、亚洲和全球——都受益于中国贸易和外商直接投资流入的增长以及全球一体化。第一，中国经济得益于出口表现的改善、生产率提高和创新。第二，亚洲的发展中邻国成为了中国的主要原材料来源国，正如上文所指出的那样，变成了中国供应链和生产网络的伙伴。第三，其他作为资本密集型和资源密集型产品出口国的经济体受益于中国经济和贸易的增长。然而，那些像中国一样在劳动密集型产品上具有比较优势的经济体面临激烈的竞争，不得不对贸易和生产结构作出重大调整。此外，贸易增长也给中国带来了一些国内问题，例如沿海省份和内陆省份的地区收入差距扩大以及收入分配恶化。

上文已经提到，外部导向往往是微观生产率增长的主要因素之一。在使用同等模型的跨国经验分析中，瓦格纳（Wagner, 2007）比较了 14 个经济体的微观数据，得出如下结论：当控制可见和不可见的差异时，出口公司比非出口公司更有生产效率。他发现，随着出口产品在产品销售额中的比例提高，出口公司的生产效率首先提高。有一种强有力的证据支持更有生产效率的公司对进入出口市场的自我选择。当然，出口公司在不同的样本经济体中存在不同。这种元分析也发现，那些更开放和拥有高效政府的经济体首先拥有更多的出口。不断加强的外部导向和快速的出口增长帮助中国公司提高了生产效率。

外部导向战略取得了丰硕的回报。2005 年，随着中国的出口在世界出口总额中所占的份额达到 7.3%，中国超过了日本（5.7%），虽然四个亚洲新兴工业化经济体以 9.6%的总份额领先于中国。然而，中国的出口总额将近是东盟四国（3.7%）的 2 倍。此外，中国对外部门的成就必须与其他新兴市场经济大国进行比较。与巴西（1.1%）和印度（1%）这两个新兴市场经济体大国相比，中国在世界出口总额中所占的份额高出很多，因此这样一种比较似乎没有意义（WTO, 2007）。[53]

在亚洲地区，中国扩大了它的生产专业化，尤其是与其他亚洲高绩效经济体更加一体化，产业间贸易不断增长，这是中国贸易演变的重要特征之一。在最近一段时期，与同欧盟和美国之间的贸易相比，中国与其他亚洲高绩效经济体之间的贸易，尤其是从这些经济体的进口，以更快的速度增长。因此，对亚洲其他发展中经济体尤其是其他高绩效经济体来说，中国已经成为最重要的贸易伙伴之一。中国从这些经济体进口的产品结构展现出高度的垂直专业化。这种垂直专业化发生在一些国家专门从事某个商品生产的特定阶段。用于加工出口产品的进口的巨大份额令人信服地证明了这一事实。贸易的垂直专业化不仅使亚洲贸易出现了增长，而且带来了多边贸易的增长（Yi, 2003; Jones, et al., 2004）。

根据鲁姆搏夫和布朗切尔（Rumbaugh and Blancher, 2004）的研究，用于加工出口的进口在中国进口总额中所占的比例急剧上升。1990 年至 1997 年间，这一比例从 35%上升到 50%，此后一直停留在这一水平上。同时，这些进口转化为中国 40%的出口。集成电路和微电子装配电路是电子产品的重要组件，它们的大量进口是垂直专业化过程的一部分。中国与不同地区贸易伙伴之间建立了高效的供应链。这些经济体变成这种供应链的熟练管理者。这种新形成的生产结构使中国既可以利用产品上的比较优势，又可以利用部件和加工上的比较优势。上文已经阐明，工业化经济体对其他亚洲高绩效经济的贸易赤字不断上升，中国对工业化经济体不断上升的贸易顺差是这种生产和贸易模式的结果。

在电子产品部门爆炸性增长 10 年后，2004 年中国超越美国成为世界最大的先进技术产品——例如笔记本电脑、信息技术产品、手机和数码相机——出口国。这是一项显著但并不让人惊讶的发展。2003 年，美国是这类产品的全球领导者，出口额达到 1370 亿美元，随后是中国，出口额达到 1230 亿美元。2004 年，中国赢得了另一个第一。它的高科技设备出口达到 1800 亿美元，而美国则只有 1490 年亿美元，这使中国在高科技产品出口上成为全球经济的领导者（OECD, 2005c）。到 2005 年，中国的高科技出口价值 2200 亿美元(EIU, 2007)。这是中国技术升级和产业多元化的真正里程碑。中国摇身一变，从充斥低技术血汗工厂的国家成为拥有高端电子产品工厂的国家。1996 年，中国高科技和信息通讯技术产品的贸易总额（进出口总额）是 350 亿美元。特别令人称奇的是中国成为高科技产品出口国的速度，每年增长率达到 38%，2004 年达到 3290 亿美元（OECD, 2005c)。

必须指出的是，外商投资企业是先进技术和信息通讯技术产品生产和出口的绝对主宰。2005 年，外商投资企业在高端技术产品出口中占到 90%的份额（EIU, 2007)。在这类出口中，外商投资企业的增长速度是内资企业的 2 倍。外商投资企业在高端技术和信息通讯技术产品上的主导地位，恐怕会限制国内公司提高自身技术水平的努力。要开发新的技术和成为全球领导者，中国的公司还有漫长的道路要走。它们需要更多的时间和资金来研发自己的技术。中国正在遵循第二次世界大战后日本和其他亚洲高绩效经济体所走的务实道路，鼓励外国公司在高科技产品研发中的领导地位，逐渐发展自己的技术实力。

中国价格合理、高品质的消费产品与低价的工业品受到了工业化国家市场的欢迎。这产生了重要影响：中国帮助降低了这些国家的通货膨胀。全球大型零售商的直接采购使中国的消费品出口快速增长。2001 年，全球零售商直接购买了价值 300 亿美元的商品（DR, 2003）。美国消费品零售巨头沃尔玛、法国连锁零售商家乐福和英国零售商特易购是中国商品的主要买家。这应该视为一个初步的开始，因为最大的外国连锁零售商在中国仍然没有强大的采购基地。中国正在使中国大公司与外国零售商走到一起，努力发挥了撮合的作用。为此，中国政府还组织了定期的商品交易会。

4

吸引外商直接投资

在改革之前，中国不存在任何外商直接投资。1979 年，随着合资企业法律的通过，中国建立了吸引外商直接投资和外国公司运作的基本法律框架。由此，地方政府和省级政府有权决定各自辖区内的外商直接投资战略。中国建立了四个具有开拓意义的经济特区。在经济特区中，外国公司获得了慷慨的税收减免、政府优惠和自由经营权利。第一批经济特区是深圳、珠海、汕头和厦门。深圳和珠海经济特区分别毗邻香港和澳门，而其他两个经济特区则处于台湾海峡的大陆一边。经济特区的目标是鼓励来自香港、澳门和台湾的投资。当这四个经济特区成功地实现它们的目标时，1984 年经济特区扩大到中国太平洋沿海地区的 14 个中心城市和海南岛。此后，以前一般水平的外商直接投资开始急剧增长。

外商直接投资体制的进一步自由化分为几个阶段。[54] 地方政府和省级政府被赋予了更大的自由，可以制定吸引外商直接投资的计划和管理程序。地方政府可以处理投资额达到 5000 万美元的外商直接投资。下一个变化发生在 1986 年，即所谓的“22 条”。“22 条”进一步放开了外商直接投资，使外商投资者更容易进行投资，建立了高效率的外商直接投资审批程序。过去一些临时的税收减免推广到全国。拥有外商直接投资的企业获得了更多的管理自主权，也取消了对利润回调的控制。1992 年、1994 年和 1996 年，中国采取了更多的外商直接投资开放政策措施，这些政策措施进一步促进了外商直接投资的流入，最终使中国成为外商直接投资的首要目的地。

在这一时期，两种类型的外商直接投资计划，即出口导向计划和先进技术计划，更受中国各级政府的欢迎，被给予了额外的优惠。出口导向型企业 50%的产品必须出口。第二种类型的企业必须升级国内的生产能力和技术标准。这种聪明的外商直接投资管理产生了深远的影响。它大大推动了对中国的技术转移，而技术转移又加强了制造业部门，提高了制造业部门的竞争力，由此广泛地提高了经济的增长潜力。为了吸引拥有先进技术的外国公司，沿海城市建立了自己的经济技术开发区。为了吸引外国公司投资先进技术项目，这些经济技术开发区向它们提供了一系列重要的优惠。同样地，中央政府使用类似的激励，建立了自己的少数高新技术产业开发区。到 2002 年，不同省份的省会城市建立了 34 个经济技术开发区，中央政府也设立了 53 个高新技术产业开发区。下一项政策步骤是建立保税区，进一步促进外商投资。保税区之所以获得突出的地位，是因为它们有权接受加工出口产品的免税进口零部件（Hammer,2006）。

外商直接投资放开措施的一个明显成果是从香港和台湾地区流入的投资稳步增长（直到1990年）。1993年批准的外商直接投资达到了顶峰，此后开始下降，但是，整个20世纪90年代外商直接投资持续流入。来自中国香港、台湾和亚洲其他经济体的投资者，在很大程度上被利用经济特区的低劳动成本的期望所驱动。这种外商直接投资大都集中于出口加工贸易领域和那些中国拥有比较优势的产业。尽管这一时期来自香港地区的外商直接投资数额最大（直到1992年），但是这有些不真实，因为这种外商直接投资通常来自中国香港和其他许多国家。其中一部分还是从香港“迂回”的国内投资。直到1996年，中国周边的新兴市场经济体主宰了中国的外商直接投资流入。此外，直到这时，外商直接投资之所以更多地流入劳动密集型产业，实质上是因为这个部门的出口非常大，并且不断增长。这些产业的外商直接投资来自于韩国，中国香港、澳门和台湾的公司。

来自工业化经济体(欧盟、日本和美国）的外商直接投资也出现了增长，尤其是在1996年之后。新兴市场经济体开始失去它的主导地位。上文已经指出，外商直接投资起初集中于贸易产品部门。由于来自工业化经济体的外商直接投资继续增长，它们开始主导中国的外商直接投资流入。在数量上，来自工业化经济体的外商直接投资远远超过了来自中国亚洲邻国的。2002年之后，在中国每年流入的外商直接投资总额中，来自工业化经济体的占到了60%以上。2005年，在经合组织国家流入非经合组织国家的外商直接投资中，流入中国的占到了60%（Whally, 2006）。这些外商直接投资在质量上不同于来自中国亚洲邻国的。这类外商直接投资大多投入到生产出口产品的高科技部门或者所谓的平台生产。然而，工业化经济体并未忽视中国国内的市场，认为它将来拥有巨大的潜力。

期望外部资本流入能够对接受国的经济增长产生有利的影响，这在理论上是合乎逻辑的。外部资本流入能够通过增加国内储蓄、降低资本成本和转移技术而产生直接的影响。此外，资本接受国能够得益于资本账户开放所带来的重要间接影响，例如实行更好的国内政策。现有的经验证据表明，外商直接投资刺激了中国的国内投资，提高了国内投资的效率（Xu and Wang, 2007）。

外商直接投资的数量和地域集中

外商直接投资是新兴市场经济体所偏爱的一种外部资本流入形式。在 1979 年到 1983 年的 5 年里，中国接受了少量的外商直接投资，共计 1.8 亿美元，每年 3600 万美元。在 1984 年至 1988 年，中国的外商直接投资流入增长到 10.3 亿美元，年均达到 2.2 亿美元。1989 年，外商直接投资的增长戛然而止。此后，1992 年成为外商直接投资流入的分水岭，一年流入额超过 10 亿美元，到 1993 年达到 30 亿美元。[55] 这种增长势头主要是因为中国资本账户的选择性开放。20 世纪 90 年代下半期，外商直接投资流入额每年大约是 40 亿美元，因而中国成为发展中国家中最大的外商直接投资接受国。在绝对意义上，中国开始吸引大量的外商直接投资。1998 年，中国的外商直接投资流入达到了 45.46 亿美元的高峰。1997—1998 年的亚洲金融和货币危机中断了中国和亚洲其他地区的外商直接投资流入。经过 1999 年和 2000 年的下降后，在 2001 年中国加入世界贸易组织之时，外商直接投资流入再度增长。这是中国外商直接投资流入的第二个分水岭。有趣的是，尽管 2001—2003 年全球的外商直接投资流入大幅下降，但是中国的外商直接投资流入每年继续增长（UNCTAD, 2005）。从 20 世纪 80 年代中期到 2005 年，中国的外商直接投资流入从低水平上升至 72.4 亿美元——这比 2004 年高出了 20%（UNCTAD, 2006）。至于其他类型的外部资本流入，中国采取了低水平外债的策略。因此，非外商直接投资的私人资本流入直到最近仍然有限。以外商直接投资为主的资本流入结构带有税收激励和其他激励。由于让外商直接投资流入成为外部资本流入的绝对主宰，风险—收益平衡的改善使中国受益匪浅。

自21世纪第一个十年初期以来，亚洲新兴工业化国家和东盟四国对中国外商直接投资流入的增长表示了担忧。其中许多国家不仅公开地对外商直接投资流入的转移表示担心，而且也担忧本国的投资者投资中国而不是本国。外商直接投资流入的变化削弱了这些国家的制造业部门，导致了工作岗位的流失，出现了所谓的“空心化”现象。

1990年，中国的外商直接投资额只有19亿美元，而1999年则增长到300多亿美元（Graham and Wada, 2001）。1992年后，中国外商直接投资流入的一个重要特征是它们实质上直接进入了未开发的领域。显然，中国正在形成巨大的吸引外商直接投资能力。外商直接投资之所以集中于东部和南部沿海城市和省份，原因之一在于中国为外国私人投资建立了合适的投资环境。在中国的外商直接投资总额中，沿海地区所吸引的外商直接投资占到了80%。到2003年，南部的广东省——位于香港之北——占到中国外商直接投资总额的三分之一，达到140亿美元。广东最初被当作市场化改革的实验室。其他的沿海省份——江苏、上海和浙江——则遭到了忽视。然而，过去几年里，这种状况发生了改变，毗邻上海的江苏省成为最大的赢家。随着江苏省市场化改革的进步和投资环境的改善，它的外商直接投资流入不断增长。2003年，江苏吸引的外商直接投资在中国的外商直接投资总额中所占的比例达到了25%，取代广东成为了第一名。外商直接投资集中的其他原因包括中国沿海省份拥有较好的工业基础设施。此外，这些省份的出口更为容易。因此，只有20%的外商直接投资进入了西部和北部省份。但是，不能忽视的是，从西部和北部省份的经济规模来看，这仍然是巨大的外商直接投资。这些省份的经济规模远远小于南部和东部的省份。在整个20世纪90年代，这些内陆省份所接受的外商直接投资相当于其GDP总量的10%。因此，外商直接投资在内陆省份的经济中也发挥了巨大的作用（Huang,

2003b)。中国已经成长为最大的外商直接投资接受国之一。2005 年和 2006 年，中国是世界第三大外商直接投资接受国，仅次于美国和英国（UNCTAD, 2007)。英国和美国都是成熟的工业化经济体。2006 年年底，《世界投资展望》（2007 年）估计，中国的外商直接投资达到了 699.5 亿美元。与许多新兴市场经济体不同，中国成功地吸引了足够数量的外商直接投资。由于经济的增长快于外商直接投资流入的增长，所以外商直接投资与 GDP 之间的比例一直在下降。

至于外商直接投资将会投资哪一个地区，这是由投资企业所属的地区所决定的。中国香港的投资者偏爱香港北面的深圳。中国台湾的公司喜欢东莞、厦门和上海。日本和韩国的公司则选择辽宁和山东。欧盟和美国的大公司和跨国公司则投资于北京、广东、上海和天津（Hsiao and Hsiao, 2004)。这些中心城市成为外商直接投资的聚集地，拥有具备高科技能力的产业，这反过来又产生了集聚效应，吸引更多的外商直接投资。

在一段时期内，各级政府使用各种手段，吸引先进技术的投资者把技术转移给国内公司。一种方法是鼓励建立合资企业。2006 年年底，中国最高经济规划机构国家发展和改革委员会在“十一五”规划（2006—2010 年）中宣布了一项外商直接投资政策。新的战略强调，中国的外商直接投资审批需要从数量到质量的转变。国家发展和改革委员会的主要建议是，中国仅仅需要鼓励高附加值部门、高科技产业、先进制造业和节能型产业中的外商直接投资。国家发展和改革委员会正确地阻止地方和省级政府不加区分地接受外商直接投资，应当鼓励那些带来先进技术和拥有重大研发内容的外商直接投资，必须阻止那些低附加值的加工出口贸易领域的外商直接投资。新的外商直接投资还会遭到更严格的环境影响评估。新的外商直接投资战略将会多么严格地执行仍需拭目以待。

根据不同的研究，中国将继续是投资公司十分青睐的投资目的地。根据《世界投资展望》（2007 年）所作出的预测，在 2007—2011 年，中国将会维持它仅次于美国和英国的世界第三大外国投资接受国地位。据预测，一般来看中国在2007—2011年间每年将会接受87亿美元的外商直接投资。国内商业、金融服务业和旅游业正在逐渐对外商直接投资开放。为了履行加入世界贸易组织的义务，中国不得不这样做。

中国吃了东盟的午餐?

是的，但并不只是如此。自20世纪90年代初以来，从工业化经济体吸引大量外商直接投资的东盟经济体开始把它们的制造能力转移到中国。随着基础设施和劳动力技能的改善，这种转移过程继续强化。中国的工资继续保持较低水平。来自日本、韩国和中国台湾以及东南亚华裔群体的投资者看到了这个机会，为此把他们的制造能力转移到中国大陆。这是地区间外商直接投资流动的新模式。它帮助中国融入地区生产网络之中，因而促进了中国在地区经济和全球经济中的技术一体化。

1990年，中国在亚洲的外商直接投资总额中所占的比例不到18%，更多的外商直接投资（61%）流向了规模更小但却充满活力的东盟经济体。到1999年，这些数字颠倒了过来，东盟经济体仅仅接受了17%流入亚洲的外商直接投资，而中国则接受了其中61%的外商直接投资（Das, 2007a）。因此，中国外商直接投资的增长牺牲了东盟经济体。这种趋势可能继续加速，因为一些大型跨国公司正在计划在中国进行更多的投资。东芝公司正在计划一项价值数亿美元的投资项目，摩托罗拉公司正在计划在中国建立全球生产基地和研发中心。百事公司、莎莉集团和伊莱克斯公司是其他在中国拥有大型投资计划的投资者。当然，东盟经济体在外商直接投资方面遭受了直接的损失。然而，由于贸易增长和生产网络安排，它们通过与规模更大的中国经济更紧密地一体化而获得了好处（关于这个问题的深入分析，参见第2章第4节）。

外商直接投资刺激了增长？

在很大程度上，国内的储蓄为国内的高水平投资提供了资金。在中国的外国储蓄投资大约是 GDP 的 3%。因此，尽管外商直接投资并未作出巨大的金融或宏观经济贡献，但是它们确实可能为提高投资的生产率并最终为推动全要素生产率的增长作出了贡献。外商直接投资不仅带来了资本，而且带来了新的技术、产品以及经营方法和营销网络——这对全要素生产率产生了积极的影响。20 世纪 90 年代，外商直接投资对 GDP 增长的贡献率大约是 2%到 2.5%，或者大约是全要素生产率增长的一半。对中国经济来说，外商直接投资和全要素生产率展现出了显著的协同运动；因此，有人（Tseng and Zebregs, 2002）断言，外商直接投资是中国快速增长背后的“推动力”。2003 年和 2004 年，外商直接投资的增长每年对实际 GDP 增长的贡献率超过了 20%。倘若没有外商直接投资，中国 GDP 的年均增长率将会下降 3.4%（Whally and Xin, 2006）。

外商直接投资成功地为中国经济带来了许多正面的外部性。经济的逐步开放和外商直接投资的增长使中国能够进口高价值的资本货物和其中所包含的先进技术。这也带来了专业管理知识。中国经济对外商直接投资的开放加强了公司之间的宏观经济竞争，达尔文式的丛林生存法则发挥了作用。缺乏竞争力的旧公司和产业逐渐消亡，代之以充满活力、强大和具有竞争力的新公司和产业。这种情况发生在中国一些啤酒公司身上，那些老的公司被具有竞争力的公司彻底消灭。因此，充满活力和竞争力的公司和产业不断发展壮大，乃至谋求全球领导地位。中国的电视和信息通讯技术硬件产业就是恰如其分的例证。竞争是一种建设性的力量。它创造价值，使生产资源和要素得到更好的利用，通过改善产业状况极大地推动了增长的有机进程。

引进更高水平的技术不仅提高了全要素生产率，而且还提高了劳动生产率。尽管整个劳动生产率得到了提高，但是外贸产品部门的劳动生产率是最高的。工资的上涨部分地反映了劳动生产率的提高。外商直接投资还改变了工业生产的模式，扩大了工业生产的种类。这同中国经济的比较优势是一致的，而比较优势则对中国经济产生了李嘉图式的增长加速效应。

两项最新的研究得出结论，认为外商直接投资提高了中国东部和南部沿海省份的增长率（Lemoine, 2000; Dayal-Gulati and Husain, 2000）。达亚尔—古拉蒂和侯赛因（Dayal-Gulati and Husain, 2000）使用修正后的索洛增长模型（Mankiw, Romer and Weil, 1992）了得出了上述结论。在他们的修正中，他们放弃了标准模型的某些变量。他们使用了缩减版的索洛增长模型，集中于一个根本的问题，即东部和南部沿海省份实际 GDP 增长率的提高是否能够正确地归因于外商直接投资的增长。他们的答案是，外商直接投资增长率的提高预示了这些省份具有更高的开放性，而更高的开放性又意味着更高的收敛率，或者能够获得不同的技术，使收敛趋势保持在更高的稳定状态上。达亚尔—古拉蒂和侯赛因（Dayal-Gulati and Husain, 2000）的经验研究结果有力地证明，中国沿海省份的外商直接投资与更高的人均收入增长率存在正相关的关系。

二元经济的黎明

实质上由于逐步流入的大量外商直接投资，到 20 世纪 90 年代末，中国形成了一种独特的二元经济。第一重经济包含外商直接投资支持的外商投资企业部门，这个部门包括介于外国公司和国内企业之间的合资企业。新的外资企业和合资企业是中国吸引外商直接投资的主要模式。外商投资公司还与国有企业和乡镇企业建立了合资企业。正如上文所言，外商投资者带来了资本、技术、产品设计和强大的营销网络。投资公司的营销网络有助于中国产品不断渗透到海外市场之中。制造业是这重经济的主要但不是唯一的焦点。

中国二元经济的第二部分是制造业、农业和服务业部门的非外商直接投资部分。

当然，中国二元经济的第一部分在规模上远远小于第二部分，但对中国经济作出了重大贡献。这实质上是因为前者拥有更高的生产率。例如，据估计，第一部分的劳动生产率比非外商投资企业的经济高出 9 倍。黑尔和龙小宁（Hale and Long, 2007）分析了横截面的公司数据，发现大多数国内公司向外商投资企业提供原料和中间产品。大多数国内公司还按照外国公司的规格生产最终产品。然而，国内公司几乎不进行创新和研发的投资；创新和研发被视为外商投资企业的领域。国内公司在全球劳动分工中也扮演了消极的角色。外商投资企业对出口和进口的贡献不断提高。本章第 3 节提供了关于外商投资企业出口增长的统计数据。1990 年，它们占到中国出口总额的 15%，2003 年这一比例增长到将近一半。

到 2004 年，外商投资企业的进出口占到了中国进出口总额的一半以上，贡献了 20%的 GDP。这重经济的工业产出占到中国工业总产出的将近三分之一。由于外商投资企业主要集中于出口制造业，因此，它们的产品在海外进行设计，投资企业的海外销售系统熟练地把它们销往全球。外商投资企业偏爱中国东部和南部的沿海省份，因为这些省份是良好的出口基地。由于这两种经济的效率和全要素生产率的差别是如此明显，因此，它们的增长率也非常不同。如果中国的增长率分解为两个部分，那么我们就会注意到，中国经济的外商投资企业部分一直以比非外商投资企业部分更快的速度增长。2006 年，前者的年均增长率达到 18%，而后者的年均增长则接近于 6%（Whally and Xin, 2006）。由此看来，外商直接投资为中国的增长作出了决定性的贡献。

5

跨国公司在中国

过去 20 年里，来自经合组织经济体的许多跨国公司都在中国开展了经营活动。在财富 500 强公司中，将近 470 家目前在中国开展经营活动。虽然它们为中国经济和企业尤其是外贸部门作出了不断的贡献，但在这个短暂的时期内，它们的经历各不相同，角色也发生了变化。

跨国公司面临的障碍

中国主要通过外商投资企业融入了全球经济。外商投资企业发挥了关键而又多重的作用，并在中国的工业结构中获得了至关重要的地位。有人可能错误地以为，外商投资者在中国并未遇到过投资上的问题。中国的中央和省级政府控制着外商直接投资的流入，制定了吸引外商直接投资的战略。在早期阶段，只要外商投资者符合中央和省级政府制定的产业政策目标，就受到了欢迎。如果不符合的话，外商投资者就会发现自己面临许多进入限制。其中一些限制包括使用国内供应商，或者工厂在指定地区选址，或者同中国公司建立合资企业。即使在改革开放后来的一些阶段，外商直接投资流入也面临着一些阻碍。外国投资项目仍然分为鼓励、限制、允许和禁止的类型。允许的项目类型并不公开，但包括所有不属于其他三类的投资项目，其他三类的投资项目名单都已经分别公布。在加入世界贸易组织后，禁止和限制的投资项目类型有所减少，尽管外商投资者认为这两类投资项目需要进一步减少。

外商直接投资战略所存在的另一个缺陷是：一方面，中国需要外商直接投资带来的资本和技术；另一方面，它又竭尽全力保证更高效的外商投资企业不会把国有企业竞争出局。这是一种短视的战略，使中国公司失去了外商投资企业的竞争所带来的活力。这种战略曾经大大地放宽，这是走向健康方向上所迈出的重要一步。

地方仍然存在关于外商直接投资审批程序的内部规定。这些规定从未公布，但与国家在改革之初公布的法律法规并存。地方的内部规定存在更多的限制，由于它们从未公开过，外商直接投资决策过程变得更为混乱。中央政策需要精简这种神秘的过程，首先需要公开地方的内部规定，使它们符合国家和国际的法规。中国需要制定和公布一个清晰而又稳固的监管框架，这样外商投资者就能够高效地作出知情而又明智的决策。此外，外商直接投资审批经常出现不应有的延误，因为如果不提交给中央政府的不同部门，地方政府就不能批准一项外商直接投资项目。外商投资者认为，中央政府应该提高地方政府不需要上报中央政府就可批准的外商直接投资项目的金额。同时，审批的不同程序应该合并，建立一站式的外商直接投资评估程序。

跨国公司与中国贸易

跨国公司对中国贸易的品质和性质产生了巨大的影响。根据研究，更高的增长率和不断增长的人均收入与出口的种类存在正相关的关系（Hallak, 2006）。这种基于精心分类的贸易数据的相关关系，就能判定哪些因素提高了一个国家出口更高品质的产生或提高其贸易关系的紧密性的能力。陈惠雅和斯文森（Chen and Swenson, 2007）考察了那些学习在华经营的跨国公司的中国公司的出口，如何影响中国贸易的品质或性质。跨国公司的临近通常提高了国内公司进入出口市场的能力。此外，跨国公司及其与国内公司的交往为积极的溢出效应创造了机会，而溢出效应影响了中国公司的出口能力和产品质量。他们使用了1997—2003年中国分类贸易数据，得出如下结论：第一，临近跨国公司的国内公司得益于“出口溢出效应的新方面——生产的广泛边际效应”。当临近跨国公司的时候，国内公司提高了出口的单位价值。第二，跨国公司减少了那些非正式壁垒最大的产业中的非正式贸易壁垒。第三，国内公司由于跨国公司的存在而成功地建立了更多的新贸易联系。

跨国公司与研发的加强

来自工业化国家的跨国公司逐步增加它们的研发活动。这类研发活动占到中国商业研发活动的30%（OECD, 2007）。为了集中研究，许多跨国公司投入巨资建立研发中心。跨国公司的研发活动大多集中在信息通讯技术部门，包括软件、通讯、半导体和其他信息通讯产品。其他吸引跨国公司进行研发投资的部门是装备和组件、生物技术和医药以及汽车工业。北京和上海是跨国公司所喜欢的研发地点，但是后来广东、江苏和天津吸引了跨国公司大量的研发投资。跨国公司无论大小都推动了研发的这种全球化进程。在2000—2004年间，跨国公司的研发费用以及发明专利申请量都增长了2倍以上（OECD, 2007）。如果专家的意见和传言是指标的话，那么这些研发活动获得了增长的能量，可能会进一步增长。

中国政府的政策是积极主动促进跨国公司的研发活动。这些研究活动被恰当地视为一种通过先进技术的进口和国际化而升级国内技术和工业的手段。最近，一些怀疑的学者和政治家反对促进跨国公司的研发活动。他们嫉妒跨国公司的专利许可费，认为这些费用高得离谱。他们还认为，跨国公司把国内公司挤出了高级科学家和研究人员的人才市场。这些人声称，跨国公司支配了标准和技术平台，降低了国内公司在技术进步中的作用，最终把它们变成低利润的公司。工业化经济体的公共舆论也反对在中国进行研发活动，因为它们认为这阻碍了欧盟和美国的研发。

成功条件的变化

多年来，中国对于跨国公司的重要性不断提高。赫克斯特和沃策尔（Hexter and Woetzel, 2007）正确地指出，如果一家跨国公司在中国没有良好的业绩，那么它“在全球上就可能陷入困境”。在那些在中国开展经营的美国跨国公司中，64%的跨国公司报告说它们要么赢利，要么利润丰厚。其中三分之一的跨国公司报告说利润高于它们的全球利润水平，同时其他三分之二的公司的利润则与它们的全球平均水平持平。

中国的企业和经营环境一直持续地改善，并随着跨国公司的经营而改变。据预测，到 2010 年，中国新兴中产阶级的规模将达到 2.9 亿人，到 2025 年将达到 5.2 亿人（Farrell, et al.，2006）。随着中产阶级规模的扩大，许多跨国公司开始转移到更小的内陆城市。跨国公司的这些扩张扩大了它们的销售和营销成本，并出现了新的组织挑战。更重要的是，跨国公司开始在全国和地区的范围内遇到了从未遇到的来自中国国内竞争对手的竞争。因此，它们的未来利润率确实会受到影响。

由于中国制造业劳动成本变得更低，几乎是欧洲或美国劳动成本的五分之一，因此，尽管来自欧盟和美国的跨国公司比在本国的经营效率更低，但仍然正在赚取可观的利润。麦肯锡全球研究院对跨国公司在华经营状况的最新研究得出如下结论：浪费使利润降低了 20%到 40%。[56] 低效率的原因既不是漫不经心，也不是蓄意为之。浪费经常内在于伙伴关系或并购之中。此外，在良好的盈利氛围下，跨国公司的管理者把焦点合理地放在增长而不是经营改善之上。然而，随着竞争的加剧，就必须提高效率。积极进取的跨国公司，例如丹佛斯公司、通用电气公司、肯德基公司、强生公司和诺基亚公司，已经证明了效率的管理在中国就像在其他任何国家一样。它们为自己制定了高水平的绩效标准，并由此成功地赢得了国内和全球的竞争。

6

外汇储备管理

稳步增长的经常账户顺差变成了中国外汇储备积累的主要推动力。其他的推动因素是外商直接投资流入、2001 年后日益增长的非外商直接投资流入、投机资本的流入、外商储备投资的利润收入和旅游业不断增长的收入。当改革开始的时候，中国的外汇储备停留在 20 亿美元的水平上，即使在 1980 年也只有 25 亿美元。1990 年，中国的外汇储备增长到 295 亿美元，2000 年增至 1682 亿美元，相对于中国经济规模来说，这是非常高的外汇储备。其他类似规模的经济体拥有更低水平的外汇储备。2003 年，中国的外汇储备剧增至 4030 亿美元，2005 年增至 8190 亿美元。2006 年 2 月，中国的外汇储备达到 8537 亿美元，而日本的外汇储备则是 8501 亿美元。中国超过日本成为世界最大的外汇储备国。2007 年 8 月底，中国的外汇储备达到 1.4 万亿美元。[57] 中国的决策者之所以积累如此超级规模的外汇储备，因素之一是他们对亚洲金融危机期间（1997—1998 年）汇率波动性仍然记忆犹新；那些外汇储备大幅下降的经济体（印度尼西亚、韩国、泰国等）备受折磨，并因为没有大量的外汇储备而不得不付出高昂的代价，而那些维持高水平外汇储备的经济体（中国大陆、香港地区、台湾地区等）则能够经受住风暴。因此，万一发生货币危机，外汇储备就会充当有用的盾牌。

巨额的外汇储备通常会受到欢迎，因为它们有助于保护一个经济体免遭全球市场的波动。它为汇率管理提供了流动性。不过，如何才能积累巨额的外汇储备呢？通常，一个经济体需要充足的外汇储备，才能满足 3 个月进口的需求或者偿还全部短期外债。后一指标被称为“盖杜蒂—格林斯潘法则”(Rodrik, 2006a)。短期债务是指一年内到期的债务。中国的外汇储备能够应对 16 个月以上的进口需求，也能覆盖 7 倍以上的短期债务。从这些标准来看，无论是在绝对意义上还是在相对意义上，中国都已经积累了超高水平的外汇储备。外汇储备在中国当前 GDP 中所占的比例将近 55%，这是史无前例的水平，是亚洲所有国家外汇储备的一半。这是中国经济获得的又一项第一。如此巨额的外汇储备可能为中国带来问题。它创造了过多的流动性，导致严重的通货膨胀、资产价格泡沫和草率的银行贷款。

如此巨额的外汇储备是经过几个阶段积累起来的，在一些阶段上急剧增长，另一些阶段又不断下降。在 1978—1988 年这个阶段，外汇储备积累缓慢，反映了改革进程的最初步伐。尽管外汇储备处于低水平，但足以满足同样低水平的进口需求。第二个阶段（1989—1991 年）是中国外汇储备稳步积累的时期。在这一时期，中国经济的放缓导致进口急剧下降。随着出口在下降后又开始增长，中国的经常账户也从赤字走向顺差，这就积累了外汇储备。与第二阶段不同，第三阶段（1992—1996 年）是中国外汇储备快速积累的阶段。这一时期采取了许多改革措施。因此，不断增长的外商直接投资，而不是经常账户顺差，推动了外汇储备的不断增长。1997—1999 年，中国外汇储备出现了停滞，但在 2000—2005 年间重新出现增长。中国外汇储备的这种快速积累反映了这一时期强劲的经济表现，也是中国加入世界贸易组织的反映。世界贸易组织成员国身份一方面促进了中国进口的增长，另一方面又促进外商直接投资的流入，从而推动了外汇储备的积累（Yi, 2006）。

2000 年后，巨额的外汇储备证明了中国经济和金融的逐步自由化。尽管巨额外汇储备代表了中国的总体经济实力，但是它们也带来了经济平衡的内部和外部压力，给金融系统带来了各种风险。根据一项估算，在 2005 年对于一个实行浮动汇率制和资本控制的经济体来说，大约只需要 4000 亿美元的外汇储备（Zheng and Yi, 2007）。2005 年年底，中国的实际外汇储备达到 8189 亿美元，远远超出了正常的外汇储备需求。

中国大量的外汇储备预示着全球经济结构的变革。无论对于顺差经济体来说，还是对赤字经济体来说，外汇储备都经历了急剧和明显的变革。直到 20 世纪 60 年代中期，美国一直是最大的顺差国家和债权国。现在，美国已经变成了最大的债务国，中国、日本和少数新兴市场经济体变成了顺差国家和债权国。在这种变化的全球经济环境下，布雷顿森林体系的机构需要思考它们如何能够推动中国的资金的配置。现在应当建立这样一种国际安排，在这种安排中，中国和其他新兴市场经济体等顺差国家能够转移它们的过多外汇储备，以商业的方式进行投资，获得最佳的回报。这种安排能够在所有领先的全球金融中心运作。倘若这样一种安排能够吸引中国等国家的一部分过剩外汇储备，收取适当的——0.5%——资金管理费，那么这就能够产生一大笔收入，以用于捐赠、债务减免或全球公共产品支出，从而帮助最不发达的经济体。

巨额外汇储备的功与过

中国的外汇储备大部分投资于美国国债，美国国债是低收益但极端稳定的流动性资产。倘若中央银行要支持本国货币，就可以迅速地出售这些资产——这是亚洲金融危机的一个教训。中国的外汇资产包括抵押债券和公司债券。2007 年年中，中国的美国债券组合据估计是 9200 亿美元。中国持有 4200 亿美元的美国国债和 5000 亿美元的美国机构债券，即世界银行以美元计价的债券和公司债券。外国持有将近一半的美国国债。中国的这些投资是全球金融市场流动性增加的重要推手。它们是巨额的投资，能够影响全球金融市场。

然而，其中也有不利之处。对进行投资的中央银行来说，高评级的政府债券和货币市场工具通常只有 1%的年均收益率。[58] 这意味着中国正在以 1.5%的名义收益率贷款给美国。中国投资之前的回报率是 1%。实际收益率不到 2%，如果实际汇率可能得到正确评估的话，那么实际的国内收益率将会更低（Summers, 2006）。因此，普遍认为，中国迫切需要更积极地管理如此巨额的外汇储备，这样一来，这些外汇储备在国内就能够得到更有效的利用，或者通过投资全球的资产而获得更高的收益。如果中国的公司从美国的银行进行贷款，就要支付 18%的利息，这是我们不能忽视的一个事实。中国可能考虑把外汇储备投资于非美元资产。如果中国大范围地作出这样一种决定，就会扰乱全球金融市场。这无疑会引发全球汇率的大幅重组，造成全球经济的波动。

外汇储备的其他可靠用法

资本账户逐步、有序地自由化和促进对外投资，是利用这些巨额外汇储备的途径之一。由于外汇储备管理方式并不那么积极，国家外汇储备管理局简单地投资于多元化的外国资产。这至少会提高目前从国内角度来看是超级的实际收益率。对中国经济来说，低收益代表着巨大的成本。如果同样数量的外汇储备投资于全球资本市场上充分多元化的长期资产，那么据估计能够轻而易举地获得 6%到 7%的收益。按照这种保守的估计，中国经济每年损失了 1000 亿美元。因此，中国采取了这种外汇投资方针，制定了在全球资本市场中进行谨慎的小规模投资的计划。然而，这样做并不够。中国启动了 QDII（合格境内机构投资者）计划，以更积极的方式管理外汇储备。这样做的意图是鼓励银行在国际资本市场上进行投资，推动外汇储备资产有序地外流。这种投资活动仅限于对外国固定收入产品的投资。2007 年年初，中国提高了 QDII 额度，允许证券公司进行海外投资，扩大了 QDII 方案。在努力通过购买全球股票交易所的上市公司来扩大投资时，最大的互惠基金华夏基金管理公司于 2007 年 9 月启动了 QDII。

为了获得更多的回报，中国国内争论了这些资源的其他许多投资选项，也考虑把外汇资产投资于国内。例如，社会养老基金资本化、清理问题银行和重组国有企业部门是一些其他的选择。除了这些投资选项之外，把外汇储备投资于高收益的工具——例如股票、金融衍生品和私募股权——也纳入了讨论。中国并未重视这些投资选项，但 2006 年同意建立像中央汇金投资有限责任公司这样的实体。这样的实体能够把金融资源用于国内的迫切目标，例如银行的资本结构调整。中国认真考虑的另一个务实做法是效仿新加坡淡马锡公司，建立一家主权投资公司。淡马锡是 1974 年新加坡政府建立的一家投资公司。从在 GDP 中所占的比例来看，新加坡的外汇储备与中国差不多。新加坡并未把它的美元储备过多地投资于美国国债。淡马锡公司的公开目标是管理外汇储备，以精明的商业方式把它们投资于海外，赚取高额的回报。它购买了微软、渣打银行、新加坡航空公司、中国建设银行、印度工业信贷投资银行和其他著名企业和银行的股票。如果中国采取了这种投资方法，这种措施就会有助于把外汇储备配置到更广泛的外国资产组合中，大大提高它们的收益。[59]

（时任）中国国务院总理温家宝和国家副主席曾庆红要求外汇储备用于国内的社会目标，例如医疗保健、农村教育和环境保护。然而，满足这些政策目标不会减少中国的巨额外汇储备。这种做法的运作机制如下：假设外汇储备为了上述目标而投向农村地区，农村的地方政府必须把美元出售给当地银行，换取人民币，然后当地银行又把美元出售给授权的外汇交易银行。这一过程给美元 / 人民币的汇率带来下行压力。为了避免人民币贬值，中国就会购买美元。因此，中国重新收回它的美元资产，外汇储备水平并未发生变化。

主权财富基金

2007 年 10 月，中国成立了一家国有投资公司，注册资本金是 2000 亿美元。中国投资有限公司的公开目标是购买大型跨国公司的少数股权，提高资产的收益。除了提高收益外，中国投资有限公司是降低外汇储备的美元贬值风险的一种精明手段。2007 年下半年，美元贬值降低了中国外汇储备的价值。没有任何迹象表明中国将会撤出对美元资产的投资。那样做将会引起外汇市场的动荡，不符合任何人的利益。中国投资有限公司实质上是中国降低风险的一种工具，它的成立可能进一步减弱对正在贬值的美元的信心。

主权财富基金并不是新事物。那些拥有巨额外汇储备的国家持有美元、欧元和日元，往往成立主权财富基金来管理“超额”的资金。自 20 世纪 50 年代以来，主权财富基金的数量并不多。那些拥有巨额收支顺差的国家通常成立主权财富基金。自 20 世纪 90 年代初以来，它们迅速地扩大自己的活动。20 世纪 90 年代初，主权财富基金持有 5000 亿美元的资产。根据一项估算，2007 年主权财富基金持有和管理着 2 万亿美元以上的资产。按照目前的增长速度，到 2012 年主权财富基金将会管理 10 万亿美元的资产（Johnson, 2007）。

中国投资有限公司拥有 2000 亿美元的投资资金，是世界最大的主权财富基金之一。这个投资工具可能使中国成为全球金融市场的主要玩家。中国投资有限公司可能对现有的市场玩家产生明显的影响。中国投资有限公司所管理的巨额流动性资金有可能用于购买大型跨国公司的控股股权，由此改变发展中经济体与发达经济体之间的基本关系。一些工业化国家的政府可能认为这让人无法接受，以站不住脚的借口为主权财富基金的投资设置种种障碍。欧盟宣称，除非主权财富基金充分公开自己的投资战略和原则，否则就考虑遏制它们的战略。

7

增长之痛与管理失灵

中国经济存在诸多问题，其中一些是严重的问题。这证明快速的增长可能对经济产生不利影响。在 2007 年 3 月 15 日十届全国人大五次会议[60]后，（时任）总理温家宝坦率地指出："中国经济存在着巨大问题，依然是不稳定、不平衡、不协调、不可持续的结构性的问题……无论是过去还是将来，都不是评功摆好的时候。"[61] 在 2007 年 9 月 6 日大连世界经济论坛开幕辞中，他重申了上述看法，表示中国"仍然是一个发展中国家，人口多，底子薄，生产力不发达的状况没有根本改变"[62]。这些论述反映了中国最高政治领导人的倾向和担忧。他继续公开列举了如下问题：投资过剩、经济增长偏快、信贷过度扩张、快速增长造成严重的环境污染、国内消费不足、能耗过高和技术创新不足。他认为，巨额的外汇储备和飞涨的股市是经济受挫、波动性和不可预测性的潜在根源。这些看法是非常务实的。

除了这些重大的结构性和战略性问题外，中国也存在许多管理失灵的明显事例（Engardio, et al., 2007）。尽管具有良好的意图，但是政府不能执行产品安全法规。环保和版权法规同样如此。尽管技术先进，但是股市交易却监管不力。政府的绿色行动未能改善污染严重的工厂，因为污染法规执行松弛。当地和外国的专家一再质疑和警告劣质的海洋产品、牙膏、车胎、玩具和医药。这些和其他的劣质产品出口玷污了中国出口的形象。2007 年年中，中国政府终于严厉打击这些产品的制造商和出口商。国家食品药品监督管理局前局长接受药品公司贿赂并向它们发放生产许可证，因此被执行死刑。其中，一些劣质药品后来造成了病人的死亡。主要的贸易伙伴禁止进口中国的某些产品。它们可能对中国产品发出更多禁令，从而对中国经济产生负面影响，这变成了官方的严重关切。中国政府任命了一个委员会，调查中国食品和其他产品在国内外的不良形象。中国还采取了措施，强化食品安全制度，严格控制大型海洋产品公司和肉制品生产商对化学药品的使用，建立使生产商对不安全食品更加负责的制度（Barboza, 2007）。

能源结构和政策成功地刺激了 GDP 增长和工业化，现在却削弱了那些使中国经济增长走上更高水平的举措。尽管只有中央政府拥有制定政策和战略方针的权力，但是地方官员却对经济社会政策及其执行拥有广泛的自由裁量权。他们通常也转移了金融资源。[63] 这是腐败的根源。地方的官僚机器并不关心上文所说领域中改革的迫切需要。由于 GDP 增长在官员的年终考核中占到了 70%，因此，地方官员慷慨地向地方企业各种优惠，例如廉价的银行贷款、土地、许可、排斥竞争者和法规豁免。这为贪腐、贿赂和腐败创造了无穷的机会。在中国，权力和财富精英在维持现状中拥有巨大的利益。

根据 2007 年全球腐败报告（基于数千家公司的原始数据计算 163 个国家的腐败指数），中国排在第 71 位，差不多位于中游，而芬兰和新西兰是最清廉的国家，排名最靠前。这份报告还计算了 30 个国家的行贿指数，中国排在第 29 位。瑞士因为行贿倾向最低而排在第 1 位。温家宝总理（时任）的评论是恰如其分的，因为中国共产党至今尚未成功解决这些问题。要成为一个现代工业社会，中国需要有效和高效的行政管理体制。当前的行政管理体制并不是如此。其他亚洲高绩效经济体尤其是韩国和中国台湾，也存在这些问题，花费了一段时间才予以解决。菲律宾仍然是这种所谓的裙带资本主义。

8

快速增长的代价：环境退化

倘若不留下环境退化的遗产，任何国家都不可能实现工业化。这是经济增长的长期代价之一。经验表明，在大多数国家中，环境污染在工业化初期阶段不断恶化。随着经济增长的加速，GDP不断增长，经济日益繁荣，决策者改变了政策优先性。他们认识到干净的空气、肥沃的土壤和未被破坏的森林等自然资源的价值。要保护和培育这些资源，就必须颁布法律，投入各种资源解决严重的环境问题。因此，空气质量和其他环境状况开始改善。中国就是这种情况的例证。强健的工业革命正在全面展开，随之而来的污染问题以更快的速度恶化。中国的世界工厂地位付出了高昂的生态成本。严重的环境退化招致了国内外的批评。

燃煤炉是中国污染的最大来源之一。根据世界银行与国际科学家和中国科学家联合进行的一项最新的详尽研究（WB, 2007），2000—2005年中国能源消耗增长了70%。为了满足这种能源需求，煤炭消费在这一时期增长了75%。中国是世界第二大能源消费国。煤炭是中国的主要能源来源，提供了68%的能源。这项研究还表明，“十一五”规划（2001—2005年）未能实现在二氧化硫和烟尘颗粒上的排放目标，到“十一五”规划结束时，它们的排放分别比预定目标高出了42%和11%。事实上，中国没能实现环境领域的13个计划目标中的10个。过多的煤炭消费是中国成为世界最大二氧化硫排放国的主要原因。

同时，水污染也是一个同样严重的问题。中国传统上就存在严重的水资源短缺问题，因为中国 45%的领土年均降雨量低，不到 400 毫米。快速增长的经济破坏了环境，大量排放的工业和生活废水污染了有限的水资源。在中国的七大河流中，54%的河水不适合人类饮用，自 20 世纪 90 年代初以来增长了 12%。人口稠密的东北省份的河水污染最为严重。多年来，许多污染的河流鱼虾绝迹。湖泊和海洋的污染也非常严重。在海水监测点中，30%的水质极端低劣。湖水也是同样的状况，75%的湖泊存在不同程度的富营养化（WB, 2007）。

中国经常进行流行病学研究，考察空气污染与各种健康风险之间的持续联系。空气污染同肺功能退化、呼吸系统疾病、慢性支气管炎和心脑血管疾病之间存在直接的关系。因此，学校和工厂普遍存在逃学和矿工现象。与室外空气污染相关的疾病经常导致提早死亡。中国卫生部的一项研究（Watts, 2007）涵盖 30 个城市和 78 个农业县，得出如下结论：空气污染和水污染导致了肿瘤患者和癌症患者的突增。[64] 最近，癌症成为死亡的主要原因。它开始比心脑血管疾病造成了更多的死亡。除了空气污染和水污染外，这项研究还指出杀虫剂的广泛使用是导致这种趋势的一个原因。公共卫生体系正在承受史无前例的环境退化所带来的压力。

在世界 20 个污染最严重的城市中，中国的城市就有 16 个。许多工业化城市常年笼罩在“灰蒙蒙的有毒烟雾”中。不同类型的污染事件是如此普遍，以致灾难性的环境事件已经变得司空见惯，遭到了漠视。例如，在一些污染严重的工业城市，铅中毒导致婴儿死亡，地方污染导致儿童生病，大多数海洋由于红藻而不能维持海洋生物的生存，都不被视为环境灾难事件（Kahn and Yardley, 2007）。中国的环境问题影响了世界的其他地区。中国燃煤发电厂排放的二氧化硫和氮氧化物，化为酸雨降落在首尔和东京。洛杉矶的大部分颗粒污染来源于中国。具有讽刺意味的是，作为中国最突出的成绩，快速的经济增长也变成了它的最大负担，因为它对环境产生了破坏性影响。

9

未来情景与增长轨迹

全球经济的状况发生了变化。2005年，中国成为世界第四大经济体和全球经济增长的另一个引擎。在此之前，只有美国才被视为全球经济的引擎。在可以预见的未来，中国可能比过去在全球经济增长中占据更大的份额。如果不同地区的增长率完全保持不变，到2020年中国就可能占到全球经济增长的一半份额（Dollar, 2007）。相同的增长之所以使中国在全球增长占据更大的份额，原因在于中国在全球经济所占的比例一直稳步上升。中国还是世界第三大贸易国和最大的外汇储备国。

中国经济地位的上升超出了大多数人的预期。中国在地缘政治上也将逐步变得更为重要，这一过程尽管缓慢，但却是确定无疑的（Keidel, 2006）。在多极世界中，中国几乎无望成为一个地缘政治的超级大国。尽管如此，中国完全能够成为像欧盟、日本和美国等其他大国一样的国家。由中国主导的东亚经济不仅将会成为全球经济中一支不可忽视的力量，而且在地缘政治领域中也是如此。亚太共治下的和平即使不是毫不现实，也是不成熟的梦想。尽管如此，中国可能不久就有机会重构第二次世界大战后的全球经济和地缘政治秩序。

中期和短期的增长情景

从外部来看，全球经济存在严重的宏观经济失衡。这就是美国经常账户的巨额赤字以及中国和其他亚洲高绩效经济体经常账户的巨额顺差。万一发生混乱的调整，中国经济将会受到冲击。为了小幅放慢投资增长和降低 GDP 增长对对外部门的依赖，中国暂时采取了政策行动，但徒劳无功。2007 年某些出口市场放缓，取消对出口商的附加值减免，可能降低商品出口的增长率。[65] 由于外贸部门对经济增长的贡献可以预见将会小幅下降，GDP 增长在中期内可能有所下降。中国可能沿着这个方向继续努力。

中国正在采取短期的政策措施放慢 GDP 增长率，因为 GDP 增长率一直高于“十一五”规划时期所计划的目标（参见本章第 1 节 7 小节）。这些措施至今并未产生所期望的结果。由于中国政府急切地采取和加强下文讨论的再平衡措施，这些措施很可能影响贸易和经常账户顺差。中国经常账户顺差的增长很有可能减速。此外，消费下降趋势在中期内很有可能扭转；消费可能受益于不断提高的家庭收入。政府在农村地区的支出（参见本章第九节第 3 小节）以及粮食价格上涨和保障可能帮助提高农村的收入。2007 年，城市和农村地区的零售额都在增长。因此，在中期和短期内，中国国内需求将会比过去更高。

2007 年，中国国内的经济状况有利于增长。2006 年的中国 GDP 增长率远远高于预期，2007 年第一季度的增长率达到了 11.1%。这种高于预期的 GDP 增长表现不存在任何异常的原因。对外部门的表现和投资是这种经济繁荣的原因。投资紧缩措施显然并未充分发挥作用，为了放慢 GDP 增长而采取的政策措施并未产生预期的结果。在短期内，我们将会看到宏观经济政策——无论是财政政策还是货币政策——的收紧。同时，中国很可能继续保持目前在利率、准备金和市场开放上所采取的政策立场。这些正统的措施是否会产生抑制经济过热和限制投资率的预期结果，仍然遭到了怀疑。高利润率和充足的流动性很可能破坏政策的效果。在短期内，投资可能继续增长，促使增长率高于预期。

表 1.2　2006—2020 年中国 GDP 平均增长率

	2006—2010	2011—2015	2016—2020	2006—2020
基准增长情景	8.9%	8.3%	7.0%	8.1%
发展更为有利的乐观情景	9.5%	8.8%	7.6%	8.6%
发展较为不利的风险情景	8.4%	7.1%	5.8%	7.1%

资料来源：Jianwu and Shantong（2007）

中国的未来将会如何呢？当然，中国经济不可能永远保持 10%的 GDP 增长率。换句话说，中国已经成功为经济快速增长奠定了基础，我们不可能有理由怀疑中国经济以 6%到 8%的年均增长率（对新兴市场经济来说，这是强有力的速度）继续增长的潜力。何健武和李善同（Jianwu and Shantong, 2007）使用中国国务院发展研究中心关于中国经济的可计算一般均衡模型，预测了中国 GDP 增长的不同情景。他们使用递归动态的可计算一般均衡模型估计了中国经济的三种增长情景：(1) 基准增长情景：中国和全球经济环境保持当前的趋势和状况；(2) 发展更为有利的乐观情景：当前的趋势和状况变得更好；(3) 发展较为不利的风险情景：更差的趋势和状况出现。他们也根据每一种情景假设了中国经济全要素生产率三种不同的合理增长水平。表 1.2 表明了这种预测的结果。

对中国 GDP 增长率的上述预测表明，在上述三种情景中，与 1978—2005 年的时期相比，增长率很有可能下降。据预测，资本积累将是 GDP 增长的主要推动力，尽管随着时间的推移它的贡献率将会逐步下降。劳动力供应增长的贡献将会很小。到 2020 年，劳动力对经济增长的贡献将会降低到零，同时全要素生产率的强劲增长在 GDP 增长中的比重不断增长。

在另一项根据中国资本、劳动力、教育和全要素生产率的增长所作出的预测中，2005—2025 年的 GDP 增长率将会在 6%—8%之间。按照这种预测，增长率将会在 2015 年达到最高峰。2015—2025 年的增长率将会下降，原因有两个：第一，在这一时期，全要素生产率的增长率将会下降，只能使 GDP

增长率维持在 5%—7%之间。第二，在以前许多增长奇迹（例如日本、韩国、中国台湾）中，在最初数十年间像中国大陆一样 GDP 高速增长后，随着人均收入按照 2005 年购买力平价的价格计算超过 1.3 万美元，这些经济体的增长率都开始下降。2005 年，中国人均 GDP 达到 6600 美元。如果中国GDP增长率是6%到7%，那么人均GDP在12年后超过1.3万美元(Perkins and Rawski, 2007)。

中国政府官方公布的目标是到 2020 年 GBP 比 2000 年翻两番，按照目前的价格和市场汇率计算将达到 4 万亿美元。这将使人均年收入达到 3000 美元。如果中国能够保持过去 30 年的增长表现，就会轻而易举地实现这一目标。中国的年均 GDP 增长率将达到 7.2%，接近表 1.1 中风险情景所预测的水平。

至于在不久的将来中国经济的状况，我们需要知道的是，中国经济的主要推动力是中产阶级消费市场和以国内投资为补充的大量劳动力。最近一项研究估计，中国中产阶级市场规模大约是 1 万亿美元（Yusuf et al., 2006）。第一个推动力为那些大规模的产业创造了市场，而第二个推动力帮助劳动密集型产业和工资下降。正是因为这两个经济推动力，中高端技术的产业部门将会继续增长。仅举几个例子来说，汽车、电子产品、机械目前看来是合适的产业部门，而医药和工程则是属于未来的产业部门。

随着中国的二元经济继续存在，低技术、劳动密集型的部门将会继续存在，尤其是西部和北部仍然存在大量剩余劳动力、工资更低和制造成本更低的省份（参见本章第 4 节第 5 小节）。一些低技术部门可能转移到其他低工资国家，例如印度和越南。高等教育是中国快速扩张的部门，因为科学和工程学吸引着大量的学生。同时，在东西方工业化国家留学的中国学生在结束学业后不再滞留不归，对回国表现出强烈的兴趣。这使中国将来可能在技术和知识密集型的高科技部门取得成功。然而，中国明显缺乏一般的管理人才，这使中国在未来的一段时间难以成为创新领导国家。

中国经济再平衡的过程将会增加农业、教育和医疗保健等优先领域的公共投资。农村基础设施的支出也很可能增长。在中期内，随着再平衡措施的推进，出口导向的工业部门和投资增长这两个经济增长的主要推动力可能遭到抑制。

长期的限制因素

中国经济面临一些必须解决的中期和短期挑战。第一，尽管中国最近作出了升级金融部门的努力，但是全面改革仍然是迫切的需要。中国的巨额储蓄存入了传统上金融中介服务非常差的四大国有银行。这四家银行是低利率贷款的主要贷款银行，而低利率贷款又导致一些经济部门的投资过剩和生产过剩，造成了资本的低效率使用。它们持有政府必须解决的巨额不良贷款。国有银行继续贷款给国有企业，其中许多国有企业濒临倒闭。这意味着银行缺乏完善的风险评估体系，并正在通过向国内公司提供资金制造无效率的资产。最近中国政府采取措施，鼓励银行作出商业导向的贷款决策。然而，中国需要做的事情是彻底重组银行，发展广泛的金融部门，发展股权和债券市场。长期以来，银行和金融部门一直是中国经济的“阿基里斯之踵”。

第二，中国一再正确地认识到中国经济的投资率过高，因此采取了遏制投资的政策措施。投资增长率的降低是投资资源高效率使用的必要条件。2006 年的投资紧缩措施包括货币政策的收紧。2007 年年初，这些措施取得了一定的成效，中国经济并未出现失衡的迹象。第三，基础设施尤其是交通和能源设施的不足是长期存在的问题。中国政府决心继续投资这些需要投资的部门。第四，飙升的贸易和经常账户顺差确实表明了宏观经济的失衡（参见本书第 4 章）。

中国银行部门起初是为中央计划经济而建立的。它继续由背负大量不良贷款的国有银行主导。尽管对不良贷款存在不同的估计，但是都认为不良贷款是巨额的。银行累积了 4 万亿人民币的坏账，其中大多数坏账是因为 1999 年前对国有企业放出的贷款。中国的银行缺乏足够的资本金，迫切需要补充资本金。尽管中国暂时作出了修复银行系统的努力，但是这些努力并不像评级机构所期望的那样迅速和稳健。根据评级机构标准普尔公司的估计，2004 年，要解决四大国有银行的不良贷款问题，需要 6560 亿美元。[66] 银行的大多数贷款流向了国有企业造成的无效率体系。国有企业传统上由于非经济原因而支配着银行的投资。生产性资源的这种错配伤害了经济。根据麦肯锡全球研究院（2006）的估计，金融资源的非市场化配置每年使 GDP 的潜在规模减少了 3210 亿美元，这大约是中国目前 GDP 水平的 14%。过去 10 年里，金融资源的非市场化配置使储蓄的真实平均收益率降低了 0.5%。监管机构并未把脑袋埋在沙子里，它们不断试图改革银行部门。尽管需要做大量的工作，但是到 2007 年多年的银行改革——包括补充四大国有商业银行的资本金——带来了显著的改善。四大国有银行在四家资产管理公司的帮助下迅速减少了不良贷款。

中国多次尝试调整银行系统的资本结构。到 2006 年，中国银行系统补充了大约 70%的资本金。尽管银行开始把贷款过程现代化，但是它们的风险管理仍然非常差。银行部门迫切需要精心制定的市场导向和商业化改革计划，这样一来，它的贷款行为才能变得专业化，经济的资源配置效率才能得到改善。中国银行的盈利标准远远低于国际标准。此外，中国需要发展资本市场。这种结构性缺陷长期存在。中国沿着这个方向采取了一些措施，并且在两家重要银行建立一个正确银行体系的过程处于高级阶段。尽管如此，但是中国迫切需要改善银行的风险管理、内部控制和治理结构，需要培育一种目前尚不存在的风险定价文化。

中国经济再平衡：转向新的增长道路

GDP 和人均收入的持续增长改善了数千万人的生活质量。硬币的另一面是中国也出现了许多经济和结构性失衡。经济结构及其过去 30 年里形成的缺陷引起了广泛的关注。（时任）总理温家宝坦率地指出了这些缺陷（参见本章第 1 节第 6 小节）。中国政府致力于经济的结构性再平衡，为此目的，在 2004 年 12 月世界中央银行工作年会期间提出了一系列策略。

中国的根本目标是在不损害强劲的非通胀式增长轨迹的情况下改变经济增长的来源。为了实现这一目标，中国的决策者必须实现许多中短期的目标。这些目标包括缩小农村—城市的发展和收入差距、沿海城市与内陆城市之间的发展和收入差距，解决日益恶化的收入分配和不断上升的基尼系数(参见第 1 节第 1 小节)，提高社会发展指标，降低高企的失业率，为城市和农村家庭建立社会保障网，改善和提高公共产品和服务的数量和质量，提高国内技术标准和创新能力，通过遏制投资率提高资源利用效率，重组金融和银行部门，提高环保意识，更加关注环保标准，使人与自然和谐相处。因此，再平衡是一项艰巨的任务。

中国如何应对这些挑战将会对中国和全球经济产生巨大的影响。尽管这些问题难以解决，但并不是无法解决。中国的增长和向市场经济的转型建立在战略的灵活性之上。一组问题得到了解决，但又出现了另一组问题。中国经济的再平衡是最大的一组问题，需要改变中国过去 30 年取得成功的增长模式。这就要解决需求面和供应面的问题。就是说，第一，必须降低对出口和投资的重视；第二，工业主导的增长必须让位于服务业主导的增长。这些都是根本性的变革。

要纠正上文所列出的许多失衡，有三种主要的方式。适当的财政措施，即在公共服务也就是医疗、教育、社会保障和研发服务上投入更多公共资源，是解决一些失衡的第一步。第二，经济的生产结构需要改变，这样服务业就会比工业增长得更快。第三，在需求面上，重点必须从投资和出口转向消费。上文（本章第 1 节第 3 小节）已经指出，尽管生产增长，但是经济的消费面仍然疲软，消费自 20 世纪 80 年代以来一直下降。消费增长率远远低于生产增长率。以在 GDP 中所占的比例来衡量，1995 年到 2005 年消费的比例从 47%下降到 37%。这确实是明显的下降。不论经济上的成就如何，中国的总体消费竟低于意大利的总体消费，而中国的人口是意大利的 20 倍。中国的每年人均消费额是 543 美元，而意大利的每年人均消费额则是 11511 美元（MGI, 2007）。

这三种战略转变将会成功地解决中国经济目前存在的许多缺陷。这些政策转变的结果不是资本密集型的增长，这将把储蓄从投资转向消费。由于这种增长将会变得更加劳动密集型，它将会降低当前的高失业率。要减少农村的劳动力过剩，要解决农村的贫困和农村—城市收入差距，关键在于城市创造更多的就业岗位。如果消费水平上升，就会影响产品的生产过剩。尽管这些措施就其本身来说是值得追求的，但是它们也有助于降低经常账户的巨额顺差，而巨额的经常账户顺差则是宏观经济的短期挑战。

中国的金融市场继续受到抑制，不允许扮演在市场经济中决定利率和汇率的那种角色。因此，宏观经济管理工具不包括货币政策。政府牢牢地控制着存款和贷款的利率，就是说，存款和贷款的利率不可能高于规定的水平。同样，即使在 2005 年 7 月建立的新汇率体制下，汇率也受到了控制，人民币继续低估（本书第 5 章）。再平衡努力需要消除金融控制，即逐步消除对存款利率和贷款利率的限制。同时，按照拉萨—萨缪尔森（Balassa-Samuelson）假设（参见本书第 5 章第 2 节第 1 小节），必须允许更快速地评估汇率。这些政策措施将会带来货币政策运作的空间。自 2004 年以来，中国已经尝试使用各种手段遏制高投资率，但并未成功，因为货币工具不足。如果中国在短期内采取了所建议的再平衡措施，就能够有效地利用货币政策控制过度投资。此外，在中期内，“更强势的货币将会有助于遏制对出口和进口替代部门的投资，同时提高家庭收入”（Aziz and Dunaway, 2007）。

中国政治领导人意识到了这些战略转变的迫切需要。尽管他们认为快速增长是必须的政策目标，但是他们也认为改变增长模式是一项长期看来不能忽视的、明显的和及时的政策措施。现有的证据表明，他们确信中国需要新的增长模式。“十一五”规划要求改善经济结构，加强国内创新能力，从以前出口导向的、投资主导的增长模式转向消费主导的增长模式。中国的政策制定者认识到，中国必须从工业转向服务业。在 2006 年 10 月 8 日—11 日举行的中国共产党第十六届六中全会上，他们承诺通过转变经济发展战略来实现经济再平衡。

第一，在经济增长的这个阶段，转向新的增长模式并不困难，因为旧的增长模式很好地推动了经济发展。在此过程中，中国学到了许多教训，也受益于这种旧的增长模式。这种模式为经济创新提供了基础，帮助中国弥补了经济的知识差距。第二，竞争是这种模式所固有的东西，提高了效率和产业标准。第三，在快速增长的早期阶段，生产能力通常超过消费能力，带来资本积累。中国受益于出口主导的增长模式的这些优点。中国之所以能够从这种增长模式转向新的增长模式，是因为它已经学会如何学习，正在建立一种广泛的经济创新体系。无论在国内市场上还是在全球市场上，中国的企业都已经变成了热切的竞争者。金融市场已经得到相当大的改善，国内信贷市场尤其是住房信贷市场有可能扩大（Stiglitz, 2007）。

中国高储蓄、低消费的经济倾向也是全球经济失衡的根源之一。伯南克（Bernanke, 2005）指责中国和亚洲其他新兴市场经济体在后亚洲经济危机时期过度储蓄；储蓄—投资比率的这种变化造成全球储蓄“过剩”，使美国出现巨大的经常账户赤字，进而导致全球经济失衡。中国是这种指责游戏的明确目标，因为从 1980 年到 2004 年中国的国内储蓄率从 35%增至 50%，其中家庭储蓄的贡献最大。自 20 世纪 80 年代中期以来，消费在中国 GDP 中所占的比重稳步下降（IMF, 2006）。倘若这种趋势出现了逆转，家庭消费开始增长，那么这将有助于中国经济的再平衡。正如上文所述，“十一五”规划的一个重要目标是提高私人消费水平。尽管这一目标的意图良好，但是至今并未取得长足的进展。如果中国成功地以重要的方式提高国内消费水平，那么中国将会依赖一个更具有可持续性的增长源泉，即国内需求。进一步来说，随着将来中国经济的高储蓄率下降，中国的经常账户顺差将会减少，国内消费将会同时增长。当这种情况出现的时候，中国对美国国债的巨额投资将会减少，同时将会缓解当前的全球宏观经济失衡。要实现这些目标，中国在短期内必须转变成低储蓄、高消费的经济体。

中国的政治领导人热切地希望缩小农村—城市在收入和发展上的明显差距。用胡锦涛和温家宝的话说，就是建设“社会主义新农村”。尽管 2004—2006 年农村人均收入增长了 6%以上，并且粮食价格已经上涨，但是城乡之间的各种差距依然存在。农村许多地区进步缓慢，远远比不上繁荣的沿海地区。农民第一次被免除了农业税，农村也建立了新的医疗保险制度。新的医疗保险制度覆盖了五分之四的农业县，这也是第一次。自 2004 年以来，种粮农民有资格获得种地补贴。中国也计划要提高这种补贴。诚然，中国需要比最近的设想更多的努力。中国共产党全国代表大会是中国共产党的最高权力机构。[67] 2007 年 10 月，中国共产党举行第十七次全国代表大会。在这次代表大会上，更年轻和更有进取心的地方领导人当选为政治局常委，这预示着在可以预见的将来会成立更具有改革倾向的新政府。政治局常委会似乎比过去更有决心去解决经济和社会的失衡。经济增长目标将会越来越符合构建和谐社会的新目标。根据所公布的新政策决策，政府将会加大在教育、医疗保健和社会保障上的支出，降低个人和企业的税负，促进国内消费。

中国在全球经济中的地位

中国正在逐渐走上全球经济舞台的中心，这让那些对世界经济抱有零和思维的人感到担忧乃至惊慌。这种狭隘的视角完全是多余和轻率的，因为在很大程度上中国的成功并未牺牲其他的国家。中国为全球经济更加繁荣稳定作出了贡献。即使欧盟和美国一些部门的就业岗位正在流失，这也主要是因为欧盟和美国“宏观经济管理不善”（Stiglitz, 2006）。这就是说，尽管中国增长具有明显的正和性质，但是它也会对全球经济体系——包括工业化经济体和发展中经济体——带来一定的压力。如果管理得当，全球经济将会长期受益于中国成长为繁荣工业化经济体的过程。

随着中国经济的全球影响逐步增强，对其领导地位的预期也不断扩大。对发展中经济体和新兴市场经济体来说，中国开始成为一个负责任的领导者。在这种角色中，中国能够帮助重塑全球的经济、金融和贸易体系，这样一来，发展中经济体和新兴市场经济体就会得到更公平的待遇。中国扮演领导者角色的第一个领域可能是成为发展中经济体的榜样。它们可以从中国独特的成功经验汲取一些教益。尽管中国的发展秘诀不可能移植到其他发展中经济体，但是中国的发展战略显然是其他发展中经济政策辩论的重要起点(Stiglitz, 2006)。

第二，在正在进行的多哈回合谈判和未来的多边贸易谈判中，作为“20国集团”[68]的重要成员，中国能够影响贸易谈判，使之有利于发展中经济体和新兴市场经济体。在历史上，诸如欧盟、日本和美国这样的贸易大国左右着多边贸易谈判，因为它们是最大的贸易经济体，拥有超强的谈判实力。作为世界第三大贸易经济体，中国如今能够改变多谈贸易谈判的进程和主旨。在与巴西和印度等其他新兴市场经济体贸易大国合作时，中国能够成为真正的平衡力量。这可能产生公平的贸易谈判和协定，带来公平的全球贸易体系，在这种公平的全球贸易体系中，所有国家都能够按照自己的比较优势和利益进行贸易（Das, 2007b)。

10 结　论

19 世纪初，中国是世界最大的经济体。在经过长期的衰落后，随着 1978 年广泛的宏观经济改革和自由化，中国开启了复兴之路。2008 年，中国完成了 30 年的改革进程。在这一时期，中国长期保持实际 GDP 的高速增长，像过去的其他亚洲邻国一样实现了增长奇迹。在经济发展史上，中国长期的年均 GDP 增长率是史无前例的。中国经济的许多方面发生了急剧的大规模变革，中国也成为了全球最大的经济体之一。其中，最有里程碑意义的变革是从封闭的计划经济转变为开放的市场经济，尽管这一变革至今尚未完成。

中国的经济改革和重组提高了劳动和资本的生产率。不仅数亿人口的生活质量明显提高，贫困大幅减少，而且经济与全球经济也逐步一体化。经过 30 年改革和经济发展之后，中国变成了一个有影响的全球性经济体，在全球经济中留下了不可磨灭的印迹。从 GDP 总量来看，用市场汇率来计算中国是世界第四大经济体，用购买力平价来计算中国是世界第二大经济体。中国是世界第三大贸易国，积累了最多的外汇储备。中国也是最大的高端技术产品出口国和第三大外商直接投资接受国。中国经济的规模协同效应、令人眩晕的增长率、开放性和随之产生的全球一体化，使中国在短短 30 年里成为一个有影响的全球性经济体。尽管中国开始对全球经济产生明显的影响，但是它对亚洲经济体的影响更大。难怪中国成为学术界、商业界和公共政策制定者瞩目的焦点。

中国所实施的市场导向的经济改革和重组是独一无二的，带来了广受称赞的经济复兴。推动中国经济“U形”转向的所谓的开放政策并不是一幅坚决的宏观经济改革蓝图，它实质上建立在渐进的、增量的和实验性的变革的基础上。面对各种限制时，这种改革范式具有灵活性和调适性。实用主义是它的标签。改革被称为双轨路径，意味着建立计划经济和市场经济相结合的混合体制。这必然要维持旧的计划经济轨道和建立新的市场化轨道。旧的国有企业部门并未解散，而是逐渐萎缩，尽管它的规模仍然十分庞大。国家逐渐减少对国有企业的支持，并在改革的后来阶段上让它与非国有部门进行竞争，推动经济走向市场体制这个重要目标。外商投资企业的增长在改革的成功中发挥了至关重要的作用。中国改革取得成功的最重要的因素之一是中国在经过最初的犹豫不决后释放了竞争的力量。

中国经济维持了高储蓄和投资率。在后来的时期，有一些人担忧经济投资过剩，因为经济投资过剩导致了资源的无效使用。中国作出了努力来降低投资率，但并不总是取得成功。中国及时地采取了计划生育政策，遏制了人口增长，提高了对人力资源的私人和公共投资，改善了人口质量，降低了抚养率。此外，这项政策在改革时期还提高了人均收入。人力资本的改善大大地推动了经济增长。这种战略的副作用是2010—2030年劳动力增长率将会放慢。在这一时期，人口的快速老龄化可能不利于经济增长的前景。

全要素生产率的增长在改革时期得到了提高。20世纪90年代初之后，全要素生产率加快了增长。同样地，劳动生产率大幅度提高。从中央计划体制到市场体制的转变是全要素生产率和劳动生产率增长的最重要的原因。同时，劳动力从农业到制造业和服务业的重新配置，相当于劳动力从低生产率和低工资的工作岗位流向高生产率和高工资的工作岗位。这种流动也促进了劳动生产率的提高。

尽管经济快速增长和全球化的这些时期在亚洲出现在第二次世界大战

后，但是我们有充分的理由相信，按照目前的道路走下去，中国可能比日本、亚洲新兴工业化国家和东盟四国对全球经济产生更长远的影响。事实上，有一些迹象表明，中国对全球经济产生了一定的影响，这种影响远远大于其他亚洲高绩效经济体在类似的快速增长时期对全球经济的影响。自 2000 年以来，中国对全球 GDP 增长的贡献远远超过其他新兴市场经济大国和亚洲高绩效经济体。尽管中国正在被视为全球经济增长的另一个发动机，但是它实质上对亚洲经济体的影响更大。

随着经济开始自由化，中国经济从自给自足的封闭国家转变为名副其实的全球贸易大国。2005 年，中国在多边出口中所占的比重达到了 7.5%。到 21 世纪第一个十年中期，中国是类似的新兴市场经济大国中最开放的经济体。20 世纪 80 年代下半期，为了利用低工资，服装业和玩具业从香港转移到了深圳，这时中国开始成长为一个贸易大国。这些公司的大多数产品都用于出口。1978—2006 年，中国贸易的年均增长率达到 15%，而同一时期多边贸易的年均增长率则只有 7%。2005 年，只有德国(9.3%）和美国(8.7%）是大于中国的两个出口大国。随着时间的流逝，中国出口的种类和地理分布状况都开始扩大。2001 年加入世界贸易组织不仅使中国贸易出现增长，而且影响了中国的贸易结构。中国从亚洲邻国的进口急剧增长，对这些经济体出现了巨大的贸易赤字。中国的快速增长成为这些邻国经济动力的主要来源。长期以来，欧盟、日本和美国一直是中国的最大出口市场。中国对它们进口市场的渗透每年都在增长。中国一直对欧盟和美国保持贸易顺差。然而，最新的趋势是中国对非洲、东欧和拉美的出口稳步增长。

中国贸易发展的一个关键特征是它扩大了在亚洲地区的生产专业化，尤其是与其他亚洲高绩效经济体不断一体化，产业间贸易不断增长。中国从亚洲邻国进口许多零件、组件、中间产品和部件，把最终的制成品出口到工业化国家市场。中国对制造过程的生产网络的参与，加深了生产分散化，加强了与亚洲其他高绩效经济体之间的一体化。这种加工贸易是中国高附加值产品出口增长和贸易顺差的主要来源。中间产品的所有进口都取消了关税。中国一半以上的出口都是这样的加工贸易品。中国将近一半的进口都是用于出口加工。这帮助中国融入了地区和全球的供应链。中国的加工出口产业主要是亚洲新兴市场经济体投资的结果，这些经济体正在寻找更低成本的产品组装地点。中国之所以对亚洲邻国出现贸易赤字，原因之一是亚洲供应链的发展和制造过程的分散化。

外商投资企业为中国的贸易表现作出了巨大贡献。1990 年，外商投资企业占到了中国出口的 15%。2003 年，大约 57%的出口来自合资企业、外商投资企业和外商全资子公司。另一项研究估计，2003 年和 2004 年，外商投资企业占到中国出口的 50%和进口的 60%；外商投资企业每年对中国 GDP 的贡献率超过了 20%。在电子产品部门经过 10 年的爆炸性增长后，2004 年，中国超过美国成为世界最大的高端技术产品——例如笔记本电脑、信息技术产品、手机和数码相机——出口国。这是一项显著的发展。因此，中国实现了另一个第一。必须指出的是，外商投资企业主导着高端技术和信息通讯技术产品的制造和出口。2005 年，外商投资企业在中国高端技术产品出口中所占的比重达到了 90%。此外，价格合理、高质量的中国消费产品和低价工业品受到了工业化国家市场的欢迎。

中国改革的重要战略之一是吸引外商直接投资。为此目的，中国分阶段放开了外商直接投资体制，建立了经济特区。地方和省级政府被赋予了更多自由，制定自己吸引外商直接投资的计划和管理程序。第一，外商直接投资增长缓慢，但在 1992 年尤其是 1996 年后，外商直接投资稳步增长。加入世界贸易组织提供了重要的刺激。2004 年，中国成为仅次于英国和美国的世界第三大外商直接投资接受国。虽然所接受的外商直接投资占 GDP 的比重将近 3%，但是它们确实促进了投资生产率的提高，最终推进了全要素生产率的增长。实质上由于巨额外商直接投资的逐渐流入，到 20 世纪 90 年代末，中国形成了一种独特的二元经济。第一重经济由外商直接投资支持的外商投资企业部门构成，包括外国公司与国内企业成立的合资企业。这种二元经济的第二部分是制造业、农业和大多数服务业的非外商直接投资部分。

2007 年，国内经济环境有利于增长。然而，中国正在采取短期的政策措施，放慢 GDP 增长率，因为 GDP 增长率高于所计划的目标。中国一直继续努力影响经济增长的两个主要推动力。因此，在中期内，中国的经济增长有可能放慢。在经过 30 年的 GDP 快速增长后，中国经济产生了一些结构性缺陷，金融和银行部门存在最为明显的缺陷。中国必须解决这些结构性缺陷。进而言之，中国经济需要再平衡。这需要实现一些战略转变，成功解决目前经济中所存在的许多问题。实现这些战略转变是一项艰巨的挑战，但是已经得到了政策制定者的注意。

经济成功使中国走上了全球经济舞台的中心。随着中国经济的全球影响力不断扩大，对中国的领导者角色的预期也不断高涨。中国扮演领导者角色的第一个领域可能是成为发展中经济体的榜样。它们可以从中国独特的成功经验汲取一些教益。同时，在这种角色中，中国能够帮助重塑全球的经济、金融和贸易体系，这样一来，发展中经济体和新兴市场经济体就会得到更公平的待遇。中国正在被视为发展中经济体和新兴市场经济体的潜在领导者，同时也被指责导致全球经济出现了一些问题。

第 2 章

中国的复兴与持续一体化的地区经济

The Chinese Economic Renaissance

对于中国令人眩晕的 GDP 增长率，主要工业化国家一直存在严重的分歧，也一直评估这种增长速度将会对他们产生何种影响。然而，在中国的邻国，这一评估即使不是狂热的过程，也将是最认真的过程，因为亚洲各国经济和整个地区经济将不得不承受中国快速增长所带来的重大冲击。由于经济规模、开放性和快速增长，中国必定会改变亚洲邻国经济和地区经济的增长轨迹。当一个经济大国的增长速度几乎是全球经济增长速度的 3 倍时，其邻国的经济不可能不受影响。对亚洲经济来说，中国经济的快速增长是威胁还是机遇呢？无论是国家论坛还是地区论坛都经常提出这个问题。中国经济快速增长掀起的巨浪是会吞没亚洲地区的个别经济体，还是会水涨船高呢？这个问题是公共决策者们完全合法的关切。中国金融和对外部门的自由化进程一直在明显地影响着亚洲的经济体，其中许多经济体本身就是快速增长的经济体。人们普遍认为，亚洲一些经济体是快速增长经验丰富的经济体。在中国经济快速增长之前，它们赢得了经济“奇迹”、“亚洲龙”和“亚洲虎”等名副其实的称号。尽管 10 年前的经济危机破坏了亚洲经济，但这也只是一种异常现象，而不是常态。

30 年前，中国重新进入经济世界。中国的增长进程尚未结束，至今也未成为成熟的经济体。然而，在成熟的过程中，中国正在逐步从地区伙伴国进口越来越多的初级产品、零部件和组件以及资本产品和投资。这一短短的时期内出现了全新的地区贸易和投资模式。中国的贸易和投资既直接又间接地影响到了地区的其他经济体。直接的影响来自于中国与地区邻国之间的双边贸易和投资关系。间接的影响来自于中国的贸易和投资改变了其他经济体的经济环境。显然，中国正在亚洲地区制造大规模的经济波动。在这个不断变化的环境中，亚洲地区的各个经济体可预见到一件确定的事情：本国经济环境的改变。这需要亚洲各国的政策官员创造性地、更好地调整和重新定位本国的经济。

由于中国经济的快速增长，亚洲一些经济体和一些部门在短期或长期内将会面临随之而来的负面影响。尽管如此，灾难性的预言完全没有必要。一般说来，中国经济的快速增长能够带来互惠互利的影响，最终使中国与亚洲邻国之间建立一种共生的关系。然而，倘若个别国家的政府不采取灵活的政策和及时明智的措施，就不可能与中国建立互惠互利和共生的关系。

1

中国与亚洲经济体：两种可能的情景

要回答中国的经济崛起是威胁还是机遇的问题，就必须从下面这个无可争议的事实出发：包括新兴市场经济体在内的亚洲经济体之间存在巨大的差异。无论在集体上还在个体上，它们都处于不同的增长阶段。正是因为这种广泛多样的差异，所以，即使在半个世纪之后，赤松要（1961）所提出的经常被引用的“雁形模式”比喻仍然适用于亚洲的经济体。按照这个良性的模式，亚洲经济体之间的互补性实质上根源于经济发展的水平。因此，中国经济将会对不同的经济体产生不同的影响。由于这些互补性使亚洲经济体之间建立了合乎逻辑的劳动分工，它们非但不会阻碍，反而促进彼此的增长。

因此，对位于其他层级的经济体来说，中国贸易的扩大是一种机遇。随着中国经济的增长，并与亚洲邻国经济日益一体化，中国将会继续通过各种经济途径——尤其是通过贸易和金融途径——全面地影响亚洲邻国经济。首先在中国积极参与地区生产网络之后，其次在 2001 年中国加入世界贸易组织之后，贸易成为更重要的影响途径。按照这种观点，亚洲经济体将会相互促进，提升整个地区的增长。一个繁荣发展和融入世界的中国有利于整个亚洲地区。至于日本，它可能成为亚洲的第二大增长引擎。

对此，有一种强烈的反对观点认为，亚洲各国基本上是相互竞争的经济体。一些分析家发现，“雁形模式”并不正确，也不适用于亚洲经济体。小泽辉智（Terutomo Ozawa, 2003）批评了“雁形模式”的经验疏忽和理论缺陷。批评者发现了这种模式中的各种矛盾，它忽视了全球化、产品周期和外商直接投资以及技术和社会结构变化的影响。按照这种反对观点，亚洲经济体在经济发展阶段、要素禀赋、技术能力和生产成本上并不存在许多差异。因此，它们生产出几乎可以相互取代的产品。也因此，它们之间不可避免地存在竞争。从逻辑上来看，它们将会成为争夺第三国市场份额的竞争对手。倘若这种相反的假设是正确的，中国的崛起将会对亚洲邻国经济产生不利的影响。按照“雁形模式”的秩序，日本是领头雁，紧随其后的是亚洲新兴经济体、东盟四国和中国。中国首先成长成为贸易导向的经济大国，其次成为具有强大竞争力的经济大国，因而打破了这种“雁形模式”。倘若考虑到最近各种知识和技术指标的增长，中国经济已经增强了它的国际竞争力。国际竞争力概念导致了经济学内部的争论（Krugman, 1994），但这里是在迈克尔·波特（Michael Porter, 1990）所说的意义上使用这一概念的，它包括一个国家的公司占领世界市场的能力。与亚洲的经济体相比，中国经济显著地提高了竞争力，对亚洲新兴市场经济的生产和外国投资模式产生了广泛的影响。这已经成为政府和企业决策者关切的事情（Adams, et al., 2006）。按照目前的趋势来判断，在不远的将来，中国经济将会比现在更有竞争力。这群持反对观点的分析家认为，这是因为在短短的 30 年内，中国不仅在劳动密集型产品上拥有异常的竞争力，而且在技术密集型的产品上也是如此。作为一个高储蓄率和高投资率的经济体，中国还成为亚洲最大的外国投资目的地，仍然拥有一支庞大的低工资的产业劳动力大军。因此，亚洲经济体建立在经济发展水平——导致它们之间的劳动分工——之上的互补性将会被来自中国的激烈竞争所取代。

如果上述这群持异议的分析家的视角是正确的，那么，亚洲的一些经济体，尤其是东盟四国、南亚和其他低收入经济体，将会受到负面的影响，因为它们无法与中国运行良好和欣欣向荣的出口机制进行竞争。中国不断增长的制造业力量肯定削弱了亚洲其他国家的制造业，尤其是上文提及的那些经济体。这些经济体将会承受压力，必须寻找新的比较优势领域。中国也会转移和夺取这些经济体亟需的外国投资。最终的影响将会使这些经济体的增长放缓，使它们的经济难以一体化。

经验研究得出结论，在向第三国市场的出口中，中国和印度仅在25%的产品上存在竞争。在某些产品上，中国和印度互为对方的出口市场。中国多边贸易的快速增长和向第三国市场的扩张可能影响到包括印度在内的许多亚洲经济体的贸易增长。通过利用“全球贸易分析项目”数据库，一般均衡模式显示，印度可能出现经济福利下降，在冲击期内GDP（在数量上）将会减少大约3.59亿美元。印度的福利损失在很大程度上源于它在一些出口产品上贸易状况的恶化（Cerra et al., 2005; Das, 2006）。

技术基础的升级

我首先要声明的是，中国经济的竞争力正在提高。按照新古典经济学的增长模式，亚洲高绩效经济体在技术进步上投入了巨大的努力。中国在技术升级以便生产日益复杂的制造业产品上表现出了卓越的能力，一直加大对科学技术和高级制造技能的投资。在过去20年里，在成为世界工业产品批量生产的制造业大国的过程中，中国成功地消化了广泛多样的系统工业技术。在消化和利用系统技术方面，中国已经证明比亚洲其他新兴市场经济体具有更强的能力。过去有一些因素为此作出了贡献，包括：一支低工资、技术合理和弹性供应的劳动力大军；广泛的教育改革；私人部门对高等教育的进入；对科学技术教育的额外重视，因为这些将会支持尖端领域中未来的产业发展。日益增长的大规模投资使中国工厂和设备的平均年龄降低到 7 年。在美国，工厂和设备的平均年龄是 17 年。(BCG, 2006)

毫无疑问，外商直接投资的流入帮助中国实现了快速的技术升级。按照目前的发展趋势，中国的外商直接投资在不远的将来完全有望达到每年 600 亿美元。1990 年后，中国的研发投入一直快速增长，到 2004 年已经超过了四个亚洲新兴工业化国家。2006 年，中国在研发投入上超过了日本，达到 1360 亿美元，相比之下，日本的研发投入是 1300 亿美元。按照购买力平价计算，与亚洲高绩效经济体和新兴市场经济体相比，中国在研发投入上名列世界第一（Yusuf and Nabeshima, 2007）。四个亚洲新兴工业化国家在技术水平上遥远领先于中国，是研发水平先进的国家。日本更是有过之而无不及。中国是世界上拥有大量科学家和工程师群体的国家之一。在研发人员的数量（81.1 万人）上，中国是仅次于美国（194.3 万人）的第二大研发大国。不论是作为投资者还是作为实施者，中国的企业在研发上开始扮演积极的角色。自 1995 年以来，中国专利申请和专利授予的数量一直急剧增长。1990 年到 2003 年，中国的科技论文发表数量已经从世界第 15 位上升到第 5 位（Zeng and Wang, 2007）。[69] 最新的发展趋势是中国在关键的科学学科中成立国家实验室和建立工业园，其中一些是世界级的工业园。从竞争力的角度来看，我们不能忽视的是，与其他亚洲高绩效经济体相比，市场规模是中国所独有的一个独特优势。中国正在利用这种优势，实现了超越其他亚洲高绩效经济体的规模经济。

为了提高竞争力，中国一直不断地升级自己的技术。实现这个目标的迫切需要不仅是因为要能够与其他亚洲高绩效经济体竞争，而且是因为现有生产线的收益正在减少。中国公司把技术升级视为提高利润和降低对外国技术来源的依赖的源泉。技术升级的另一个基本好处是降低 GDP 的能源和资源单位消耗比。由于全球能源和资源价格处于上涨趋势，技术升级能够帮助抵消上涨的成本（Yusuf and Nabeshima, 2007）。中国共产党全国代表大会是中国共产党的最高权力机构[70]。在2007年10月中国共产党第十七次全国代表大会召开期间，中国共产党政治局常委会决定进一步促进中国工业化进程的研发和技术升级。在可以预见的未来，诸如电信、信息技术、高端装备制造业等高科技部门将会成为政策关注的焦点。

地区间贸易的扩张和垂直专业化

在贸易战略上，中国和其他的亚洲高绩效经济体一样。所有的亚洲高绩效经济体在不同时期都采取了出口导向的增长战略，营造有利的宏观经济环境，提供宏观经济的激励。随着这些经济体的增长，它们的地区间贸易快速发展，速度是过去30年的2倍多。由于贸易壁垒（关税和非关税壁垒）减少而出现的贸易成本减低、交通运输费用的降低、信息通讯技术的进步和地区生产网络的发展，推动了这种地区间贸易的扩张。20世纪70年代末期，亚洲经济体之间的贸易额仅仅占到其总贸易额的20%，但是，目前这一比例已经上升到将近50%。1986—1990年，由于地区间贸易的推动，亚洲高绩效经济体贸易增长的平均增长率是42.5%，到1996—2000年则上升至75%。这远远高于全球经济的其他地区。亚洲高绩效经济体不断地加强相同的经济联系。在亚洲高绩效经济体地区间贸易比例增长的背后，中国经济强劲的外部导向的增长表现也是重要的因素之一。工业制成品是亚洲高绩效经济体出口的主导产品。2002年，中国吸收了其他亚洲高绩效经济体14%的出口产品，也占到这些经济体总出口额增长的32%（Zebregs, 2004）。

地区间贸易的增长表明，亚洲高绩效经济体降低了对工业化大国市场的依赖。尽管如此，对这些经济体来说，欧盟、日本和美国仍然是巨大的市场，吸收了它们三分之一的出口。亚洲高绩效经济体对工业化大国市场的依赖是否已经降低，取决于国内需求和来自大工业化国家市场的外国需求对地区间贸易增长的贡献率。加强贸易一体化，自然会意味着中国和其他亚洲高绩效经济体能够逐渐依赖未来经济增长对彼此的影响。正如本书第 1 章第 3 节第 1 小节简要地提到的那样，亚洲高绩效经济体地区间贸易的增长主要是生产过程不断分散化或分解的结果，而生产过程的不断分散化或分解导致了网络化生产和贸易的垂直专业化。这也被称为生产的分散化或价值链的分解。地区供应链和外包是这一过程的组成部分。这种现象已经改变了多边贸易的根本性质。与全球经济的其他地区相比，亚洲的地区间贸易受到了垂直专业化的更多影响。

地区生产网络的运作

地区生产网络的强化变成了影响亚洲各国经济的一个垂直渠道。各种生产网络诞生于 20 世纪 60 年代。当时，亚洲新兴工业化经济体在电子工业和服装工业中第一次建立了这样的生产网络。自此之后，跨国生产网络不断发展，延伸到许多国家。主要的跨国生产网络是运动鞋、汽车、飞机、电视、缝纫机械、办公设备、电力和机械工具、数码相机、手表、印刷设备和出版。网络化生产的开端是把生产过程的不同部分选址在不同的国家。选址决定是基于比较优势作出的，也就是说，选择成本最低的国家来生产某些零部件。

界定清楚的生产网络的发展和增长影响了亚洲地区间贸易的数量和结构，支撑了亚洲的增长、工业增长和一体化。生产过程的垂直专业化在亚洲进行分工，这样低工资国家通常装配按照标准化技术重复生产的产品。与此相反，高工资的经济体专注于生产通常技术密集型的专门零件、元件和组件。生产的分散化是一个持续的、动态的过程，帮助中国从低技术制造业走向高技术制造业。尽管大多数高科技产品由来自其他亚洲高绩效经济体出口的零部件组装而成，但是当地的科技产品也逐渐取得了长足的进步。当地的零部件供应商包括大量的合资企业、外商投资企业和在华投资的跨国公司。

外商投资企业是中国融入全球经济的主要媒介，已经在中国的产业结构中占据了至关重要的地位。近来价值链的进一步分解导致高附加值产品的生产转移到拥有比较优势的国家。这种出口导向型生产模式被认为是“加工出口”模式。

最终的产品可能由从多个地方进口的零件装配而成。在装配之前，产品经常不只一次地跨越多个国家的边界。生产过程的国际分散化出现了两个新趋势：第一，由于模块化技术的发展，一些生产程序已经成为标准化的片断，能够有效地应用于许多产品和产业中。第二，随着零部件国际网络的发展和明确，工业化经济体中的最终产品生产商开始把越来越多的耐用消费品装配厂转移到海外，使它们能够更靠近终端消费市场。这使它们能够利用新厂址的低工资劳动力（Athukorala, 2006; Brown et al., 2004）。

在亚洲网络化生产的增长和地区间贸易的发展中，快速扩张的中国经济发挥了重要作用。加工出口产品原材料的重要进口份额就是这一事实令人信服的证据。实质上，中国成长为具有全球主导地位的制造业经济体，离不开大量产品的网络化生产以及地区和全球供应链的形成。过去20年里，中国成为连接其他亚洲高绩效经济体生产网络的中心点。它已经成为许多产品所选择的最终装配地点，尤其是在诸如电子和IT硬件等领域中。这些最终的装配工作实质上由合资企业、外商投资企业与跨国公司子公司完成。来自这种生产模式即垂直专业化的最终产品的目的地，通常是欧盟、日本和美国等工业化国家的市场。当然，亚洲高绩效经济体已经降低了对这些巨大市场进口需求的依赖，但是降低的幅度非常小。

以分散化为基础的专业化变成了亚洲经济的重要组成部分。垂直专业化改变了亚洲高绩效经济体国际贸易的性质，尤其是扩大了贸易的容量。与传统的最终产品贸易相比，零部件贸易一直在更快速地扩大。中间产品或以分散化为基础的贸易构成了地区间贸易的重要部分。对单个亚洲高绩效经济体来说，中间产品在总出口中所占的比重稳步上升。确实，它不仅扩大了亚洲贸易的增长，而且扩大了多边贸易的增长（Yi, 2003; Jones et al., 2004）。

尽管中国在网络化生产中取得了显著的成功，但是它也开始遇到这种生产体系的局限。中国的公司发现自己被牢牢锁定在与本地其他公司之间激烈的成本竞争的恶性循环中。过去，这种竞争在许多领域中变得十分激烈。工业部门包括生产标准化产品和进行价格战的大量小公司。这些标准化产品是为跨国公司和诸如海尔、联想、长虹和康佳等中国知名大公司生产的。为什么中国公司在高端制造工业和进入供应链方面取得了成功，而没有控制它们呢？这确实是一个问题。即使生产名牌产品的中国公司也不可能成功地获得持续的竞争优势。斯坦菲尔德（Steinfeld, 2004）认为，这是因为中国公司的结构化方式使它们擅长于在具有相同技术水平的低附加值制造上相互低价竞争。这无疑有利于它们具有优势的制造活动，但不允许它们迈入不可替代的、高回报的制造活动，包括建立品牌、维持对品牌的控制和提供独特的服务。因此，中国公司的管理者经常被指责"目光短浅"（Engardio et al.,2007）。只要中国的公司和管理者不能把商业才能运用于这些重要的领域，他们就不得不继续从事作为网络化生产组成部分的制造项目，不得不相互进行价格竞争。这不仅降低它们的微薄利润，而且妨碍它们提升自身并在商业世界中取得成功。不成为跨国公司，它们将不得不继续参与跨国公司的网络化生产。

垂直专业化对中国贸易结构的影响

垂直专业化和中国快速增长的贸易是重要的经济现象，对地区经济产生了巨大的影响。随着时间的流逝，中国的贸易继续逐步地垂直专业化。托马斯·鲁姆博夫和尼古拉斯·布兰切尔（Thomas Rumbaugh and Nicolas Blancher, 2004）之前进行的评估表明，中国的出口成为亚洲邻国的主要进口，这反过来预示了如下事实：中国的贸易扩张同它与地区伙伴之间的贸易紧密相关。20 世纪 90 年代初到 1997 年，中国加工贸易进口量在进口总量中所占的比重从 35%上升到 50%。在这一时期，中国高达 40%的进口来自其他的亚洲高绩效经济体。基于 2005 年统计数据的最新估计表明，中国 42%的进口是加工贸易进口，50%的出口归功于垂直专业化（Dean et al., 2007）。集成电路和微型处理器是组装许多电子产品的关键零部件，这些产品进口的增长从具体产品的角度表明了垂直专业化水平的提高。关志雄（Kwan Chi Hung, 2002）得出结论，亚洲经济体将会进一步整合生产线，共享贸易垂直专业化的好处，从而相互受益得更多。

2002 年，在中国对美国的出口中，来自垂直专业化的出口所占比例达到 30.8%。换句话说，在中国对美国每一美元的出口中，中间投入达到 30.8 美分。至于中国对世界其他国家的出口，这种比例是 35.9%（Dean et al., 2007）。就中间投入的来源而言，日本和四个亚洲新兴工业化国家在价值上占到了一半以上。东盟四国也是中国的供应商，但重要性不如第一梯队国家。在塑料制品、钢铁加工、通讯设备、工业机械、金属制品和计算机中，垂直专业化的水平最高超过了 50%。外国投资企业是垂直专业化和贸易的最积极的参与者。有一些强烈的迹象表明，中国全球贸易的垂直专业化程度正在提高，尤其是在中国对欧盟和美国的出口中。

中国在各种技术上面临的竞争威胁

在短短 30 年内，中国的出口结构迈上了新的技术阶梯，从资源和劳动密集型或低技术的产品跃升为中高端技术的产品（参见第 1 章第 3 节）。这种出口结构升级不仅发生在中国，而且也出现在其他亚洲高绩效经济体中。我们必须明白技术升级将会如何影响相互贸易和经济关系。简单产品在印度尼西亚的出口中占据最大的份额，因为印尼的出口中存在大量的资源密集型产品。先进的高科技产品是菲律宾的最大出口商品，因为它的半导体出口大幅度增长。从技术水平来看，韩国拥有最高水平的制造业部门，其次是中国台湾和新加坡（Lall and Albaladejo, 2004）。

随着中国升级它的出口结构，它进入了其他亚洲高绩效经济体的产品空间。中国的经济特区开始生产具有先进技术的出口商品。由于中国劳动力成本低，对中国来说，与其他亚洲高绩效经济体的出口进行竞争，在某些情况下取代它们的出口，是再正常不过的事情。然而，以印度为首的南亚经济体呈现出了一幅不同的景象。尽管资源型和低技术的出口产品在中国的出口中所在比例正在下降，但是对南亚经济体来说，这一比例正在上升。此外，在 2003—2007 年间，由于国内外的原因，中国商品出口按照美元计算的价格已经上涨，但是价格仍然低于其他类似出口商的价格。

桑加亚·拉尔和曼努尔·阿尔瓦拉德霍（Sanjaya Lall and Manuel Albaladejo, 2004）选择在 SITC（标准国际贸易分类）三位码水平下的 230 种产品来比较地区出口结构。他们发现中国和其他亚洲高绩效经济体在出口结构上的相似性正在提高。中国和其他地区经济体的出口结构之间的关系系数表明，“2000 年中国大陆的出口结构与 1990 年的台湾地区最为相似，与 1990 年的韩国和中国香港也存在重要的相似性。中国香港、中国台湾和泰国具有高度相似的出口结构。尽管这些相似性意味着这些经济体之间可能存在竞争，但是并未提供任何证明这样一种竞争存在的证据。此外，如果这样一种竞争存在的话，中国在何种程度上取代了其他亚洲高绩效经济体的出口？ SITC 的产品分类十分广泛，每一类都包括那些并不相互竞争的产品。还有，当产品相同的时候，不同的经济体和生产商可能专门生产不同版本的产品，降低相互竞争的可能性。因此，关于中国与其他所有亚洲高绩效经济体之间直接竞争的假设或许并不成立。

在扩大所有技术类别的产品出口的过程中，中国成功地把亚洲新兴工业化国家的低技术产品挤出了工业化国家的市场。东盟四国在同一技术类别上的出口也受到了影响。由于劳动力成本的上升，这些国家将会继续发现自己的中低端技术产品在第三国市场上难以与中国进行竞争。因此,《多种纤维协定》的废除不利于东盟四国的经济。它们难以充分地提高质量、设计和营销规模,从而难以保留自己的纺织和服装市场。在诸如汽车、机械、简单电子元件这样的中端技术产品上,中国的威胁也一直增大。在可以预见的未来,在中端技术产品领域中,中国将会成为亚洲新兴工业化经济体的重大挑战。

中国已经变成一种冲击了吗?

在上一节中,我指出,中国出口迅速地实现了从低技术、劳动密集型产品到高科技产品的升级。迅速的技术升级影响了中国的生产模式?要思考它对亚洲邻国经济的影响,这是一个十分重要的问题。罗德里克(Rodrik,2006)进一步认为,中国"就其出口的总体技术含量来看是一种冲击"。他进一步阐述说,"它的出口结构是一个人均资本水平比中国高3倍的国家的出口结构。它成功地升级到先进的高技术产品,人们通常不指望像中国这样一个劳动力丰富的穷国能够生产这样的产品,更不用说出口了"。

倘若中国的生产和贸易模式建立在比较优势原则之上,那么它本该不同于现在的样子。斯科特(Schott, 2006)假设,如果出口结构完全建立在比较优势的基础上,中国的出口结构本该非常类似于越南的出口结构,而不是日本或德国的出口结构。显然,在中国目前的生产和贸易结构中,不只是比较优势,还有自由市场的力量发挥了决定性的作用。在快速增长的发展中经济体中,比较优势不一定决定了贸易模式。这种经济体的技术先进性可能比比较优势原则所表明和合理化的东西更重要。这种经济体能够成功地接受先进技术,创造适合生产的宏观经济环境和促进高技术出口商品的宏观经济激励,从而带来对非传统的、高生产率的贸易品的投资。因此,一些发展中国家能够生产适合人均收入水平更高的经济体的出口产品。它们能够在生产和出口的产品中攀上“质量阶梯”（Schott, 2006）。

按照这种逻辑思路，中国的出口结构趋向于高生产率的产品。1992 年，中国的出口与比中国人均 GDP 高 6 倍多的收入水平有关。中国变成了消费电子产品的成功出口商，那些与中国人均 GDP 相当的国家不可能在这一领域中取得成功。麦卡锡全球研究院（McKinsey Global Institute）的评估（2003 年）[71] 表明，中国消费电子产业的劳动生产力与墨西哥相当，但墨西哥按照人均购买力计价调整后的人均收入是中国的 2 倍。也就是说，中国的高科技出口产品或者电子产品往往是低成本、大容量的产品。它们的技术先进性通常非常低。在这一方面，最新的趋势是中国正在稳步地取得进展，努力成为不再是一个纯粹的消费电子出口产品组装国家。生产逐渐地进行反向整合，供应链正在转移到进行组装的地方。于是，中国的消费电子产业是中国生产率飞跃的证明（Rodrik,2006）。

2
中国经济扩张与亚洲经济体

中国无疑将会通过贸易渠道对亚洲高绩效经济体产生巨大的影响。在本节中，我们将会分析这种影响的程度和维度。改革之初，中国实际上是一个封闭的经济体，1977 年贸易额仅仅占到多边贸易额的 0.6%。2004 年，中国已经成为世界第三大贸易经济体，出口量占到多边出口总量的 7.3%，进口量占到多边进口总量的 6.3%（WTO, 2006）。中国经济快速的增长和与地区经济的一体化对地区的贸易和贸易结构产生了重要的影响。

在上文所讨论的分散化生产过程中，中国与亚洲其他经济体建立了强有力的联系。由于低工资、辛勤工作和技术熟练的劳动力，中国被亚洲其他高绩效经济体合理地视为最终装配出口产品的最合适地点，这些出口产品从亚洲其他经济体进口零件、部件和组件。此外，许多亚洲高绩效经济体还继续把它们认为中国具有比较优势的制造过程转移到中国。最终的结果是亚洲的地区间贸易大规模增长。

一些分析家一致认为，四个亚洲新兴工业化国家与中国之间存在互补的贸易结构。[72] 因此，这些经济体直接受益于中国快速的贸易扩张。从经济发展的阶段来看，因而从一般的技术水平来看，中国和东盟四国的经济仅次于四个亚洲新兴工业化国家。这些现象反过来决定了亚洲经济体的比较优势。随着亚洲新兴工业化国家迈上新的技术台阶，它们腾出的产品空间在逻辑上将会由那些发展和技术水平略低的经济体所填补。中国和东盟四国都是填补上述产品空间的合适候选者。因此，它们开始生产高附加值的产品。正如上文所指出的那样，亚洲新兴工业化国家是亚洲生产链管理的积极参与者。它们积极地向中国提供应中间产品，然后这些中间产品最终装配成制成品，出口到工业化国家的市场。这种符合互补性原则的和谐地区分工最初是由赤松要（Kaname Akamatsu, 1961）提出的。

那些制造与中国类似产品的亚洲经济体将不得不与中国竞争，尤其是在劳动密集型产品上。就中国强大的各种竞争力量而言，这些经济体可能承受强大的竞争压力。东盟四国将会是受到这种竞争严重影响的一组经济体。因此，南亚的一些经济体在某些出口部门中也会如此。在短期内，中国可能造成这些经济体在特殊部门中的资源错误配置。纺织和服装业是一个重要的竞争者。然而，在中长期内，其他的经济部门可能从与中国经济的联系中受益，这些经济体可能不再是单纯的失败者。由于中国一直在附加值链条上向上攀升，亚洲新兴工业化国家需要警惕中国将来在高科技产品上成为它们的竞争对手。回顾过去数十年，我们很容易看到中国出口的演变历程。1990

年，当经济部分开放的时候，纺织和服装以及其他低附加值的劳动密集型产品是中国出口结构的主导。正如第 1 节第 3 小节中所阐明的那样，中国的出口结构自那时以来持续地提升。随着技术标准的改进，中国的出口基础转变成了技术水平和附加值都更高的产品，出口的全球扩散也逐步加强。2000 年后，中国提高了在大量高科技产品上的全球市场份额。2004 年，中国超过美国成为世界最大的高科技产品出口国（OECD, 2005）。

贸易协同运动理论

如果 1979—2005 年中国大陆和香港特别行政区[73]（排除它们的相互贸易）出口产品的名义美元价值与亚洲经济体（东南亚和南亚）[74]出口产品名义美元价值的增长率用图形表示的话，那么它们呈现出一种显著——即使不是有些令人惊讶——的协同运动。中国与亚洲邻国的出口之间的这种紧密协同运动只可能是因为如下事实：它们都处于类似因素的影响下（Ahearne et al., 2006）。这些因素可能包括：(1) 工业化国家巨大市场的增长率，这些国家继续成为中国及其亚洲邻国产品的重要进口国；(2) 这一地区的主要出口产品（即半导体产品）的价格在世界市场上的变化；(3) 全球经济的表现；(4) 人民币对美元汇率的变化。长期以来，亚洲许多经济体暗中地或明确地把它们的货币钉住了美元。因此，这些经济体的出口将会对人民币 / 美元汇率的变化作出相同的反应。这样看来，出口增长在长期内不可能出现容易辨别的趋势，这意味着中国及其亚洲邻国的出口在本书所讨论的时期内更多地由共同的因素决定。倘若如此的话，它们之间的竞争的影响就会降低。倘若这种竞争是出口背后的决定因素，那么协同运动本该表现为现在的样子。毫无疑问，它们在美国市场上进行竞争，但是这种竞争是微不足道的因素。此外，上文所讨论的中国与亚洲经济体之间垂直一体化的发展，进一步解释了这种紧密的协同运动。贸易的垂直一体化在逻辑上可能导致了出口增长率的相似性。

当然，有人可能强调中国特有的因素。这些因素推动了对外部门的增长和壮大，包括：1978 年后宏观经济的改革和重组，1994 年后加速的对外部门改革，高储蓄率和高投资率，外商直接投资，出口退税，1994 年的货币低估[75]和加入世界贸易组织。虽然这些因素对中国的出口表现产生了质和量的明显影响，但正是对外部门的共同冲击，造成了中国与亚洲邻国在出口趋势上出现了显著的相似性。

国家的差异与特殊部门的差异

一些决策层对中国把邻国排挤出它们的出口市场普遍感到忧虑。如果失去大部分市场或市场份额是中国咄咄逼人的贸易扩张使其他亚洲高绩效经济体付出的代价，那么这确实是令人担忧的事情。中国咄咄逼人的贸易扩张是否会把亚洲邻国排挤出它们的市场，这是一个需要仔细分析它们的贸易数据才可以作出判断的问题。有人进行了经验和经济计量学的分析，确定了中国快速增长——包括出口增长——对亚洲邻国的影响。郎奇沃恰恩那和沃姆斯利（Lanchovichina and Walmsley, 2003）对加入世界贸易组织后中国的贸易扩张进行了研究。这种模拟分析模拟了跨国跨部门的国际贸易模式，发现中国的出口将会增长，而印度尼西亚、马来西亚、菲律宾和越南的出口由于纺织和服装出口受到负面影响而将会下降。然而，日本和亚洲新兴工业化国际的出口由于对华出口增长而增长；中国的加工产品出口将会在这种增长中发挥作用。作为中国的重要供应商，日本和亚洲新兴工业化国家的贸易状况也会改善。

阿亨等人（Ahearne et al., 2003）利用 1981—2001 年亚洲新兴工业化国家、东盟四国和中国的年度贸易数据级数，对影响进行了量化。他们的回归分析包括国家特殊的影响以及滞后因变量和滞后自变量，发现中国的出口系数是正相关的。这表明中国出口与亚洲邻国出口之间的互补性。然而，结果很少达到标准系数水平上的统计重要性。这使他们得出结论，中国的出口并未减少亚洲邻国的出口。确实，它们之间是正相关的。

国际货币基金组织（2004 年）运用一般均衡模型，又进行了一次模拟分析[76]。这项研究旨在弄清地区和部门的贸易变化，发现了对亚洲新兴工业化国家和东盟四国的负面影响，因为东盟四国比亚洲新兴工业化国家失去了更多的市场份额。南亚经济体受到的影响最小，这实质上是因为这些经济体是小型的贸易经济体。正如上文所述（参见第 1 节第 1 小节），不同部门和不同国家受到了不同的影响。那些出口劳动密集型产品和以纺织和服装出口产品为主的经济体，受到了最严重的影响。

阿亨等人（Ahearne et al., 2006）分析了中国、亚洲新兴工业化国家、东盟四国和南亚经济体（孟加拉、印度和巴基斯坦）的大量贸易数据，考察 1989—2005 年在他们选作样本的 47 类工业产品上中国相对于其他三类国家是否提高了在美国市场上的份额。他们比较了总体和部门的统计数据。贸易份额的变化为正在形成的趋势提供了长期的视角。这种比较表明，第一，中国的 41 类工业品提高了在美国市场上的份额，而亚洲新兴工业化国家同期只有 4 类工业品提高了在美国市场上的份额。亚洲新兴工业化国家份额的下降暗示了与中国之间的竞争，这种竞争导致了市场份额的变化。然而，这同样可能意味着亚洲新兴工业化国家正在价值链上攀升，进入那些不是劳动密集型或劳动密集型程度较低的产业部门。第二，东盟四国在 17 个产业上增加了市场份额。也就是说，中国和东盟四国市场份额增长的产业数量差不多相同。它们市场份额下降的产业数量也差不多是一样的。然而，在东盟四国增加了市场份额的产业上，它们的份额远远低于中国。东盟四国的总市场份额下降了。中国夺取了这些国家的市场份额。2001—2005 年，东盟四国失去市场份额的过程变得尤为明显，这显然意味着中国成功把东盟四国挤出了美国市场。第三，有趣的是，南亚经济体在 30 个产业上增加了市场份额，尽管它们在美国市场上的总份额非常小。上升的市场份额表明了未来的各种可能性，也就是说，这些国家将来准备成为出口市场份额的争夺者。南亚经济体在美国市场上的总体份额并不发生变化，仍然非常小。第四，中国的贸易统计数据确实给人留下这样的印象：它进入了亚洲新兴工业化国家腾出的产品空间。由于这些国家是亚洲技术更先进的经济体，因此，它们正在放弃一些中国已经进入的工业部门。这并不符合“雁形模式”。不过，正如上文所述，中国还在美国市场上取代了一些亚洲经济体，这表明了激烈的竞争。

方法论的变化通常影响了关于中国贸易扩张对亚洲具体邻国和特殊产业部门的影响的结论。艾肯格林等人（Eichengreen et al.,2006）利用引力模型——评估各种现象对国际贸易的影响的传统工具——确定了这种影响。这种经济计量学分析的结果表明，中国的增长对像亚洲新兴工业化国家这样更富裕亚洲经济体的影响不同于它对贫穷经济体的影响。此外，中国的增长对资本和中间产品出口国的影响不同于它对消费品出口国的影响。只有那些欠发达、低收入的亚洲经济体才在第三国的消费品市场上感受到了挤出效应。这不是第三国资本货物市场上的情况，在这个市场上，更先进的亚洲经济体是主要的出口商。亚洲新兴工业化国家的机械和设备公司并未受到中国出口的负面影响，这是合乎逻辑的，因为在开始的阶段中国的出口渗透的是消费品市场，而不是技术先进的机械设备市场。尽管更贫穷的亚洲经济体由于来自中国的竞争而失去了第三国的市场，但是它们之所以失去市场份额，部分是因为中国增加了从第三国市场的进口。亚洲新兴工业化国家是直接从中国进口增长中受益更多的亚洲经济体；它们向中国出口资本货物和中间产品。对于中国在这一阶段的增长来说，这些类型的产品具有高度的进口收入弹性。因此，所谓的中国对地区经济体的影响对亚洲发达国家和欠发达国家来说是不同的。亚洲的一些经济体在第三国市场上至少未曾承受来自中国的竞争压力，反而十分可能扩大它们与中国的贸易，并从中受益。巴特拉（Batra, 2004）运用引力模型进行了评估，使用了以印度为核心的跨部门方程，证实了上述结论。

全球贸易分析项目（Global Trade Analysis Project, GTAP）的模型和数据，

被广泛地用来评估国际贸易趋势变化的影响。全球贸易分析项目是在普渡大学发展起来的，是一个一般均衡模型，详细计算了贸易流动的地理和部门结构。全球贸易分析项目模型是静态的模型，把资源禀赋和技术当作常量。郎奇沃恰恩那和马丁（Lanchovichina and Martin, 2006）使用了 GTAP—5 的数据，考虑到了中国与亚洲邻国经济体之间的生产网络。结果表明，从中国加入世界贸易组织和贸易扩张中受益最大的亚洲经济体是亚洲新兴工业化国家地区，尤其是中国台湾地区。其中的大多数好处同中国国内贸易自由化和《多种纤维协定》配额取消有关。中国国内贸易的自由化和扩张将会对东南亚和南亚经济体产生复杂的影响。《多种纤维协定》配额的取消将会伤害东南亚经济体的服装工业。东盟四国和东南亚经济体在纺织和服装业上不可能与中国竞争，它可能由于《多种纤维协定》配额取消而遭到损失。据估计，越南的损失（人均收入下降 1.4%）最大，而印度的损失最小（人均收入下降 0.4%）。中国的关税和非关税壁垒按照计划将会减少，从而为亚洲的发展中国家提供大量的机会。但是，它们损益各半，这取决于竞争效应是否强于互补效应。

3

中国和亚洲经济体的外商直接投资流入

外商直接投资法律框架的建立、快速的实际 GDP 增长、投资环境的改善、国有企业的巩固和扩张以及外商直接投资体制分阶段的自由化，这些使中国对区域性的和全球的外商直接投资企业和跨国公司来说成为一个充满吸引力的经济体（参见本章第 1 节第 4 小节）。20 世纪 90 年代初期是中国和亚洲经济体所接受的外商直接投资强劲扩张的时期。在中国成为外商直接投资流入的主要目的地之前，亚洲的经济体在吸引外商直接投资方面做得极其出色，以拥有积极进取和充满吸引力的外商直接投资体制而闻名于世。这一观察尤其适用于印度尼西亚、马来西亚、新加坡、菲律宾和泰国。1991年至1998年间，马来西亚、新加坡和泰国比更大的地区经济体——例如日本、韩国和中国台湾——接受了更多的外商直接投资。然而，亚洲金融危机(1997—1998年）从根本上改变了当时的状况。亚洲一些经济体的外商直接投资流入骤然下降，再也没有完全恢复。韩国、马来西亚、新加坡、中国台湾和泰国的金融界经常在当地和区域性媒体上提出中国的成功是否以其亚洲邻国和地区为代价的问题。世界经济论坛亚洲区总监法兰克—于尔根·李克特（Frank-Jürgen Richter）就国内经济的投资环境警告了亚洲的经济体。[77]

即使在全球外商直接投资下降的时期，中国不断增长的外商直接投资仍然保持稳定。这导致了亚洲竞争对手尤其是东盟国家的焦虑。1990年，东盟国家的外商直接投资占到亚洲外商直接投资总额的51%，到2001年这一比例缩减至11%。20世纪90年代初，中国接受了将近18%的投资于亚洲发展中经济体的外商直接投资，到2000年这一比例上升至30%。外商直接投资转移的统计证据一目了然。东盟的一些国家甚至指责中国“拦截”了本来投给它们的外商直接投资。亚洲经济体外商直接投资下降的真正原因是欧盟和美国对外直接投资流出速度的放缓。第二，亚洲金融危机只能归咎于东盟和亚洲其他经济体所暴露出的结构性缺陷，这些缺陷降低了它们对全球投资者的吸引力。

就印度和南亚其他经济体而言，它们之所以不能指责中国的快速增长影响了外商直接投资的流入，是因为它们不是地区和全球投资公司和跨国公司所青睐的投资目的地。自第二次世界大战以来的长时期内，它们的GDP增长率一直乏力，这些国家坚持一种由公共部门主宰的内向型经济政策体制。决策者并不乐意接受外商直接投资，直到最近仍然对出口怀有强烈的偏见。

它们的外商直接投资体制并不友好，直到最近才开始放开，但是进展仍然缓慢。近年来，它们才开始努力吸引外商直接投资。

中国吸引地区和全球外商直接投资的能力

中国的外商直接投资金额之所以一直增长，除了其他因素之外还包括中国的劳动力成本低于亚洲的竞争对手。只要外商投资者想要生产在工业化国家进行销售的劳动密集型和中低端技术产品，他们在逻辑上就必须选择中国而不是亚洲其他国家。自 20 世纪 90 年代末以来，中国也一直生产和出口高科技产品。此外，大量的外商投资者和跨国公司已经在中国生产这些类型的产品，认为把它们的利润再投资于中国是正确的，因为这样它们还能避免生产设施进一步的分散化，而这种分散化有可能对它们的成本结构产生不利影响。日本激烈批评中国吃了亚洲其他经济体的午餐。有趣的是，近年来连日本的公司也大量增加了对中国的投资，因为中国提供了其他亚洲经济体所不能提供的重要优势。最重要的优势是中国更低的劳动力成本。实际上，中国仍继续改善它的外商直接投资政策体制。1992 年、1994 年和 1996 年，中国采取了更自由化的外商直接投资政策措施，这进一步促进了外商直接投资的流入，最终使中国成为首要的外商直接投资目的地。

近年来，加入世界贸易组织是一个值得注意的结构性因素，增加了中国的外商直接投资。世界贸易组织成员国身份使中国获得了最惠国待遇，对一个在出口产业中吸引大量外商直接投资的经济体来说，这种身份具有无法估量的好处。在加入世界贸易组织之前，中国存在重要的贸易伙伴不给予最惠国待遇并因此阻碍中国出口的风险。加入世界贸易组织消除了出口产业的这种风险，因此增强了中国作为外商直接投资目的地的吸引力。相关的因素是加入世界贸易组织还增加了中国作为贸易伙伴经济来源的可信度。于是，这个重要的发展使亚洲的竞争对手失去了一些外商直接投资（Das, 2007）。

日本国际协力银行（JBIC, Japan Bank for International Cooperation）在日本大公司和跨国公司中进行的一项年度调查表明，中国加入世界贸易组织后，投资者更加偏好中国。调查所提出的一个问题是表明工厂选址的十大目的地。2000—2001 年，大多数日本公司和跨国公司选择中国作为最佳地点的比例从 65%上升至 82%。同时，1996—2000 年，选择东盟国家的比例稳步下降。此外，从最喜爱的外商直接投资目的地来看，中国与美国之间的差距正在向着有利于中国的方向改进。2000 年和 2001 年，日本公司分别把中国和美国列为第一位和第二位的投资目的地。2000 年，这个比率是 65：41，到 2001 年变成了 82：32。也就是说，差距从 24 个百分点扩大到 50 个百分点，在它们的排名表赋予了中国更高的地位。[78]

中国接受了过多的外商直接投资吗？

在绝对的意义上，中国已经成为新兴市场经济体中最大的外商直接投资接受国。然而，与全球平均水平相比，中国现在似乎不是一个主要的外商直接投资接受国。它一直在接受与其经济规模不相称的外商直接投资？中国是亚洲第二大经济体。到目前为止，它所接受的外商直接投资与其规模和国内市场是相容的。即便如此，它们也略微低于中国经济规模与自然和人力资源所需要的合理水平。外商直接投资仅仅占到中国固定投资的 10%，远远低于全球平均水平。《2002 年世界投资报告》[79] 设计了基准工具，即外商直接投资流入业绩指数（Inward FDI Performance Index）。这个指数只是一个国家在全球外商直接投资流入中的份额与其 GDP 在全球 GDP 中的份额之间的比率。它是一个比较各国吸引外商直接投资相对业绩的工具。如果指数值是 1 的话，就意味着全球外商直接投资流入的份额与其在全球 GDP 中的份额是相同的。如果指数值高于 1，就意味着一个所接受的外商直接投资高于其 GDP 规模所需要的合理水平，表明它拥有生产的优势、更好的增长前景或优越的投资环境。如果指数值低于 1 的话，就意味着一个国家是保护主义的，或者它在技术上是落后的，或者它的政治或社会制度不利于包括外商直接投资在内的投资。《2002 年世界投资报告》计算了两个时期即 1988—1990 年和 1998—2000 年的指数值。下面的表 2.1 列出了亚洲经济体在这两个时期外商直接投资流入业绩的指数值和排名：

表 2.1　亚洲高绩效经济体外商直接投资流入表现指数

国家或地区	1988—1990		1998—2000	
	指数值	排　名	指数值	排　名
新加坡	13.8	1	2.2	18
中国香港特别行政区	5.4	4	4.9	2
马来西亚	4.4	8	1.2	44
泰　国	2.6	25	1.3	41
菲律宾	1.7	39	0.6	89
中国台湾	0.9	58	0.3	112
中国大陆	0.9	61	1.2	47
印度尼西亚	0.8	63	–0.6	138
韩　国	0.5	93	0.6	87
日　本	0.0	128	0.1	131
亚洲平均水平	1.07	—	0.85	—

资料来源：联合国贸易和发展会议：《2002 年世界投资报告》

由于外商直接投资实质上起伏不定的趋势，这些比率是按照 3 年的平均水平来计算的。在所计算的第一个时期内，新加坡的指数值最高。它的外商直接投资流入份额是其 GDP 在全球经济中的份额的 13.8 倍。中国香港特别行政区的表现也极为出色。在计算指数的 170 个国家和地区中，马来西亚、泰国、菲律宾和中国台湾全都位于指数排名的上半区。然而，亚洲金融危机之后，亚洲经济体的指数值显著下降，它们的名次在短短 10 年内也明显下降。新加坡失去了第一的位置，名列第18位，而中国香港特别行政区是在第二个时期内指数值上升的经济体，名次升至第2位。相比之下，马来西亚和泰国的指数值急剧下滑，分别名列第44位和第41位。菲律宾、中国台湾和印度尼西亚下滑到更低的位置上，落入排名表的下半区，分别名列第89位、第112位和第138位。这表明亚洲新兴工业化国家和地区吸引外商直接投资的能力急剧逆转（参见上表)。这些国家和地区失去了以前作为充满吸引力的全球外商直接投资流入目的地的地位。

在这两个时期内，中国大陆和韩国都成功提高了它们的排名。中国大陆的排名从第61位上升到第47位，提高了14位。韩国的排名从第93位上升到第87位，提高了6位。根据外商直接投资流入业绩指数，中国大陆不像新加坡和中国香港特别行政区在第一个时期内那样表现优异和令人印象深刻。毫无疑问，中国大陆提高了自己的排名，但是它的表现仅仅高于平均水平。在第二个时期，中国的指数值是1.2，略高于第一个时期低于1的0.9。即使在亚洲金融危机之后，中国的排名仍然低于马来西亚、新加坡和泰国。外商直接投资流入业绩指数的计算和比较生动地表明，中国在全球外商直接投资流入中的份额并未失去比例。尽管中国的外商直接投资在1992年和21世纪第一个十年都急剧飙升，但是它们也只是符合了中国实际GDP增长的强劲表现。相对于它们在20世纪90年代这十年里的GDP规模，许多亚洲经济体在吸引全球外商直接投资方面比中国表现得更好（Das, 2007)。因此，指责中国接受了过多的外商直接投资是毫无道理的，中国所接受的外商直接投资与其经济规模并不相称。

中国与亚洲经济体：零和博弈假设

对立论者普遍认为，中国的外商直接投资的绝对增长是以亚洲邻国代价的。这种认识的依据是外商直接投资是一种“零和博弈”（Wu et al.,

2002)。如果这种假设是正确的，那么只要中国的外商直接投资出现增长，东盟和其他亚洲经济体流入的外商直接投资就会相应地下降。因果经验论未能确立这样一种相关关系。这种假设之所以存在缺陷，是因为在一些时期内东盟国家和中国的外商直接投资同时出现了增长。例如，在 1989—1997 年，它们都存在外商直接投资增长的趋势。在这一时期内，中国的外商直接投资从 34 亿美元增长到 440 亿美元，而东盟国家的外商直接投资则从 76 亿美元增长到 270 亿美元。这并未证明那种认为中国与邻国之间是零和博弈的假设。

许多经验研究讨论了这个问题的不同方面。查塔萨瓦特等人 (Chantasasavat, 2004) 的回归分析试图评估 1985—2001 年中国大陆的外商直接投资流入对 8 个亚洲经济体的影响，即中国香港特别行政区、印度尼西亚、韩国、马来西亚、菲律宾、新加坡、中国台湾和泰国。他们的策略是控制亚洲经济体的外商直接投资的所有标准解释变量。为了评估中国的影响，他们选择了中国的外商直接投资流入水平。他们的估计显示，中国的外商直接投资流入系数在所有方面都是正值，具有高度的重要性。他们得出结论，中国和亚洲经济体所接受的外商直接投资是正相关的，而不是负相关的。据估计，中国大陆流入的外商直接投资增长 10%，就会使他们所思考的 8 个亚洲经济体的外商直接投资增长大约 2% 到 3%。于是，查塔萨瓦特等人令人信服地得出结论说，中国的外商直接投资的增长并没有牺牲亚洲经济体，反而使它们从中受益。对于这种增长的一种解释可能是亚洲经济体的生产网络，而中国则是这张网络的一部分。此外，亚洲经济体深深地卷入中国的垂直贸易专业化之中，结果，当中国流入的外商直接投资增长时，它们流入的外商直接投资也随之增长。另一项详细的经验研究 (Mckibbin and Woo, 2003) 得出结论："仅当东盟四国未能快速地消化新的外国技术和从事本国的技术创新"，亚洲的外商直接投资流入方向的变化将会才导致东盟四国的福利损失。以前，东盟四国具有明确和充分的技术意识，因而人们不明白它们面对中国的挑战时为什么不继续如此。

梅福雷（Mercereau, 2005）尝试评估中国在区域性外商直接投资中的份额，探究其中是否存在挤出效应。他根据 1984—2002 年 14 个亚洲经济体的数据进行回归分析。这种对挤出效应的分析表明，只有缅甸和新加坡这两个经济体存在挤出的证据。这里事先声明，这些回归由面板最小二乘法分析来评估，因而具有内在的缺陷。

艾肯格林和佟辉（Eichengreen and Tong, 2005 和 2006）的引力模型评估也发现，中国的外商直接投资流入对亚洲其他经济体产生了正面影响，导致它们的外商直接投资流入的增长。在外商直接投资上，亚洲的高收入国家比低收入国家流入得更多。这可能是因为亚洲贸易垂直专门水平的增强和供应链的建立。对于在中国进行的最终生产和产品组装，第一组国家比第二组国家生产更多的零件、部件和资产设备。因此，更富裕的亚洲经济体由于生产网络而与中国经济更加一体化，更受益于中国的外商直接投资水平的上升。这使第二组亚洲高收入经济体的追赶努力变成艰巨的任务。

4

应对中国经济扩张的战略

上述解释突出地表明，亚洲一些经济体需要承担中国快速增长和进攻性贸易扩张的成本。它们由此必须进行宏观经济调整。中国外商直接投资流入的增长也被亚洲的一些决策者视为威胁。硬币的另一面是，将会有一些亚洲经济体会受益于中国的快速增长。快速增长的大经济体据说将会对相邻的小国产生有利的影响。美国对墨西哥、日本对亚洲经济体的拉动或引擎效应就是恰当的例子。

中国的许多邻国本身被视为高绩效的经济体，以其第二次世界大战后的经济活力而赢得了全球的赞誉。因此，它们不必过分畏惧中国的竞争威力。它们当中的许多经济体在全球经济中为自己创造了成功的环境（Das, 2005）。中国的竞争对这些充满活力的国家的影响之所以更小，是因为这些高收入的亚洲经济体在很大程度上能够应对这种竞争，能够提出战略上的对策。事实上，就过去的灵活性和创业动力而言，它们不只是能够保护自己。对那些相对而言低收入、不能与中国正面竞争的亚洲经济体来说，把中国经济扩张的损失降到最低和把收益最大化的最佳战略之一是要接受生产资源运动的弹性。弹性的要素市场将会成功地适应贸易模式的变化。它们可能有利于从那些不能应对激烈市场竞争的衰落部门抽出生产资料，把它们转移到能够那些应对竞争的正在扩大的部门。

对那些一直在中国的激烈竞争下受到损伤的亚洲经济体来说，第二种有效的防御方法是进一步推进对外部门的改革。改革将会帮助出口产业按照世界市场的价格获取原材料。要支持在全球市场上的出口扩张，就必然需要对外部门的改革。改革也会促进那些竞争尚不激烈的新出口部门的增长。

第三，近年 50 年来的发展经验证明，只要拥有强大的制度和缜密的宏观经济政策，发展中经济体在需要时就会快速地作出必要的经济调整。这些经济体在短期内也会增长得更快，呈现出趋同的趋势（Crafts and Kaiser, 2004）。如果亚洲的发展中经济体尤其是低收入经济体保证法治尤其是合同法和公司法发挥作用，提高政府的透明度，防止腐败，实施正确的宏观经济政策，那么它们不仅逐渐能够应对中国快速的经济扩张，而且能够从中受益。

第四，要阻止外商直接投资由于来自中国的竞争而产生的流失，亚洲的决策者们也可能采取政策措施，提高外商直接投资体制的竞争力。在此过程中，它们可以效仿中国的成功战略，尽管许多亚洲经济体已充分地理解这种战略。此外，增加对教育和技术积累的投资，自觉地升级技术水平，确实能够帮助吸引全球的外商直接投资。还有，如果它们成功地加强了学术界与商界之间的联系，这将会帮助亚洲经济体更好地应对中国的挑战，也会有助于提升它们的工业化水平。

第五，在本章第 2 节第 1 小节中，我关注中国为了技术进步和提高技术水平而一直竭力作出的努力。在可以预见的未来，随着中国取得进步和赶上高收入的亚洲经济体即亚洲新兴工业化国家，它们在第三国市场中将会变成直接的竞争对手。此外，中国将会大幅降低对亚洲新兴工业化国家的零件、部件和资本设备的依赖，因为中国将能够自己生产它们。当这种状况出现的时候，东南亚和南亚的低收入国家将会拥有必要的经济增长空间。在这种情况下，中国在贸易和外商直接投资领域中似乎不会与它们直接竞争。中国不再会放慢收入水平和经济结构的优化过程。

第六，积极支持地区合作和一体化，将会使地区的经济体尤其是低收入经济体受益。到目前为止，地区合作和一体化的基本动力更多地来自东亚经济体和东南亚经济体之间。随着南亚经济体尤其是印度的 GDP 增长率获得了加速的势头，地区合作和一体化的设计确实应该把它们纳入进来。这将为亚洲地区建立新的互补性和分工创造新的机会。进一步来说，这将会使南亚的经济体受益于中国和其他东亚经济体以及东南亚经济体获得现实的可能性。当然，我们不能指望轻而易举地实现这样一种广泛的地区合作和一体化。然而，现在出现了支持这种广泛努力的政治意愿的证据。

5

中国的地区一体化立场和新举措

中国所敏感的是这样一种指责：它削弱和破坏了地区邻国的经济表现，不重视与邻国之间建立和谐与互利经济关系的需要。因此，中国积极致力于签订自由贸易协定，尽力管理它的经济关系。改革初期，中国对地区一体化并无多大兴趣，但随着时间的流逝，中国越来越热心于地区一体化。2000年，中国开始向东盟经济体提出自由贸易协定的建议。1992 年，东盟已经签署了《东盟自由贸易协定》。在东盟的国家间贸易中，90%的贸易都实行 0 到 5%之间的低关税率（Pangestu and Gooptu, 2004）。

1995 年，东盟和中国开始低调地进行加强双方经济关系与促进相互贸易和投资的官方努力，从而增加了双方的经济交往。2001 年，东盟与中国签署了自由贸易协定，旨在到 2010 年建立自由贸易区[80]。2003 年，中国提供了初期的成果，大幅削减了来自东盟经济体的农产品进口的关税。东盟—中国自由贸易协定继续进一步推进，到 2005 年年中，中国又大幅削减了 7000 种产品的关税。东盟—中国自由贸易协定的首要目标是促进和扩大相互贸易和投资。其他的优先目标是先相互降低然后消除关税和非关税壁垒，采取促进贸易的措施——例如共同的标准和工艺。这个协议还将包括服务贸易。在自由贸易协定生效后，成员国努力避免双重征税，促进电子商务，鼓励企业加强思想沟通和交流的渠道。尽管东盟与中国并不视为高度互补的经济体，但是它们之间的经济关系已经得到改善。与东盟经济体之间的自由贸易区有助于中国缓解亚洲地区对其支配地位的恐惧，向亚洲的邻国保证中国将会如何运用正在增长的经济实力。东盟国家对自由贸易区抱有积极的态度，因为自由贸易区使它们能够在自由贸易区建立初期提高制造业部门的效率和生产率。[81] 亚伯拉罕和范霍夫（Abraham and van Hove, 2005）使用的引力模型表明，中国与东盟的一体化具有巨大的贸易潜力。与东盟之间的自由贸易协定将会使中国的进出口出现大幅度的增长。

中国的这些建议促进日本和韩国向东盟经济体提出了类似的提议。在1999 年马尼拉峰会上，亚洲各国领导人在广泛的经济合作上达成一致，决定促进东亚国家与东盟地区之间的经济联系。2001 年，东盟—中国自由贸易区思想有所扩大，这个自由贸易区开始被视为走向包括东亚和东南亚国家在内的经济一体化安排的一个步骤。也就是说，有人认为，它正在开始建立一个更雄心勃勃的东亚自由贸易区，这个自由贸易区将包括东盟、中国、日本和韩国或者所谓的“东盟 +3”。这个“自由贸易区”把许多亚洲高收入经济体与一些低收入经济体结合起来，也聚集了东亚和东南亚的经济体。事实上的“东盟 +3”机制在 1997 年东盟吉隆坡峰会后已经开始形成，在亚洲金融危机后采取了防御性的政策行动。自那时以来，“东盟 +3”集团的成员继续每年举行会议，扩大了政府、学术和文化层面上的活动。2002 年，第一届“东盟 +3”峰会在金边举行，随后东盟举行峰会。然而，过多的峰会和高级官员会议尽管已经缩减，但是这可以说并未取得成效。亚洲的反应性地区主义正在扩张，超越“东盟 +3”，为东亚共同体建立新的基础。为此，2005 年 12 月举行了第一届东亚峰会。在东亚峰会上，“东盟 +3”的各国领导人邀请澳大利亚、新西兰和印度。一些亚洲经济体对在弱化共同地区身份的基础上纳入这三个新国家感到不安。因此，中国有助于推进一种泛亚洲的地区一体化哲学。

中国和印度一直讨论降低关税和非关税壁垒。在不久的将来，它们完全有可能建立自由贸易区。2003 年，两国政府启动了一项联合可行性研究。

研究小组的任务是找出互利的领域，制定进一步发展贸易和经济合作的纲领。自 2006 年 3 月以来，中国和印度举行了数轮谈判。它们计划到 2007 年 10 月完成关于地区自由贸易协定的可行性研究，然后决定是否启动自由贸易协定谈判。如果这两个快速增长的亚洲经济体能够达成自由贸易协定，那么巨大的东亚和东南亚市场将会得到巨大的促进。

自 2006 年 1 月以来，南亚的 7 个国家，即孟加拉、不丹、印度、马尔代夫、尼泊尔、巴基斯坦和斯里兰卡，都是南亚自由贸易区的成员。亚伯拉罕和范霍夫（Abraham and van Hove, 2005）使用了引力模型，表明中国加入南亚自由贸易区将会大幅度提高这个自由贸易区的贸易潜力，印度和斯里兰卡将会获得巨大的好处。东盟—印度自由贸易区研究也于 2005 年启动。2004 年 9 月，东盟和印度进行了部长级贸易谈判，同意于 2005 年 1 月建立自由贸易区，首先降低并最终取消 105 项产品的关税。

6
结　论

由于中国的经济规模、开放和 GDP 的快速增长，中国正在影响亚洲的经济体和地区经济。当一个具有重要规模的经济正在以几乎是全球经济增长速度 3 倍的速度增长时，相邻的经济体不可能期望不受影响。关于这种影响的研究充满了得出错误结论的危险。尽管一些亚洲经济体和一些部门将会面临中国快速增长在短期或长期内所带来的不利影响，但是天启式的预言完全做过了头。在很大程度上，中国快速增长产生了互惠互利的影响。

亚洲快速地发展了地区内的贸易。这种地区内的贸易扩张，得益于贸易成本由于贸易壁垒（关税和非关税壁垒）减少而出现的下降、运输费用的下降、信息通讯技术的进步和地区生产网络的发展。中国在地区内贸易增长的过程中发挥了明确的作用。亚洲高绩效经济体之间地区内贸易的大部分增长归功于正在进行的生产过程分散化，这种分散化导致了贸易的垂直专业化，而中国正是其中不可或缺的组成部分。贸易垂直专业化也被称为价值链的分散化。这种现象改变了多边贸易的根本性质。随着时间的推移，中国的贸易继续逐步垂直专业化，并在分散化的生产过程中与其他亚洲经济体建立了强有力的联系。中国从地区经济体进口的大量产品与贸易的垂直专业化相关。因此，中国的出口包含从亚洲邻国进口的大量产品。

在上一节中，我指出，中国的出口迅速地从低技术、劳动密集型产品升级到高科技产品。这种升级速度是如此之快，因此，从其出口产品的总体技术先进性而言，中国被视为是一种冲击。中国的出口结构相当于一个人均收入水平比中国高 3 倍的国家的出口结构。

中国在国际贸易领域中日益增强的竞争力可能给亚洲一些经济体造成强大的竞争压力。东盟四国将会受到这种竞争的严重影响。南亚一些经济体的某些出口部门也会如此。亚洲低收入经济体也可能受到中国劳动密集型出口产品的不利影响。在短期内，中国可能导致这些经济体在某些部门中的资源错误配置。纺织和服装部门是一个重要的竞争部门。

如果中国和亚洲其他经济体的长期出口数据用曲线图表示的话，那么它们展现出一种显著的——即使不是令人惊讶的——协同运动。这种协同运动可能意味着，中国及其亚洲邻国的出口在这一时期更多地由共同的因素决定。果真如此的话，它们之间的竞争对它们的影响就更小。经济计量学模型的估算表明，中国经济的增长对亚洲新兴工业化国家等更富裕亚洲经济体的影响不同于它对亚洲贫穷经济体的影响。此外，资本和中间产品的出口国受到的影响不同于消费品出口国受到的影响。只有那些收入更低、最不发达的亚洲经济体才在第三国的消费品市场上感受到了挤出效应。它们在第三国的资本产品市场上感受不到挤出效应，因为在这个市场上更发达的亚洲经济体是主要的出口国。中国的出口并未对亚洲新兴工业化国家的机械和设备公司产生负面的影响。这是合乎逻辑的，因为中国的出口在初始阶段渗入的是一般消费品市场，而不是技术先进的机械和设备市场。在加入世界贸易组织后，中国关税和非关税壁垒的降低为亚洲的发展中经济体提供了大量的机会；这些经济体的一些部门遭遇损失，但另一些部门则从中受益，这取决于竞争效应是否强于互补效应。

20 世纪 90 年代初期是中国和东盟国家外商直接投资强劲增长的时期。在中国成为吸引外商直接投资的大国之前，东盟经济体在吸引外商直接投资方面做得极为出色，以咄咄逼人的和充满吸引力的外商直接投资体制而著称。中国外商直接投资流入的绝对增长导致了其他亚洲经济体的担忧。不过，从外商直接投资流入的其他标准来看，指责中国接受了过多的外商直接投资是毫无道理的，并且中国所接受的外商直接投资符合它的经济规模。

对立论者普遍认为，中国外商直接投资流入的绝对增长牺牲了它的亚洲邻国。这种观念基于如下假设：外商直接投资是一种零和博弈。可是，经济计量学的估算发现，中国的外商直接投资流入对其他亚洲经济体产生了积极的影响，增加了它们的外商直接投资。在外商直接投资流入方面，更高收入的亚洲国家远远高于更低收入的亚洲国家。本章阐明了亚洲邻国应对中国经济扩张的基本战略。

由于对破坏和搞乱地区邻国经济表现的指责非常敏感，中国积极致力于建立亚洲的自由贸易区，主动地管理自己的经济关系。中国首先向东盟国家提出了建立自由贸易区的建议。1992 年，东盟国家已经建立了东盟自由贸易区，东盟 90%的国家间贸易实现了低关税。东盟—中国自由贸易区概念为以“东盟 +3”形式的更大的自由贸易区奠定了基础，这将会使东亚经济体和东南亚经济体走到一起。在2005年东亚峰会期间，下一个更大的地区自由贸易区得到了讨论，这个自由贸易区将会包括澳大利亚、新西兰和印度。中国—印度自由贸易区也进入了谈判的高级阶段。

第 3 章

中国的复兴与持续一体化的全球经济

中国经济的迅速增长对全球经济产生了巨大影响，但这并不是某些人所担心的“零和”博弈。

——约瑟夫·E.斯蒂格利茨，2006 年

The Chinese Economic Renaissance

1

中国与全球经济：根本性的地位变化

自 1978 年至今，中国在全球经济中的地位已经得到了根本性的提升，史无前例地成为了全球经济的发动机。改革初期，中国似乎尚未下定决心参与全球化。不过，随着时间的流逝，政治领导层逐渐承认全球化对其经济作出了无可估量的贡献，中国对全球经济的巨大影响也启发了他们。在可以预见的将来，这种自我强化的双向过程可能还会持续下去。2007 年年末，在美国经济经历次贷危机之后，似乎越来越明显的是全球经济正处于决定性的历史转型的临界点；经济大国正在经历一个转移过程，即从工业化经济体转向中国等较大的新兴市场经济体。

中国对一些区域的经济影响力也在稳步提升。以前，中国与非洲、加勒比地区、拉美、中东、南亚和中亚的经济和政治联系还不紧密。然而，中国最近已经在这些次区域结交了一些国家，这主要是为了保障工业原料、能源的稳定供给和发展贸易。中国主管商贸的领导人瞄准的地区往往资源丰富，却又由于政治或其他方面的缘故遭到了其他主要经济体的忽视。中国投重资于安哥拉、尼日利亚、苏丹的石油工业和刚果、赞比亚、津巴布韦的采矿业就是相关案例。它马不停蹄地与非洲各经济体发展贸易伙伴关系。结果，中国与非洲的贸易迅速增长。

有些人经常把中国的重新崛起和经济地位与被称为“奇迹”的那些经济体的增长表现相提并论。那些经济体曾在第二次世界大战后迅速崛起，并在全球经济中谋得了一席之地（参看第 1 章第 2 节）。[82] 尽管两者确实有许多共性，但这种比较并不完全正确，因为与它们不同的是，随着中国的继续前进，它将会成为经济超级大国。中国与美国和英国经济的崛起倒有更多的相同点，前者在一个多世纪以前还无足轻重，后者则在 1760—1830 年期间发生了工业革命。因此，拿美国经济与中国经济而非其当代的亚洲前辈相比才是恰当的。

中国目前的增长表现可以与美国和英国媲美，也得到了这两个经济体和 1978 年后中国增长数据的证实。如表 3.1（根据 Maddison,2003 年绘制）所示，中国的增长差数堪比 18、19 世纪的英国和美国。这表明，不管是美国还是英国都“未能像中国那样对全球经济造成这样大的震动”（Winters and Yusuf, 2007）。第一栏显示中国的起始收入是全世界收入的 2.9%；26 年来，它的年均增长率比全球经济高 6.6%。第二栏显示中国的起始收入是全世界收入的 4.9%；25 年来，它的增长差数保持在 4.4%。与此相比，英国和美国在增长差数方面的历史增长率要低得多。美国经济只是在 1820—1870 年这个阶段接近于中国的表现，也就是说，50 年来，它的增长差数一直保持在 3.3%。

表 3.1 工业化比较

比较项	以购买力平价计算的 GDP					
	中国(WDI)	中国(Maddison)	英国		美国	
	1978—2004	1700—1820	1820—1870	1978—2003	1820—1870	1870—1913
	1	2	3	4	5	6
工业化国家起始份额（%）	2.9	4.9	2.9	5.2	8	8.8
工业化国家年均增长率（%）	13.3	7.5	1.0	2.1	4.2	3.9
全球年均增长率（%）	6.8	3.1	0.5	0.9	0.9	2.1
增长差数（%）	6.6	4.4	0.5	1.2	3.3	1.8

比较项	以购买力平价计算的 GDP					
	中国(WDI)	中　国 (Maddison)	英　国		美　国	
	1978—2004	1700—1820	1820—1870	1978—2003	1820—1870	1870—1913
	1	2	3	4	5	6
年　数	26	25	120	50	50	43

来源：由 Winters 和 Yusuf（2007）根据 Maddison（2003）和世界发展指数（World Development Indicators）各卷绘制。

经过 30 年的宏观经济改革、持续增长和参与全球一体化，中国已经以其无与伦比的丰富资源和强大的制造业部门跻身于未来全球量级的经济强国行列。老练的中国政治领导层正在考虑如何取得世界级的经济成就，如何成为经济强国。如果国内外不出现较大的经济危机，中国很有可能会在可以预见的将来成为经济大国。宏观经济学关于中国的 GDP 规模将在何时赶上甚至超过美国的预言数不胜数。戈尔德曼·萨克斯（Goldman Sachs）指出，如果采取恰当的宏观经济政策，中国将在 2041 年成为世界最大经济体(2003 and 2004)。然而，一些分析家对此表示不赞成，声称中国达到这一时刻的时间还要更早（Shenkar, 2006)。

甚至在达到那个夸张的地位之前，中国蒸蒸日上的经济就已经对全球各地的人们的生活产生了全面影响。在经济开放的条件下，这么快的增长不可能独享其成果。不仅中国的出口在全球市场上占据了相当大的份额，而且它迅速增加的出口也支撑着许多国家的强劲增长。中国一直对各国经济、全球贸易乃至就业和消费方式都产生着巨大影响，也一直在改变着工业化经济体的通胀率、利率、工资、企业利润、房地产价格乃至世界市场的商品和石油价格[83]。它无处不在，总是在驱动“许多国家本来想自主决定的经济走势”(*The Economist*, 2005)。随着中国的经济增长——即便这种增长的步调比较缓慢，它对全球经济的影响仍将继续扩大。世界大多数经济体和企业都必须制定策略，应对中国经济快速增长所带来的影响。

可以把中国经济快速增长所产生的这种影响称为“搅乱”效应吗？答案当然是否定的，因为中国增长引起的变化并不是周期性的或暂时的。并不是在变化之后又会一反常态。我们需要改变视角。这是一种根本性的结构调整。中国不断提升的经济地位及它与全球经济的越来越紧密的联系，一直在调整着全球经济均势。显然，一些国家的经济将会在适应这种新局面时面临相当多的挑战，而且调整的过程可能也不是轻而易举的。但不会再回归现状了。中国迅速的、持续性的经济增长要求宏观经济和微观经济都来一个根本性的地位调整。也就是说，公共政策制定者和企业管理者在制定策略时必须具有想象力才能适应这种根本性的调整。甚至普通家庭都正在并仍将受到中国快速增长的影响，因为这种快速增长一直在改变着相对价格和收入。由此而变得岌岌可危的全球经济和商业新环境，必须制定新的基本竞争规则。此外，它给供给面造成的正向冲击也具有深远的意义（参看第1章第1节第7小节）。相应地，全球的就业和消费方式一直在并将继续发生变化。各个经济体、企业和家庭必须以创新的方式为全球经济结构的这些根本转变做好准备。中国将来的增长轨迹将继续对全球经济产生举足轻重的影响。

公正的评估

前30年中国经济的快速猛增使其不仅在地区层面而且在全球层面都被当成了一支经济力量。一个经济体快速增长的成果体现在其全球生产、投资和贸易份额的增加。这样一来，这个经济体就会努力在全球经济中谋求新地位，发挥新作用。过去两个半世纪的经济史提供的经验是，无论一个经济体何时开始快速增长，它不可避免地会使现行的全球经济秩序出现某些断裂、错位和不平衡。这大多发生在这个经济体快速增长的初期而不是后期。当这一初级阶段结束之后，这个经济体在全球经济中的地位就会比过去更为重要。工业革命1760年发源于英国。[84] 自那时以来，常有一些插曲伴随着这种经济扩张。每当这时，这个快速增长的经济体都能成功地为自己在全球经济秩序中谋得新的空间。19 世纪早期统一德国的崛起以及 19 世纪晚期和 20 世纪早期美国的崛起就是两个相关案例。

晚近的案例还有日本、亚洲新兴工业化经济体以及随后的东盟四国。1955 年后，这些经济体的快速增长以及它们迅速融入全球经济的事实表明，新兴经济体可以成功地在全球经济中谋得一席之地。中国现在正在做的与亚洲高绩效经济体（AHP）在此前半个世纪所做的是一码事。日本、亚洲新兴工业化经济体和东盟四国等经济体在相似的快速增长阶段，也都对全球经济产生了类似影响。它们一开始也都引起了不安甚至恐慌。东盟四国没有引起这么大的动静，但最终它们的兴起都是有利于全球经济的。由于它们涨高了潮水，所有国家的经济小船也就随之上浮了。

目前，中国经济正在经历阵痛，其剧烈程度堪与其他亚洲高绩效经济体经历的阵痛相比，这是因为它正处于增长、扩张和融入全球经济的最初阶段。尽管中国引起了某些地方的不满和反感，但历史证明，敌对不是长久之计。如果对中国经济的崛起及其融入全球经济产生的影响进行实事求是的冷静估计，人们将会发现，尽管全球经济当然会产生一些短期或中期的问题，但在这个令人不安的最初阶段过去之后，它还是会对经济均势产生正面影响的。不过，对不同的国家、产业部门和社会经济群体来说，这一问题阶段造成的后果远不是一样的，其影响也一定是各异的。

一个经济体的贸易结构及其与中国的贸易和投资关系，将决定这种所谓中国效应的性质。在本章中，我们将探究哪些国家和部门将从中获取最多的机会，哪些国家和部门可能不得不在调整中付出最大代价。

由于中国在短短 30 年的时间内成为世界第四大经济体（2005 年），其他国家是否应该担忧快速增长的中国经济将彻底主导全球经济从而损害它们的经济？让我们以贸易这个惹人注目的变量为例来分析这个问题。1977 年，中国在全球贸易中还处于边缘地位，其商品出口额仅为世界的 0.6%（Lardy,

1998)。2005年，在多边贸易总出口额和进口额中，中国分别占7.3%和6.3%(WTO, 2006)。2004年，中国成为全球第三大贸易国。吓破了胆的经济学门外汉经常把这解读为中国很快就会生产和出口所有商品，而世界上的其他经济体将没有剩余的东西可供贸易。这是通过对过去发展状况的一种不恰当的，甚至可以说是过于简单的推断得出的一个不合逻辑的结论。根据经典的比较优势原理，中国的快速增长将改变全球的劳动分工，并且它将生产自己拥有比较优势的商品，而这是由其要素禀赋和组织禀赋决定的。根据劳动分工格局的变化，中国将出口它拥有比较优势的商品以至服务，并进口它不擅长生产的商品和服务。随着中国日渐成为一个出口国，它也成为了一个进口国。经济体无论大小，都在比较优势的基础上进行贸易，而比较优势也是一个动态概念。因此，这种担忧是根本没有意义的。不过，相关的公共政策制定者和企业决策者需要知道在这种变化的全球劳动分工格局中，中国可能会向什么方向发展。

崛起为全球量级的软霸权

尽管一些国家的某些政府机构和立法机关对中国的经济崛起感到苦恼并肆意表达它们的愤怒，世界舆论却认为中国并不可怕，并大体上以平和的实事求是态度承认了它的崛起及其对全球经济的影响。根据2007年芝加哥全球事务委员会（Council on Global Affairs）与华盛顿世界舆论网(WorldPublicOpinion.Org）联合进行的多国调查结果，美国和其余19个工业化和发展中国家的大多数人认为，中国迅速增长的经济规模总有一天会与美国经济持平，他们大多也不为此感到担忧。调查显示，60%的美国人认为中国很快就会赶上美国的经济地位。在其余的19个国家，同意这一论断的人也多于不同意的人。在受访国家中，没有哪个国家的大多数人把中国崛起看作需要戒备的坏事。[85]

中国赶超美国的潜能当然是地缘经济和地缘政治上的一件结构性大事，而在国会山看来，这种变化并不是积极的。这种态度很有趣，因为正如上文提到的，世界舆论对这种潜在的发展总体上持低调的甚至是冷静的态度，而且美国人大多是赞许的（Peseck, 2007）。国会山之所以采取这种煽动性的言辞，其背后的部分原因是2008年是美国的大选年。20世纪70年代和80年代，日本也曾激起了美国政客的消极反应。关于日本经济的那些歇斯底里的预言从未实现。最近，中国通过提供价格合理的消费品帮助美国压低了利率，抑制了通胀。全球从中国获取的预期收益一直处于增长态势。

俄罗斯舆论不反对中国的经济崛起。它宣布2007年是中国年就体现了这一点。该年举办了一系列文化、教育、体育和当然会有的商业活动。同年4月，胡锦涛主席（时任）对俄罗斯进行了国事访问，受到了俄罗斯政治精英的热烈欢迎。双方签署了大量的合作协议，同意在包括联合国在内的国际舞台上协调彼此的立场。一项民意测验显示，俄罗斯人认为原对手中国的崛起可以说“对世界产生了积极影响”[86]。

十年以前，中国还不为世人所知，也不习惯抛头露面。它几乎没在非洲、拉美和东欧出现过。在江泽民主席任职期间（1993—2003年），中国的自我感觉开始有了一点变化。当时，中国第一次尝试着树立有某种重要性的国际事务参与者形象。在更年轻的领导人胡锦涛主席任职之后，中国为发挥全球性影响略微加快了步伐。最近几年，中国已经试着有意识地经营其公众形象，包括在非洲、亚洲和拉美，其魅力攻势不只针对政治领导人，也针对普通民众。中国的公众形象一直在稳步提升。它所作出的努力包括提供外援、进行投资、采取更灵活的外交策略、发展旅游业和教育等。鉴于积累的外汇储备规模庞大，中国的专家们正在绞尽脑汁思索怎样花钱。一个重要的想法是创建一支有数千名人道主义工作者在内的维和部队（Newsweek, 2006）。尽管仍是一个新兴市场经济体，但是中国在撒哈拉以南的非洲（SSA）的发展问题上扮演着越来越重要的角色。它已经大幅增加了对该地区的发展援助。引人注目的是，援助国仍属于十个最大的政府开发援助接受国（Jacoby, 2007）。中国对该地区的援助采取的形式有技术支持、捐款、免息贷款、补贴利息的特惠贷款和债务免除等。[87]

这些努力开始显现出了成效，全球的普通人看待中国的方式比此前任何时候都更为友好。国际政策态度项目（Program on International Policy Attitudes）和英国广播公司（BBC）进行的民意调查显示，大多数人认为中国对全球发挥了正面影响而没有造成威胁。在发展中国家，这些感受特别强烈。澳大利亚罗伊研究所（Lowy Institute）进行的类似调查显示，澳大利亚人认为中国和美国一样受欢迎。[88] 像印度和越南这样的历史宿敌虽然曾在不久之前与中国交战，现在也正在被中国人培养为未来的经济伙伴，并已经成为了中国魅力攻势的一部分。随着贸易盈余、外汇储备、优惠贷款和投资的增加，中国的影响力不断提升。它现在已经崛起成为全球量级的软霸权了（Bersick, 2006）。

和平崛起的地缘政治立场

"和平崛起"的地缘政治立场得到了中国政治家和战略家的广泛讨论，他们更愿意把中国建设为未来的一个负责任的、温和的大国。这一学说的基本假设是，中国能够而且也应该在经济上崛起，并以和平的方式获得经济超大国的地位。用某位学者（Zhou Bian, 2004）的话说，中国需要像"一个温和的巨人"那样崛起。尽管偶尔在台湾问题上发表威胁性的但又苍白的严厉措辞，中国在大多数情况下都以世界民族之林中负责任的参与者这一角色来处理国际关系和采取国际行动。它没有把自己塑造成一个具有侵略意识的国家，在处理国际事务时也没有囿于本国的狭隘利益。中国的领导人给人的印象是，他们明白如果没有全球社会的支持和友好，国家就不会繁荣。因此，"和平崛起"学说得到了最高政治领导人的支持。迄今为止，中国没有抛出谋求霸权的印象，也没有暗中制定霸权计划。"令人宽慰的是，中国目前至少在跟美国打交道时，看起来遵循的是实用主义，而不是竞争思路”（*The Economist*, 2006）。

作为中国著名战略思想家和中共中央党校原副校长，郑必坚把中国的发展称为“和平崛起”（参看第 1 章第 2 节第 2 小节）。温家宝总理（时任）曾多次公开谈到这个概念，并将其作为他 2002 年哈佛大学演讲的一部分。自那时以来，胡锦涛主席（时任）进一步完善了这一概念，并称之为和平“发展”。这种措辞的变化，其背后的逻辑是即便“崛起”（rise）这个词在某些人看来也显得具有挑衅性。这一概念仍然深受中国学者和战略家的欢迎，许多人还就这一主题在西方的学术和政策杂志上发表了关于策略的严肃论文。

支持这种温和思路的原则是，冷战时代的剑拔弩张纯粹是徒劳的，对此，中国政治家和战略思想家唯恐避之不及。权力的转移是一个复杂甚至危险的过程，必须小心对待。根据过去的观察，一个正在崛起的大国并没有在冲突中获胜，因为现有的大国会警惕起来。一旦受到惊吓，经济正在崛起的中国就很可能遭受占据优势地位的军事大国或超级大国的钳制。德国和日本正是基于这种考虑铸成了大错，引发了第二次世界大战。把以侵略手段掠夺全球资源和追求霸权作为最重要的目标是错误的。

中国从 20 世纪的这些经历中吸取了教训，决定目前不用冷战的方式争夺全球霸权。如果中国的经济崛起不是和平进行的，那么别的国家就会感到焦虑，迫不及待看它停止前进。因此，经济上的互赖共生关系不论是区域性的还是全球性的，对中国来说都是重要的。正是出于这些周到而明智的考虑，中国领导人“承认如果他们要获得大国地位，就必须拥有和平的国际环境”（Tanaka, 2006）。他们在国内和国际的对话中多次表达了这些类似的观点。

上文提到，中国在经济规模上大于“七国集团”（G–7）成员国（参看本章第 1 节第 2 小节），这是全球经济结构的一个转折。中国应该顺理成章地参与全球经济问题的协商。这可能会对 1940 年以来主导全球经济和制度的国家（主要指美国）构成挑战。在很大程度上听命于美国的超国家制度框架支持和促进了多边贸易自由化、资本市场开放和核不扩散事业，维持了 60 年之久的相对和平和繁荣局面。然而，除非像中国这样的新兴大国“加入这一框架，否则这些制度将难以为继”(Drezner, 2007)。国际货币基金组织（IMF）对亚洲金融危机（1997—1998年）的拙劣处理可以说是最近关于这一点的最为生动的说明。属于亚洲高绩效经济体的各国政府对此深信不疑，只是不怎么表现出来。尽管欧盟已经与中国达成了双边谅解，并与其他新兴市场经济体进行了合作，但在这些经济体的全球影响力及其在多边制度框架中的代表性遭到削弱时，这些国家是否会坐以待毙还是一个悬而未决的问题。

全球经济对话中的中间地位

影响广泛的“七国集团”成立于1985年，旨在使七个最大的工业化国家加强全球经济金融合作。早在1975年，加拿大、法国、德国、英国、意大利、日本和美国等成员国的峰会就启动了。“七国集团”是协商和讨论的主要平台。它也协调成员国在经济、金融和商业事务上的行动，并致力于为别国经济提供援助。“七国集团”的领导人每年在成员国会晤。由“七国集团”加上俄罗斯构成的“八国集团”则正式成立于1998年。

美国、日本和德国是全球最大的三个经济体（依次从大到小）。中国在2005年成为了第四大经济体，那时它已经走在超过德国的道路上了。2007年，中国的GDP就超过了德国。由于这些计量方法使用的是市场汇率，所以它们总的来说低估了中国经济的实际规模。尽管如此，如果把中国较低的生活成本计入调整范围，并按照购买力平价计算名义GDP, 那么中国在2004年就已成为仅次于美国的世界第二大经济体。它为全球增长注入了强大的推动力。它对全球经济的影响也是明显的，而且还在扩大。根据2004年的统计数据，在德国和美国之后，中国已经成为世界第三大贸易经济体（依次从大到小）。快速的经济增长已经把中国经济推到了全球舞台的中央，对“四边体”（加拿大、欧盟、日本和美国）延续至今的傲慢权势形成了冲击。商业世界必将发展出若干新的中心，而在一个日益多极化的世界中，商业和政治领导人也必须培养真正的全球合作思维。

随着中国在全球经济中的重要性得到提升，它分别于 2003 年和 2004 年受邀参加了“七国集团”代表会议和在佛罗里达州博卡拉顿召开的“七国集团”会议。不过，尽管中国是世界第四大经济体和第三大贸易国，但它仍然没有正式加入“七国集团”和“八国集团”。按理说不能把没有中国参加的“七国集团”视为全球经济的真正代表，因为它没有反映当时的经济金融实力格局，已经变得过时了。马丁·沃尔夫（Martin Wolf, 2007）在其《金融时报》（*Financial Times*）的专栏中以包括中国、欧元区、日本和美国在内的“四区集团”（G–4）取代了“七国集团”，以促进“领先经济体之间的全球对话”。我赞成这一建议。

一些国际领导人意识到“七国集团”的地位正在下降，由此催生了“二十国”集团（G–20）概念。这一概念在 1999 年 6 月 18 日的“七国集团”科隆峰会上被提了出来。“七国集团”各工业化国家的领导人声称，他们计划合作起来建立某种非正式机制，使那些对全局有重要影响的国家在布雷顿森林体系的框架内展开对话。七国领导人的意图是就事关全球经济的重大经济和金融问题拓宽对话渠道，其目的在于加强合作，促进全球经济的稳定持续增长，使各国都能从中受益。“二十国集团”正式成立于 1999 年 9 月 25 日的七国财长会议。1999 年 12 月，“二十国集团”在柏林举行了第一次会议，吹响了启动的号角。欧盟、国际货币基金组织和世界银行的代表列席了“二十国集团”峰会。法国和意大利政府反对“二十国集团”这一概念。它们给出的理由是这会削弱国际货币基金组织的权威。与此相反，它们支持成立新的国际货币金融委员会（IMFC）。美国和日本对这个新机构表示高度支持。英国虽然也支持，但有所保留，因为它害怕“二十国集团”实际上会削弱新的国际货币金融委员的地位，而且其前财政大臣戈登·布朗（Gordon Brown）也当选为国际货币金融委员会的首任主席。加拿大倾力支持“二十国集团”，很大程度上是想建立一个更加宽泛和正式的咨询机构，使其与其他超国家的制度框架结合起来，减少美国对它的控制。“二十国集团”最初两年由加拿大财长保罗·马丁（Paul Martin）担任主席，他宣布这一集团的使命是“促进各工业化国家和新兴市场之间就政策问题展开对话、研究和评估，以便加强国际金融稳定”。除了“七国集团”之外，它最初的成员国还有18个，其中有阿根廷、澳大利亚、巴西、中国、印度、墨西哥、俄罗斯、沙特阿拉伯、南非、韩国和土耳其。加拿大主办了2000年的第二次会议。这次会议决定，主席将从成员国中轮流挑选，每届任期两年，并且最初几任要从“七国集团”中挑选。经过这些年的发展，尽管有些成员国比另一些成员国更为活跃，但“二十国集团”已经成为了全球经济中的一支重要力量（Sobel and Stedman, 2006）。

在2003年世界贸易组织坎昆部长会议之前就诞生了另一个“二十国集团”。这个二十国联盟吸纳了凯恩斯集团（Cairns Group）的一些发展中成员国（阿根廷、巴西和泰国），它们之所以放宽市场准入条件是为了出口农产品。它还吸纳了其他的发展中国家（印度、墨西哥、玻利维亚和厄瓜多尔），后者关心的是如何保护国内市场免于进口猛增的损失。“二十国集团”的领导机制是合作性质的，由巴西、中国、印度和南非共同领导。中国算是“二十国集团”中较大的贸易国。它不仅在坎昆部长会议上而且在世界贸易组织日内瓦会议上发挥了重要作用。后者于2004年7月的最后一周举行，达成了“七月一揽子计划”或“七月框架协议”，恢复了垂死的多哈回合谈判。对于“二十国集团”的成员国来说，它们在坎昆会议上得到的教训是，为防止日后失败，必须组建精良的贸易经济学家团队，以筹备将来的部长级会议、多边贸易谈判以及其他重要的世界贸易组织会议，并为达成协议做好准备（Das, 2007a）。作为“二十国集团”的成员国，中国可以在制定多边贸易规则时发挥比以前更大的作用。不过，在多边贸易谈判的多哈回合谈判中，巴西和印度一如既往地比中国更为活跃。

亚太经合组织（APEC）1989 年由澳大利亚和日本联合创建，现在已经成为最重要的地区集团之一。这个集团有 21 个成员国，覆盖了四个大洲，包括 27 亿人口，占据了全球 GDP 的 57%和多边贸易额的 46%（APEC, 2007）。2005 年，它的成员国一致同意达成“茂物目标协议”(Borgor Goals)，规定到 2010 年实现发达成员国之间的自由贸易和投资，到 2020 年实现发展中成员国之间的自由贸易和投资。中国自 1991 年加入之后，一直是这个贸易量不断攀升的集团中相当活跃的成员，也是“茂物目标协议”的签约国。

尽管中国的经济不断增长，在全球政策方面的重要性和参与度也不断攀升，但相对于其经济总量和较高的地位而言，中国发挥的作用还是比较小的。当然，中国不再像以前那样抵触多边贸易组织了。在邓小平时代(1978—1994 年)，人们认为这些组织可能会扼制中国，因此最好与它们保持距离或者作为其中的消极成员国（Medeiros and Fravel, 2003)。随着中国在超国家制度框架中的作用越来越重要，人们普遍期待它在全球共同体中发挥与其全球经济地位相当的作用。迄今为止，中国还落后于这一期待，给人的印象是它还不情愿担任领导者。此外，全球最重要的经济大国都期待中国承担起全球责任，积极参与全球经济体系并为其持续健康发展贡献积极力量(USTA, 2006)。可是，虽然中国参加了“七国集团”财长和央行行长会议，这些经济大国还是“粗心大意”，没有邀请羽翼丰满的中国参加“七国集团”。

20 世纪 80 年代后期，中国发起了攻势，开始扩展双边关系。它与 18 个国家实现了邦交正常化，并与苏联的继承国建立了外交关系。在后邓小平时代，中国开始改变对世界的看法。中国的下一步是发展“不同层次的‘伙伴关系’，以促进经济和安全协作”。采用这种新办法取得的最大成绩就是在 2001 年与俄罗斯联邦签订《中俄睦邻友好合作条约》。在双边关系方面，中国在多边关系组织和安全问题上变得更加灵活，更加注重技巧。处事态度和方式的这种转变反映了“新近的中国领导人试图打破 1989 年之后的孤立状态，重塑形象，以维护和促进中国的经济利益”(Medeiros and Fravel, 2003)。

2

作为全球增长源泉的中国

20世纪的下半叶属于美国经济。它充分发挥了全球经济火车头的作用。作为一个说一不二、引领潮流的经济体，它对大多数经济走势产生了决定性影响。随着中国经济的快速增长，它已经成长为一个庞大的经济体，日渐全球化，开始影响全球经济的增长方向。作为生产链的一个重要节点，出口大量工业品的大国，外商直接投资的重要目标地（后来成为了对外直接投资的来源国），大量能源、原材料、消费品、矿产（比如铝、铁、铜、煤）和技术的消费国，中国将会对全球经济的供给面和需求面产生重大影响。我们不能再认为中国是国际商品价格的被动接受者了，因为它显然拥有影响国际商品价格的能力。这里的商品不限于原材料和制成品，而且也包括诸如商用客机这样的高价位高科技产品在内。2007年，中国成为这些产品的第二大市场，仅次于美国。由此看来，它对全球经济供给面的冲击明显是正面的，这一点也得到了国际和商业秘密会议的广泛讨论，与此同时，它的一系列需求也对全球经济产生了巨大影响。

中国对当代全球经济增长发挥了影响的证据是显而易见的。从1986到2006年，中国为全球GDP贡献了2万亿美元，创造了1.2亿个就业岗位(Aziz and Dunaway, 2007)。这些统计数据令人印象深刻，因为这意味着中国每年为全球经济贡献一个相当于葡萄牙那么大的经济体，而其创造的就业岗位也相当于澳大利亚的雇员总数。一个经常被援引的证据是中国在2000年到

2001 年期间对全球经济造成的影响。当美国所谓的 IT 泡沫破裂，全球经济陷入衰退时，中国对全球复苏的贡献是很大的。如果没有中国经济的强劲增长，这一全球衰退可能会很严重并拖延很长时间，因为在这个节骨眼上，另外两个较大的经济体欧盟和日本正面临着经济疲软，无法挑起大梁。

21 世纪第一个十年伊始，中国就被当成了仅次于美国的第二大增长引擎（参看本章第 1 节第 1 小节）。2000 到 2005 年期间，中国对全球 GDP 增长的贡献如果以购买力平价来计算的话，“比它后面的三个最大的新兴市场经济体印度、巴西和俄罗斯总和的一半还多”（*The Economist*, 2006）。为满足国内需求，中国进出口的商品数量庞大，而且还在不断增加，已经成了全球经济增长的一个重要源泉。2007 年下半年，不管以市场汇率还是购买力平价计算，中国对全球增长的贡献都是最大的，与美国经济增长的规模相当（WEO, 2007）。[89]

像 GDP 增长率这种较为笼统的计算方法很容易掩盖全球生产中的重要趋势。如果美国经济增长是平稳的，那么它的人均收入每年会增长 2%。尽管这个数字看起来很小，但 33000 美元的 2%就价值 660 美元，意味着每个人生产的商品和服务价值 660 美元。相比之下，如果中国经济增长率为每年 9%，那么它的国民每年生产的商品和服务约合 320 美元。在 1990 年到 2005 年这个全球化加快的阶段，中国和美国对全球经济人均商品和服务产出增加量的贡献都是最大的。有人结合两者的相对 GDP 增长率计算出中国在上述时期对全球 GDP 增长的贡献占 28%，而美国则占 19%（Dollar, 2007）。两者合在一起，创造了 1990 年到 2005 年全球 GDP 增长量的将近一半。2006 年到 2020 年期间，中国占据全球经济增长量的比例可能会更大。如果在这个时期中国的年均 GDP 增长率是 7%，并且世界上的其他经济体仍然保持它们在 1990 年到 2005 年期间的增长速度，那么中国会为全球 GDP 增长贡献 37%的份额。按照这一前景，美国为全球 GDP 增长作出的贡献将只占 16%。

尽管以市场汇率来算，中国 GDP 仍然只是美国 GDP 的四分之一，但是它的增长率正在稳步攀升。因此，中国对全球GDP增长率的贡献也将高于美国。根据世界银行的数据（WB, 2007），以市场汇率计算，2007年中国的贡献占16%。中国对全球增长的贡献如果用购买力平价汇率来计算的话就更高了，而购买力平价汇率也是衡量商品需求的一个较好的指标。

当然，美国经济还会是全球增长的一个重要引擎。不过，如果当前全球经济增长的趋势继续下去，中国和美国都将是未来全球经济增长的两个主要源泉，这毫无疑问是一个不错的发展趋势。正如上文所提到的，按照某些假设，中国发挥的作用可能比美国还要大。在2007年9月美国发生次贷危机和道琼斯指数大幅下调之后，美国的衰退已经在劫难逃。[90] 为全球经济增长寻找另一个引擎的需要变得更为迫切了。到2007年年末，人们开始把中国看作这种能够稳定全球经济的力量。

与此相关的另一个可能的趋势是，随着中国经济加强与其活跃的邻国经济的一体化（参见第2章）以及与其他亚洲高绩效经济体的合作，中国在未来可能会成长为全球经济的主要增长极。这一由中国领导的增长极可能会变成当代全球经济的驱动力。在21世纪余下来的这些年，在塑造全球经济大局的过程中，人们必将感受到其影响力。那时，如果有人认为全球经济环境更加依赖中国而非美国经济的表现，那也不会显得牵强。

3

影响全球经济的渠道

随着最近中国贸易和外商直接投资的迅速扩大，这两个因素已经成为了中国（继续）影响全球经济的主要渠道。前者可以通过贸易条件的变化影响其他经济体，而金融渠道的影响更为广泛。由于中国仍然是劳动密集型轻工业产品的出口大国，这种产品的世界市场价格变低了。中国成了这种贸易品的定价者。像中国一样拥有丰富劳动力的发展中经济体也出口劳动密集型的轻工业产品，并与中国出口的商品在第三国市场上展开了竞争。它们发现各自的贸易条件同中国的贸易条件完全相反。由于来自中国的激烈竞争，这些国家饱受煎熬。在极端情况下，中国的竞争压力甚至能使这些国家价格紧缩。这一逻辑通常会推而广之，导致这些发展中国家害怕自己的贸易条件极度恶化。甚至有人声称，中国的竞争会把其他发展中经济体的劳动密集型产品彻底赶出全球市场，这当然是一个令人沮丧的前景。这种想法使得一些分析家指出，中国的竞争压力要为 1997—1998 年的亚洲危机负有部分责任(Parker and Lee, 2000; Loungani, 2000)。与此相反，这一趋势也使那些劳动密集型工业品的净进口国得到了好处。这些发展中经济体将受益于中国产品的竞争性价格，从而改善它们的贸易条件。

第二，中国一直在对国内市场实施自由化政策，进口额也越来越大。中国国内需求的增长已经使那些向中国庞大市场出口产品的经济体受益良多。这些经济体从提价中得到了好处，也就是说，贸易条件转向了对它们有利的方向。从中国庞大且仍在扩大的进口市场中受益的，还有那些出口资本和技术密集型产品、食物、能源、矿产、原材料以及其他初级产品、中间产品乃至商业服务的国家。对商业服务部门的出口国来说，贸易条件可谓改善不小，因为中国在某些服务上的贸易量一直在迅速增加。通讯、金融服务和信息处理是增长最快的服务贸易领域；它们的进口有望快速增长（IMF, 2004)。[91]

中国人不断增长的需求提高了原油和其他一些商品的世界市场价格。进口原油等商品的国家已经败下阵来，因为它们必须支付更高的进口价格，这意味着它们的贸易条件恶化了。这个恰当的例子表明，一些经济体在贸易条件方面受到了不利影响。国际石油现货平均价（APSP）被中国和其他新兴市场的进口拉高到每桶 99 美元以上[92]，达到了有史以来的最高水平。2010 年，中国的原油消费量也超过了美国。许多商品的价格也被推到了超纪录的水平。原油等商品出口国也从贸易条件的有利转向中受益颇多。此外，像欧盟、日本和美国这样的资本产品出口国也有收获，因为中国对这些产品的需求正在不断增长。短期或中期之内，这一趋势有可能还会持续下去。

如果一个发展中经济体的出口结构与中国相似，它可能会丢失在第三国市场的出口份额，因为中国的贸易额在不断增加。但与此同时，这个发展中经济体对中国的出口也会增加。这将会抵消该经济体在第三国市场上失去的出口份额。而且，在发展中国家的国内市场上，中国那些具有竞争性价格的出口品也会改善该国的贸易条件。这个发展中国家在国内市场和中国市场上的所得，很可能会超过它在第三国市场上的损失。不过，这种情况发生的一个必备条件是，该国的出口品恰好是中国的主要进口品且进口品也正好是中国的主要出口品（Yang, 2006）。两项大规模的经验研究尽管方法有别，但都得出了一个结论：来自低收入发展中国家的不熟练劳动力密集型消费品，在第三国市场上面临着来自中国出口增长的激烈竞争。与此同时，中国经济的快速增长并没有引起对这些国家出口品的需求增加（Eichengreen and Tong, 2006; Ianchovichina and Martin, 2006）。原因在于中国国内生产这些商品的能力就很强。因此，中国贸易给低收入发展中国家造成的压力要大于高收入国家。

那些发现自己的贸易条件不利，且因为中国出口的增加而减少市场份额的发展中经济体可以采取一种防御性策略。它们如果正在被挤出劳动密集型工业品市场，那就应该努力爬升技术阶梯，生产并出口技术和技能密集型产品。生产资源方面的这种转变可以使它们的贸易免于中国的竞争压力。为此，它们必须在率先进口和运用技术以及开发人力资源上增加投资。

上文所述的贸易条件的变化将会影响各国国内外各部门产品的消费和收入分配。中国无技能或技能低的劳动力过剩，跟阿瑟·刘易斯（Arthur

Lewis）经济发展模型的假设相符。随着中国对全球经济影响力的提升，全世界的资本回报和高技能劳动力的回报必然要增加。中国的贸易扩张，也将导致全世界的无技能劳动力回报的降低。这一效应意味着某些国家的某些部门和社会经济集团将会无力招架来自中国的竞争。

由于中国在吸引外商直接投资方面具有强大的竞争力，它不可能很快退下这一高位，因此，人们普遍认为，中国可能会对其他发展中经济体的外资流入造成负面影响，即妨碍它们的经济增长。此外，中国从全球市场上吸收的一揽子私人资本一直在增加，而且未来还会持续扩大。2007 年，官方放开了对一揽子资本流入的限制，把资本限额从 100 亿美元提高到 300 亿美元。这给全球投资者提供了更高的回报，也给了他们投资组合多元化的机会。不过，这样一来，一些发展中国家就难以从全球资源中吸收稀缺资本从而与中国展开竞争了。这些发展中经济体的决策官员对中国吸走大量外资（以绝对量计算）的能力感到担忧，因为留给这些经济体的资本似乎所剩无几了。他们禁不住要把这看成一种零和博弈。

然而，并非所有国家都面临着这种处境。比如，对于那些可能投资于非洲、东欧和拉美的外商直接投资者而言，所谓的中国因素根本就不在他们的考虑之列。其次，可能有一些国家在加大对中国的投资的同时，也经历着补偿性的外资流入。经验证据表明，中国的近邻各亚洲经济体就是这种情况（参看本书第 2 章第 4 节第 3 小节）。生产网络的扩大和供应链的发展是这一趋势背后的主要驱动力。还可能有另外一个前景。在中国，新政策的核心是降低经济的投资率，扩大国内消费，因此，未来外资的流入可能会放缓。如果执行这种政策，企业和家庭就会增加它们在国外的一揽子投资和直接投资。处于这一资本外流终端的经济体将会从中国的资本外流中获得实实在在的好处。这一剧本能否搬上银幕，必将取决于中国实行资本账户自由化的时间、速度和形式。

中国的增长和全球一体化也可以通过示范效应产生积极的影响，据证实，这种效应对全球经济的影响是巨大的。作为一种正面激励，示范效应可能会激发其他发展中经济体加快要素积累和提高生产率，赶上中国的增长绩效。而且，来自中国的竞争压力也迫使它们以更加认真的态度进行宏观经济改革和结构调整。人们观察到印度等南亚国家直到最近才开始认真进行改革。它们启动了改革计划，但执行起来却拖拖拉拉（Das, 2007b）。不过，它们认识到中国的改革和自由化产生了实际效果后就努力多了，执行计划也更加认真了。这一效应对这些经济体的产出和福利造成的积极影响是一目了然的。

快速增长的中国经济还有一个积极贡献，那就是减轻了全球商业周期的震荡。中国在全球经济中的比重越来越高，而其经济却与工业化国家的产出增长趋势没有或只有很少的联系，这有助于减轻全球经济的周期性震荡。从1979年到2003年，中国的商业周期几乎与美国乃至全世界的商业周期没有关联。在这段时间，中国商业周期和全球经济以及美国经济的相关系数分别是0.0和0.2（IMF, 2005）。

4

“入世”及其影响

中国2001年加入世界贸易组织的一个无可争辩的结果，是它通过贸易和投资与全球经济保持着（如果没有加强的话）密切的联系。世界贸易组织成员国的身份把中国置于多边贸易制度框架之内。在筹备加入和执行“入世”条款期间（2001—2006年），中国降低了贸易门槛与商品和服务的非关税壁垒。这既增加了与中国进行贸易的机会，也增加了中国投资的机会。根据世界贸易组织条款，中国降低了许多产品的关税，而这些产品也是其他世界贸易组织成员国经济体的潜在出口产品。普遍实行的关税也低于规定水平。

正如在本书第 2 章第 3 节第 2 小节解释的，全球贸易分析项目（GTAP）是普渡大学（Purdue University）开发的一个可计算一般均衡（CGE）模型。尽管有一些局限，但它还是非常有用的。它详细计算了贸易额的地理结构和部门结构。在这个静态模型中，资源禀赋和技术是常量。有人根据 GTAP–5 数据库计算出，中国成为世界贸易组织成员国后得益最多的是欧盟、加拿大和美国（Ianchovichina and Martin, 2006）。这些收入中有将近一半是它们取消了对中国纺织品和服装的出口配额才得到的。实行配额政策成本极高，它不仅造成了国内经济的效率损失，而且把租金成本转移给了中国。这些国家和日本都从中国减少贸易壁垒中获益不少，因为减少壁垒提高了中国经济体系的效率，不仅使它成了超级产品供应国，而且把它变成了加拿大、欧盟、日本和美国产品的较大进口国。

最近几年，中国对诸如棕榈油、椰油、橡胶、香蕉、糖料等热带和亚热带产品的需求显著增加。就此而言，出口这些产品的发展中经济体将会扩大市场，提高这些产品的价格。在“入世”谈判期间，工业化经济体特别是美国坚持削减或消除服务贸易壁垒，而中国也接受了这个条件。所以，在商业服务部门，中国与这些工业化经济体的贸易必将迅速增加。

由于“入世”之后中国贸易体制进行了自由化，可以合理预期的是，一些发展中经济体和工业化经济体可能会增加对中国的出口额，尽管这些国家对中国出口的增加额并不一样。有的国家贸易额将高于过去，有的国家则没有变化。有人正确地指出，壁垒削减最为显著的是“工业化国家以及较发达的发展中国家（比如巴西、印度和俄罗斯）拥有比较优势的那些产业”（Yang, 2006）。汽车产业和重化学工业等过去都是重点保护的产业部门。与此相似，新兴市场经济体对中国出口的基础电子产品（例如 DRAM, SDRAM, motherboards, graphic video cards, PCMCIA cards 等）也会显著增加，因为对它们快速增长的电子部门和出口来说，中国对基础电子产品的需求会显著增加。中国加入世界贸易组织之后，工业化经济体和新兴市场经济体可能从贸易中获得的好处要多于其他经济体。

在“入世”之前，中国对矿物和矿产品征收的关税很低。不过，在“入世”之后，中国必须开放这一商品市场。这样一来，这些产品就有望扩大出口市场规模。出口这些产品的发展中经济体所面对的市场潜力将比过去更大。中国的庞大需求已经抬高了全球矿物和矿产品的市场价格，出口这些产品的发展中国家也从中得到了好处。硬币的另一面，是作为矿物和矿产品净进口国的发展中经济体不得不因为世界市场价格的提高而增加支出。与此相似，像阿根廷、澳大利亚、巴西和印度尼西亚等出口铝土、木材等初级产品的国家也将受益于中国经济的增长。

不断增强的国际竞争力和全球影响力

中国出口的繁荣充分反映了中国国际竞争力的增强，这不仅引起了亚洲各个经济体的关注（参看本书第 2 章第 2 节），而且引起了全球其他经济体的关注。竞争力概念并非没有矛盾（Krugman, 1994）。在这里，它仅仅是指一个经济体的升级提升了该国企业的竞争优势。这种优势给了生产商左右世界市场的能力（Porter, 1990）。中国竞争力的迅速提升不是由某一个因素引起的，而是多种因素综合作用的结果。这些因素包括较低的工资，无技能劳动力的自由流动和充分供给，较低的运输和交流成本，外商直接投资的大量流入，以国外管理技术为支撑的生产能力，庞大的国内市场，对世界市场的开放政策，以及对外向型增长策略的熟练运用。人们普遍认为，人民币的严重低估提高了中国的出口竞争力，尽管对于是否低估还存在着严重的分歧(参见本书第 5 章)。在现阶段，即使人民币汇率不再低估，中国仍有可能保持竞争力和出口增长。长期以来，从农村地区不断流入的廉价劳动力支持了中国的竞争力。在将来，中国具有竞争力的出口品仍将取代来自全球经济其他次级区域的低成本出口品。

就产品质量和设计而言，中国企业已经逐渐精通于生产所谓的世界级产品了。某种自由的、设计巧妙的外商直接投资策略以及外商投资企业的庞大规模，推动了这一提升国际竞争力的过程。中国的出口或是转向了先进技术产品，或者具有更高的技术含量，这在早期阶段大大提高了中国的竞争力。此外，有些学者还把中国庞大并仍然在扩大的国内市场看作“暗藏的王牌”(Adams et al., 2006)。形形色色的外国公司努力进入中国，不仅是为了利用它作为低成本出口基地的潜能，而且也是为了让自己做好准备以迎合潜在的巨大需求。在新兴市场经济体中，只有几个国家具有可与中国匹敌的市场潜能。

中国将对许多发展中经济体的两个工业部门造成强烈的负向冲击，这两个工业部门是纺织服装业和电子产业。在这两个领域中，中国都具有强大的竞争力，大多数发展中经济体都发现难以望其项背。未来的事态仍将如此。在《多种纤维协定》废除之后，中国纺织品和服装的出口扩张将以亚洲和拉美的其他发展中出口国为代价。根据《纺织品与服装协定》（ATC），2002 年取消了一些纺织品的配额，2005 年又废除了《多种纤维协定》。结果，就这些产品而言，中国的出口迅速增长，而许多发展中经济体却丢掉了它们的市场。孟加拉、哥斯达黎加、尼加拉瓜、巴基斯坦和越南等国仍在扩大的纺织品和服装部门，将在出口这些产品时遭受严重的挫折。有学者利用 GTAP–5 数据库进行了相关研究（Yang, 2006），还有学者运用 25 个部门的可计算一般均衡模型进行了类似的研究，这两项研究都证明来自中国纺织品和服装的竞争损害了所有的发展中经济体，占领了它们的产品市场。在这方面，未来也不大可能有什么变化。靠近终端消费者也许会起一些作用，就是说，中国的竞争对尼加拉瓜纺织品出口的影响与对越南纺织品出口的影响是不同的，因为前者与美国市场的关系更为密切。一些发展中国家或许会专门生产因靠近终端市场而具有比较优势的产品，对于它们来说，中国竞争力的提高可能也没什么影响。

中国也是世界贸易组织《信息技术协议》（ITA）的签约国。它的电子产业竞争力很强，而且有望继续迅速扩张。大多数发展中国家将会发现很难与中国展开竞争，中国的成功将以它们的损失为代价。不过，乌云背后还有一丝光亮：中国也是电子业中间零件的进口大国，这将增加其他新兴市场经济体的初级和中间电子产品出口。韩国、中国台湾和新加坡等国家和地区都向中国大陆出口大量零部件，它们将从中国的进口增长中获得好处。中国对高端电子零部件的需求将逐渐增长，这将给中国与其他主要新兴市场经济体的电子商品生产商之间的产业内贸易提供推动力。这里所指的新兴市场经济体是指比中国技术更为先进的国家。此外，20 世纪 90 年代以来，在信息通讯服务、IT 企业外包服务（ITES）、软件等专业服务部门，印度等经济体也从与中国发展贸易的领域中获益匪浅。

5

对外直接投资与“走出去”战略

20 世纪 80 年代中期，中国企业开始在其他工业化国家和发展中国家及新兴市场经济体展开投资，它们的绝大部分资金都流入了邻近的亚洲经济体、澳大利亚、美国和加勒比海的两个岛，后者都是著名的金融中心。接着，拉丁美洲和非洲经济体也有来自中国的对外投资。20 世纪 80 年代中期，对外投资只有微不足道的 1 亿美元。到 2005 年，对外投资达到了 123 亿美元，对外直接投资的国外存量为 572 亿美元，占中国 GDP 的 2.6%。作为新的对外投资国，中国只占全球对外直接投资国外存量的 0.5%（UNCTAD, 2007）。[93] 中国目前的外汇储备达到 1.4 万亿美元[94]。随着“走出去”战略的实施，在可以预见的将来中国必将成为最大的外资来源国之一。

中国大陆企业的对外投资始于 20 世纪 80 年代中期对香港和澳门地区的投资。那时，它们不仅缺乏对外投资必备的知识和经验，而且缺乏外汇。政府对外汇流出采取严格的管控措施。20 世纪 80 年代后期，政府开始采取灵活的措施促进对外直接投资。中国企业的对外投资主要采取提供生产设备、技术、原材料和加工材料的方式。到 1990 年，所有的对外直接投资项目总额还很小，只是 500 万美元多一点。自此以后，对外投资项目的数量和金额迅速增加。到 2000 年，中国企业已经在 140 个国家投资了 6296 个项目。在 2005 年，就对外直接投资的存量而言，中国香港是最大的投资目的地，接下来是开曼群岛和英属维尔京群岛，再接下来则是韩国、美国、中国澳门和澳大利亚（UNCTAD, 2007）。邻近的亚洲经济体，尤其是中国香港，仍然是最受中国大陆企业欢迎的投资目的地。拉美紧随其后。直到最近，非洲才加入了这一行列。

无论选择对外直接投资项目是否从敏锐的商业触角出发，它都是基于这样一个事实，即三分之一的项目回报率是正的，还有三分之一的项目不赚不亏。对外直接投资不仅是中国企业在全球市场上的一种经营和竞争模式，也是中国日益提升的全球地位的一个组成部分。受扩大市场、资本以及寻找资源的目标驱使，中国企业对对外投资的兴趣越来越大。在这方面，20 世纪 90 年代后期实施的“走出去”战略鼓励和支持了它们。这是一种全面的策略，包括为投资企业提供银行优惠贷款，简化各种手续，实施优惠税收政策和特别的贸易法规。2004 年，中国制定了许多法律法规鼓励对外投资。此外，国家发改委和中国进出口银行（EIBC）也开始合力推动对外直接投资。[95]

中国官方意识到其巨大的外汇储备可以用来为有利润、有效益的对外投资服务。在投资于低收益的流动资产（如美国政府公债）之后，中国一直在为全球投资寻找高收益的项目。2004 年，联想以 12.5 亿美元的价格收购了 IBM 的个人电脑业务。这桩引人注目的交易，预示着中国试图通过大张旗鼓地购进高价值资产提高回报和改善全球地位的雄心壮志。2005 年，中石油进行了另一桩大型的全球投资，以 41.8 亿美元的价格收购了加拿大哈萨克石油公司（PetroKazakhstan）。2007 年年中，银行业巨头试图收购英国第三大银行巴克莱银行（The Barclays Bank）：政府经营的国家开发银行（CDB）宣布投资于巴克莱银行（*The Economist*, 2007）。在这笔交易中，国家开发银行的总投资额高达 98 亿欧元。这是中国最大的一笔海外投资，国家开发银行以 22 亿美元持有巴克莱银行 3.1%的股份，而且其股份总额还有望继续增加。

6

中国参与全球一体化的模型分析

鉴于问题的重要性和测量技术的提高，人们建立了很多模型分析中国融入全球经济的效应。许多研究都试图对中国参与全球一体化的效应进行量化分析。在这方面，人们不仅提出了很多理论，而且采用了多种分析技术，这些都有助于研究者改进他们的技术。此外，计算机的计算能力和数据处理能力也在不断提高（Piermartini and Teh, 2005）。不过，由于缺乏数据和信息，很少有研究对商业服务部门的自由化和贸易扩张的效应进行评估。限于篇幅，我在这里就不详述这些研究及其经验和计量分析的全貌了，只简单提一提它们的结论。可计算一般均衡模型是分析经济效应的常用工具。正如上文所述（本章第 4 节），全球贸易分析项目是一种有用的可计算一般均衡模型。它可以被改进，由此产生了很多变体。人们已经用许多改进模型对中国对全球经济产生的影响进行量化分析了。

在早期的效用研究中有两项简单的调查，即经合组织（OECD, 2002）和相关学者（Gilbert and Wahl, 2002）的研究，两者分别评述了 16 项经验研究和 30 项研究。在有些人看来，这些调查也许有点过时。而且，制作这些模型的分析家也不了解中国“入世”协议的条款。尽管这些研究的结论大相径庭，但贯穿它们的却是一条共同的线索，即中国和全球经济都将因为中国参与全球一体化而增进福利。中国经济的福利收入大多来自国内经济的改革、结构调整和单边自由化。

国际货币基金组织制作的一个较大的模型全面考虑了“入世”条款。它运用了更新的 2002 年双边贸易流动和宏观经济总量数据和一个 GTAP–5 模型。这项研究试图对 2020 年以前全球经济各个地区在各种处境中的贸易条件和贸易流动的效应进行量化。为此形成了一个包括 10 个地区、7 个部门在内的全球贸易分析项目。这一研究指出，如果中国参与全球一体化的过程进展“较快”，到 2020 年中国在世界 GDP 和贸易中的份额将会翻倍，在亚洲新兴工业化经济体中，中国的 GDP 增长也会加快，而工业化经济体的份额则会下降 10%。按照这种假设，中国将是最大的受益国。如果不计贸易条件的恶化，中国的总福利将会迅速增加。此外，在这种情况下，像南亚这样劳动力丰富的地区将会苦于中国的竞争压力，商品进口国也会因为价格提高而遭受损失。这些地区将会是纯粹的失败者。总体而言，非洲和中东将会因石油和商品出口而受益。拉美经济体将受惠于贸易模式的转变。在所有这些地区经济体中都会出现结构调整，1%—2%的劳动力将会转移到别的部门。如果中国参与一体化的过程进展“较慢”，中国的年均增长率将会令人难以置信地下降到 2.5%。在这种情况下，到 2020 年，中国的 GDP 份额将会保持不变，它在世界贸易中占据的份额也只会稍有不同（IMF, 2004）。

国际货币基金组织的结论（2004）看起来是有道理的，它表明，中国迅速融入全球经济所产生的总体福利效应与此前日本、亚洲新型工业化经济体和东盟四国参与全球一体化所产生的效应是一样的。长期预测显示，“中国在全球经济中发挥的作用可能比这些经济体要大得多”。根据这一模型得出的结论，对全球经济其他部分的影响尽管是有益的，但并不太大。虽然个别部门会遭受重创，但这些成本大部分将被其他部门所获得的收益抵消。从根本上看，这些经济体的福利收入将是正的。最终，中国的“迅速”融入也将大大提高全球经济的生产率以及由此带来的收益。

经合组织最近提出的一个可计算一般均衡模型量化了中国的迅速增长对30个经合组织成员国经济的影响。这一模型比迄今为止的所有研究都更为全面，预测也更为大胆（OECD, 2006）。中国与欧盟、日本和美国的经济联系尤其是贸易联系非常密切，因此，期待中国与这些经济体之间的互相影响将会相当大是合情合理的。中国是日本最大的贸易伙伴。它与许多经合组织成员国也保持着密切联系；在大多数经合组织成员国的贸易伙伴中，它位列前三。

这一模型把投资尤其是对外直接投资对中国发展模式的影响计算在内，还考虑了服务部门自由化的影响。这一分析运用了GTAP–6.1 Interim Release数据库和FTAP模型[96]研究对外直接投资的影响。GTAP–6.1数据库涵盖了57个经济部门和92个国家的数据。此外，这项研究还引入了双边资本存量矩阵以便对服务部门的自由化进行分析。

这一模型还考虑到了一些现象，其中包括中国主动参与全球生产网络对全球经济产生的影响，对世界市场价格产生的影响，中国和全球其他经济体国内生产率的迅速提高以及贸易条件的变化，等等。结论显示，模型所分析的那些部门的自由化使中国的实际收入和人均福利上升了3%。与此相比，经合组织成员国的经济受到的影响却是有限的。最大的直接影响就是，那些与中国的贸易和投资联系密切的经合组织成员国提高了出口量，但仍然面临着很多的市场准入壁垒。这一影响对日本、澳大利亚和新西兰较为重要。中国的自由化将对经合组织成员国经济产生的第二个效应是，中国出口到这些国家的商品竞争力的提高将改善它们的贸易条件。许多经合组织成员国的经济将可以以更好的价格进口它们的中间商品。必须指出的是，这一分析没有计算中国增长的动态效应，因此，它“可能低估了中国参与世界经济一体化的影响”(OECD, 2006)。[97]

7

如何与中国共舞：制定有用的策略

本节将论述如何与迅速扩张的中国经济共存、怎样应对它甚至从中获利。乍看起来，这似乎是一项难以完成的任务。不过，哪怕冒着过于简单化的危险，我也要宽泛地提出一个“两步走”的策略：首先，政策官员应当认识到中国的快速增长同时包含着挑战和机遇；其次，应当以灵活的方式创造性地适应这些挑战和机遇。在这种处境下，灵活性是一个极为有用的政策变量。此外，为了应付中国快速的经济增长并从中获利，宏观经济政策和微观经济策略必须能够促进生产资源的快速流动。政策制定者应当创造一种宏观经济环境，使企业“能够进行试验，扩大成果并避免失败”(Winters and Yusuf, 2007)。尽管我提出的策略比较宽泛，仅仅是指导性的，但作为一种学术性的回应，它的含义却是极为丰富的。要制定一个精良的策略，必须对相关国家的发展状况、收入水平和资源基础有充分的了解。正是这些变量决定了一个国家与全球经济互动的方式。让我们以收入较低、资源丰富却缺少人力资本的发展中经济体为例来进行说明。对于这些发展中经济体而言，发展可以与中国展开竞争的低技术工业部门是可能的，因为它们的劳动密集型制造业可以实行低工资。由于中国东部和南部省份的迅速工业化，工资一直在不断提高，尽管西部和北部的偏远省份并不是这样的。就中期来看，当中国的工资高到不能使劳动密集型制造业部门保持竞争力的水平时，这些发展中国家将会面临一个机遇。非洲和亚洲的一些发展中经济体就属于这一类，它们从中国工资水平的提高中看到了机会。历史上并不是第一次出现这种情况，而是有先例的。20 年前，中国从亚洲新兴工业化经济体的工资提高中得到了好处。采取这一策略的先决条件是，这些发展中国家必须提高管理水平，开始或加强工业基础设施建设，消除阻碍工业增长、抑制效率和扰乱宏观经济环境的官僚主义。它们还必须达到进口国消费者所要求的质量标准。非洲和亚洲那些满足这些先决条件的发展中经济体确实会把中国的快速增长视为一种机遇，因为中国将是其产品的一个庞大进口市场。

由于中国已经成为能源、矿产、商品和自然资源的进口大国，作为这些基础项目出口国的发展中或工业化经济体，其本国货币的实际汇率将随着出口的增加而提高。不过，这也有不利的一面。如果这些进口国是发展中经济体，它们就会在发展劳动密集型制造业部门时面临一些困难。撒哈拉以南的非洲经济体自 21 世纪第一个十年中期就处于这种境况中了。由于基础部门出口收入的增加，这些经济体的低技术劳动密集型产品的出口便停滞下来了。

对亚洲和拉美的中等收入国家来说，中国的经济崛起是对它们的巨大挑战，因为中国正在占领它们的产品市场。中国将来可能继续扩大对这一市场的占有率。这些经济体虽然国民受教育水平与中国相当，但是工资高于中国。因此，它们过去虽然在一些部门中拥有比较优势，现在却不得不抛弃市场另谋出路了。不过，它们不一定是失败者。到目前为止，这些经济体还是可以与中国在技术密集型产品的生产上一较高下的。通过不断提高人力资本开发效率，它们就能够保持这种竞争力。而且，向高科技产品转移并加大在这些产品上的对外投资力度也将是战胜中国的一个有用策略。

许多拉美经济体无法应对中国的竞争。在这种竞争压力下，很多拉美企业停产了（Alvarez and Claro, 2007）。对于拉美经济体来说，投资于企业职工技能和技术的提高才是正确的出路。来自中国的竞争压力对亚洲新兴工业化经济体没有妨碍，这是因为它们在人力资源禀赋和开发以及技术精度上都领先于中国。为了保持这种领先优势，它们在不停地进行努力。它们意识到，如果不能领先于中国，它们就会丧失市场份额。拉美各经济体也应该效仿亚洲新兴工业化经济体，注重技术素质的提升、产品组合的多样化、人力资源的培养和产品质量的提高。同时，它们还必须集中精力提高国内企业的设计能力。

高收入的工业化经济体无须出于政治动机对经济进行笨拙的干预，就可以面对崛起的中国的挑战了。如果它们以现实主义的态度看待中国的力量，那么今后 20 年它们都无须过分担心高科技的技能和知识密集型工业、商业服务部门将会面临竞争，因为这正是中国经济的薄弱环节。为了建设这些工业部门，工业化经济体培养了受教育程度较高的劳动力，储备了大量知识，并长期对研发进行大量投资以支持创新。显然，这些国家在低技术产品生产上已经失去了比较优势，成为中国产品的进口大国，并从进口低价商品中得到了好处。尽管美国对华贸易赤字不小，但这在很大程度上是因为美国的储蓄太低，而不是因为中国设置了贸易壁垒。此外，由于中国正在努力调整经济结构和继续刺激国内消费，中国发展的势头在不远的将来应该也会减下来。[98]

我们也不能认为工业化经济体的经济将会停滞不前。在接下来的 20 年里，它们将在高科技的技能和知识密集型工商业部门中取得比较优势，这些部门将给它们带来收益，尽管它们将丧失中低端工业品的国内市场。中国很可能成为高科技的技能和知识密集型工商业产品的巨大市场。19、20 世纪两个世纪的工业史表明，全球经济经常会发生这种动态调整。

最后，正如我们在本章第 1 节第 1 小节提到的，没有一个国家能够生产一切商品或者提供所有商业服务。资源丰富、增长迅速的中国经济也能够找到自己拥有比较优势的领域并从中获利。同样，它也会发现自己在某些其他经济体拥有比较优势的领域中不具有比较优势。当前，中国正在实现从较低的收入和发展水平到高速扩张的跃升，大多数经济体也正在适应这种局面。在这个变动期，一些经济体的成本会高于所得到的收益。情况不会总是这样，没有必要相信反华言论。

8 结 论

最近 30 年，中国的重要性迅速提升，它已经从全球经济的边缘跻身到了中心。在可以预见的将来，这种进步可能还要全面持续下去。30 年来，宏观经济的改革、持续的增长和对全球一体化进程的参与再加上无与伦比的丰富资源和强大的制造业把中国变成了一个全球量级的经济强国。人们常常拿中国的重新崛起和它的经济地位与经历“奇迹”的亚洲经济体的增长表现相提并论，但后者是在第二次世界大战后形成今天的地位，并在全球经济中占据一席之地的。一个更为恰当的比较是把中国的经济崛起与一个多世纪前的美国相比。中国的增长表现比得上美国和英国，这一点也得到了两个经济体和 1978 年后中国历史增长数据的证实。中国的快速增长所产生的实际影响是扩大了它在全球生产、投资和贸易中所占的份额。

在短短 30 年的时间内，中国已经成长为世界第四大经济体和第三大贸易国。现在，它正努力为自己在全球经济中开发新的领域，谋取新的地位。我们不能称之为错乱或者扰动。这是中国的迅速增长引起的全球经济结构的根本性调整。中国经济地位的日益提高以及它参与全球经济的程度日益加深就是在为全球经济创造新的均势。

中国可能会赶上美国，这当然是事关地缘经济和政治格局的一件大事。看起来，在不远的将来就会形成新的均势。尽管中国的经济崛起引起了一些国家的极度愤慨，但世界舆论并没有为此而感到诧异，而是以比较温和的实事求是态度接受了它的崛起以及它对全球的影响。中国的决策者有意把它打造成一个软霸权。“和平崛起”的地缘战略立场得到了中国政治家和战略家的支持，他们希望中国将来能够成为一个负责任的、温和的大国。这种学说的基本假设是，中国可以也应当实现经济崛起，并以和平的方式谋求经济超级大国的地位。

尽管中国经济在不断增长，中国在全球政策制定过程中的重要性和参与度在不断提高，但相对于其经济份量和较高的地位而言，它到目前为止发挥的作用还相对较小。当然，中国已经不像以前那样反感多边组织了。然而，正因为它的缺席，它追求主导大国地位的愿望才显得越发明显。

当前，中国已经成为了全球增长的源泉。中国对当今全球经济增长产生影响的证据是显而易见的。有人认为，中国是仅次于美国的第二大增长引擎。尽管它不可能取代美国成为第一大经济强国，但通过与其他亚洲高绩效经济体的合作，中国很有可能在将来成为全球经济最重要的增长极。这个由中国领导的增长极或许会成为当今全球经济的驱动力。在 21 世纪余下的数十年内，人们必将在全球经济格局的重构中感受到中国的影响力。中国经济的快速增长作出的一个积极贡献是减弱了全球商业周期的幅度。中国在全球经济中的份量越来越重，但它与工业化国家产出增长趋势的联系很少或没有联系，这有助于减轻全球经济的周期性震荡。最近，随着中国贸易和对外直接投资额的迅速扩张，这两个因素已经成为中国影响（并将继续影响）全球经济的两个重要渠道。前者可以改变其他经济体的贸易条件，而金融渠道的影响则更为宽泛。

无可争议的是，2001 年中国加入世界贸易组织之后，它通过贸易与投资继续参与了（如果力度没有加强的话）全球经济一体化。世界贸易组织成员国身份使中国加入了多边贸易制度框架。经验研究表明，中国加入世界贸易组织之后，从中获利最多的是欧盟、加拿大和美国。这些收入中有将近一半是因为它们取消了对中国纺织品和服装的出口配额。

在“走出去”的过程中，中国企业开始投资其他的工业化和发展中国家以及新兴市场经济体。它们的大部分资金都流向了邻近的亚洲经济体、澳大利亚、美国以及加勒比海的两个岛，后者都是著名的金融中心。此后，中国对外直接投资开始流向拉美和非洲经济体。中国企业还一直在大规模地并购世界级资产。为评价中国参与全球一体化的影响，人们提出了各种模型。本章简要地论述了这些模型得出的结论。

本章结尾概述了与迅速扩张的中国经济共存以及应对的典型策略。尽管有人可能会批评我过于简单化，但我还是提出了一种宽泛的“两步走”战略。首先，政策官员应当认识到中国的快速增长既意味着挑战，也意味着机遇；其次，他们应当以灵活的方式创造性地适应这些挑战和机遇。在这种情况下，灵活性是一个很有价值的政策变量。此外，为了应对中国的快速增长并从中获利，必须采取宏观和微观经济政策促进生产资源的快速流动。政策制定者必须创造一种宏观经济环境，使企业能够进行试验，扩大成果，同时也能避免失败。

第 4 章

中国的复兴与跨太平洋地区宏观经济的失衡

The Chinese Economic Renaissance

1

全球宏观经济的失衡

全球宏观经济失衡并不是一件新鲜事。全球经济之前就已经面临着国际收支严重失衡和难以调节的问题。中国对美国持有商品贸易和经常账户的顺差规模巨大且仍在增长。尽管中美宏观经济失衡已经持续了很长一段时间，规模也是前所未有，具有进一步持续和恶化的危险，但是第二次世界大战后已经出现过大量类似的经济发展失衡现象。中美经济失衡在当下或者将来的某个时候是否会成为全球经济的危险？这个问题已经在学术界引起了激烈的讨论，也得到了大众的广泛关注。《金融时报》编辑马丁·沃尔夫建立了名为“非同寻常之现状”的主题网站。

金融全球化加剧了这些失衡现象。金融全球化带来的影响之一就是全球金融市场变得规模更大，充满了更多的流动性。持续的金融全球化和新金融工具的发展使一些经济体可能出现经常项目失衡。在完全全球化的金融市场中，全球经济失衡不会持续很长时间，市场力量就会顺利地解决这一问题。由于跨太平洋地区贸易和经常项目失衡在数量上最大，因此学术界和政策制定界对这一现象极为关注。本章主要探讨全球经济失衡现状，特别是美国经济双赤字和中国经济对应的双顺差。

国际货币基金组织将高于 GDP 绝对值的 2 个百分点，并持续至少 5 年时间的经常账户失衡定位为大规模持续失衡(WEO,2007)。[99] 根据这些标准，《世界经济展望》(2007 年）发现第二次世界大战后工业化经济体中共有 42

个扭转大规模持续性对外赤字案例和36个扭转大规模持续性对外顺差案例；新兴市场经济体共有49个大规模持续失衡案例；石油出口型经济体中有15个大规模持续性失衡案例。此外，在所有不同的经济体组别中，还有20个大规模持续顺差案例，包括瑞士长达20年的经常项目顺差。因此，认为全球经济长期存在失衡未尝不是一种正确的论断。

这些失衡即赤字与顺差产生和持续的原因，通常是国内政策和外部政策的误判和矛盾。尽管研究人员非常关注对工业化经济体和新兴市场经济体外部失衡案例的研究，但是他们关注的重点是经常账户赤字和如何扭转赤字局面。[100] 当宏观经济出现大量失衡时，尽管通过宏观经济的外交手段可以带来合作解决方案，但是对责任承担的分歧常常使失衡长期延续。经济学家（Das,1992）常常深入研究和分析的两个著名宏观经济合作事例分别是《广场协议》（1985年9月）和《卢浮宫协议》（1987年2月）。

到2000年，跨太平洋地区宏观经济严重失衡，世界货币基金组织两年出版一次的《世界经济展望》就长期失衡及其负面影响发出了警告。美国存在巨额经常账户赤字，而中国、日本以及一些新兴市场经济体则保持顺差。欧元区国家的经常账户并未出现严重的失衡，仍然保持基本平衡，它们也不期望失衡现象的发生。欧元区货币对美元大幅升值，自2002年初以来，欧洲央行从未干预过外汇市场，任欧元自由升值。它们期望在2001年全球经济衰退之后，跨太平洋地区和其他地区的经济失衡能够逐渐减少，恢复常态。然而，尽管2002年之后，各国为全球经济复苏都付诸大量努力，然而经济失衡仍在持续恶化，创下新高，人们担心如此将会引发经济和金融的动荡。

在这种背景下，我们有必要谈一谈全球金融领域最近出现的结构性变化。过去，通常只有成熟的工业化经济体才能积累大量外汇储备。直到20世纪60年代中期，美国仍然是唯一拥有大量资本顺差的经济体。因此，美国是“布雷顿森林体系”流动资金的主要来源也就不足为奇了。然而，全球金融市场呈现出新的特征，即石油输出国组织和一些属于发展中国家的新兴市场经济体先后积累了大量外汇储备。新兴市场经济体从资本净输入国到净输出国的转变与经济理论并不相符。这显然是资本上升运动的案例，与历史上资本流动模式大相径庭。这一新现象反映了全球经济的长期变化，全球经济迈入了第二次世界大战后金融全球收支体系的新阶段。这一长期变化产生的原因在于新兴市场经济体的政策注重加强外汇储备积累，把这当作遇到类似 1997—1998 年“金融危机”的危机时的缓冲手段。此外，积累大量外汇储备还可以帮助提高新兴市场经济体在全球金融市场上的主权信用评级（Bernanke, 2005）。

在“布雷顿森林体系”（1948—1973）下，汇率与美元挂钩，资本流动性较低，全球金融市场仅向少数几个工业化经济体开放。在国际清算银行和各国中央银行的协助下，国际货币组织确保赤字国家能够获得充足的国际收支平衡资金，唯一的限制条件是该国的赤字规模不能过大，并且要执行被认为是好的政策。从第二次世界大战的废墟中恢复之后，欧洲经济体实现了货币自由兑换，有能力进入全球私人金融市场。只剩下发展中经济体还在利用国际货币基金组织维持它们的国际收支平衡。1973 年后，由于石油价格上涨了 4 倍，石油输出国组织成员国逐渐保持巨额经常账户顺差，私人资本市场特别是大型跨国银行，成为这些顺差流向发展中赤字国家的中间渠道。这是国际收支平衡融资私有化的开端，导致市场规则逐渐取代了官方规则。在这个过程中，国际货币基金组织保障执行规范或者正确政策的作用明显弱化，从而在 20 世纪 80 年代和 90 年代引发了多次金融危机。20 世纪 90 年代末以来，一些新兴市场经济体也开始积累了大量的出口导向型经常账户顺差。从那时起，全球金融市场和“布雷顿森林体系”发生了巨大变化。新兴市场经济体成为满足赤字经济体金融需求的一个来源。本书第 1 章第 5 节中已经指出，中国已经成长为最大的外汇储备国。[101] 金融全球化促进了全球金融市场这一新趋势的发展。当今的全球金融体制完全不同于第二次世界大战后最初的“布雷顿森林体系”，经常被称为“后布雷顿森林体系”。

2 中国经常账户顺差的持续与规模

全球经济出现长期变化主要基于前文提及的两个原因，一个是亚洲“金融危机”（1997—1998 年）后亚洲高绩效经济体投资的崩溃，另一个是亚洲金融危机促使了这些经济体国内储蓄的增长。从总体水平来看，亚洲高绩效经济体从赤字国家转变为巨额顺差国家，其储蓄—投资率的变化造成了全球储蓄过度供给，这也是全球经济长期实际利率保持低水平的原因。由于这些新变化，全球储蓄和投资出现了新的趋势。储蓄和投资行为的变化对全球经济经常账户失衡，包括中美之间经常账户失衡产生了非常重要的影响。

我们在本书第 1 章第 1 节第 3 小节提到，长期以来中国一直是高储蓄的经济体。近年来，中国的储蓄进一步增长，占到 GDP 的将近 50%。由于企业利润不断增长，企业储蓄自 2000 年以来进一步增长。中国企业储蓄增长的因素，包括 GDP 的快速增长、低利率、单位劳动成本的下降和职工福利水平的降低。这还伴随着资本形成总额的增长和经常账户顺差的扩大。从 1982 年开始中国编制经常账户统计数据。直到 1990 年，中国经常账户都没有显示出类似的趋势，每年都有所发生变化，先出现少量赤字，后又产生适度顺差。1989 年是中国经常账户出现赤字的最后一年。1990 年的统计数据显示，中国经常账户顺差达到 120 亿美元。此后，尽管波动时有发生，但是中国经常账户顺差依然稳步增长。1997 年，中国经常账户顺差达到 297 亿美元，2001 年又下降至 174 亿美元。由于受到 2002 年之后的经济适度刺激，自 2001 年以来，中国经常账户顺差增长迅速，2002 年是 354 亿美元，2003 年达到 459 亿美元，2004 年达到 687 亿美元。[102] 2004 年，中国经常账户顺差占到 GDP 的 2.9%。尽管所占比重并不高，但与过去相比，中国经常账户顺差的持续增长令人印象深刻。

2005 年，中国经常账户顺差同比增长了 2.5 倍，达到 1608 亿美元，占到 GDP 的 7.2%，创下历史新高。2005 年至 2006 年，这一数字再次飙升了 60%，达到 2500 亿美元，占到 GDP 的 9.5%。这一数字比日本在快速增长期所达到的最高值——1986 年日本经常账户顺差占 GDP 到的 4.3%——还要高出 1 倍多。如果再计入长期流动资本（对外直接投资）的话，中国基本国际收支顺差在 2006 年占到 GDP 的 12%（Wolf, 2007）。即使在石油价格上升期间，[103] 中国经常账户顺差依然保持着增长的态势。2005 年，中国略微落后日本，成为世界第二大顺差经济体。由于许多产业部门的比较优势和强大竞争能力，中国有可能在可预见的未来保持巨额贸易和经常账户顺差。在三个主要工业国家即欧盟、日本和美国的市场上，中国的市场份额得到明显提高。根据经合组织（2007）的预测，中国经常账户顺差将在 2007 年和 2008 年分别占到 GDP 的 10.2%和 10.6%。

中国国际收支的显著特点是 20 世纪 90 年代中期出现双顺差，即经常账户和资本账户都出现顺差。资本账户顺差实质上是因为外商直接投资的流入，而经常账户顺差则主要因为是进口与出口之间的顺差。中国的储蓄率高于投资率，高储蓄率引起周期性的经常账户顺差。自 20 世纪 90 年代中期以来，储蓄与投资之间的差额一直持续并且继续扩大，从而在很大程度上产生了经常账户顺差。这恰恰与美国经济相反，美国的投资率一直高于储蓄率。简而言之，这意味着中国社会的对外收入高于对外支出。中国人可以在国内以各种方式利用这些顺差，然而，他们却选择投资低收益率的外国资产。

在过去 20 年中，中国成为国际和地区商品网络的枢纽，也在全球和地区生产链中占据着重要位置。因此，加工贸易已经成为中国制造和贸易结构的主导（参见本书第 2 章第 2 节）。这种结构进一步促使中国经常账户顺差的形成，经常账户顺差逐渐成为中国经济的结构性特征。中国的经常账户顺差在短期内并不会结束，即使中国计划改变这一现状。

双顺差成为中国外汇储备持续增长的原因。中国巨额外汇储备中的相当一部分投资于美国国债。2007 年年中，中国人民银行持有美国有价证券达到 9200 亿美元，其中包括 4200 亿美元的美国国债和 5000 亿美元的美国机构债，即企业债券和世界银行发行的美元债券。几乎一半的美国国债由外商投资者持有。中国人民银行的投资数额非常庞大，可以左右全球金融市场（参见本书第 1 章第 2 节）。

3

美国经常账户赤字的持续与规模

近年来，工业化经济体特别是美国和日本的储蓄已经恶化。相对而言，这一问题在欧元区则没有那么明显。20 世纪 80 年代，美国储蓄额在 GDP 中所占的比重是 19%，自那时起，美国经济一直经历储蓄额长期下滑。美国家庭储蓄自 20 世纪 90 年代以来持续下滑，21 世纪第一个十年中期之后，家庭储蓄在 GDP 中所占的平均比重仅为 1%。美国储蓄率之所以长期维持在低水平上，原因是多方面的，主要原因是 20 世纪 90 年代中期以来房价上涨的财富效应和劳动生产率的提高，以及缓解约束家庭流动性的金融创新。

麦奇宾和斯多克（McKibbin and Steckel, 2005）指出："关键的一点是，无论基于何种原因，美国个人储蓄率始终相对低于其他国家的个人储蓄率。"此外，自 2001 年经济衰退以来，当预算盈余变为巨大赤字时，预算结余也成为负数。美国联邦预算之所以出现这一变化，是因为降低财政收入的减税政策、国家安全支出、伊拉克战争费用以及对农业的支持和补贴。可以说，自 20 世纪 80 年代以来结构性财政赤字一直困扰着美国经济。事实上，2003 年之后，所有财政赤字都从非美国居民那里筹资，因为美国居民持有美国国债的净值没有增加（Roubini, 2006）。一些人谴责布什政府的财政政策导致大量赤字。的确，布什政府的财政政策使糟糕的局面进一步恶化，但是格林斯潘（Greenspan, 2005）认为，布什政府的财政政策对经常账户赤字的影响并不大。美联储提供的数据显示，财政预算每减少 1 美元，经常账户赤字只能减少 20 美分(Erceg et al.,2005)。然而，根据国际货币基金组织的模型估计，美国经常账户赤字可以减少 50 美分（Faruqee et al.，2005)。

1991 年，这一状况得以缓解，美国经常账户赤字暂时消失，但随后再次陷入长期赤字当中。美国经常账户的恶化和随之产生的贸易收支恶化，在过去是、现在仍然是前所未有的现象（McKinnon, 2007a)。必须流入同等的资本，才能抵消美国经常账户赤字，这要么通过借款，要么通过向世界出售美国资产来实现。此外，经常账户失衡不仅反映出一个国家向世界其他地区的借款和贷款状况，而且反映出一个国家国内储蓄和投资之间的差异。尽管听起来似乎有些矛盾，但世界最大的经济体已经成为最大的净债务国。按照经济理论，最大的经济体应当是最大的债权国。然而，像中国这样成功的大型新兴市场经济体、日本和其他少数保持顺差的新兴市场经济体变成了成熟工业化经济体的债权国。[104] 全球金融体系中的这种不同寻常的发展态势令人吃惊。这"既不可预见，也没有被预见到"，对全球经济产生了巨大影响(Summers, 2006)。

美国经常账户赤字之所以日益加剧，主要因为两个因素：第一，在美国政府预算赤字、家庭负债消费自1995年以来经济快速增长的刺激下，美国形成巨额消费；第二，美元贸易加权值的提高极大地促进了经常账户赤字的飞涨。如果我们将由美联储计算的广义指数作为衡量标准，那么从1995年1月到2002年2月美元升值了37.66%。美元在达到高点后，开始下滑。从2002年2月到2007年8月，美元贬值了20.29%。[105]广义指数是美元兑换主要贸易伙伴货币的加权平均值。因此，2007年年中，美元并未处在可持续的水平之上。如果用汇率刺激来减少赤字的话，美元还需要再贬值20%。[106]

如果美国储蓄—投资失衡继续持续下去，美国将继续依赖包括中国在内的外国资本流入。即使美国有幸能够消除跨太平洋地区贸易和经常账户的失衡，但如果美国国内仍然维持低储蓄率的话，美国经济将会对世界其他地区保持同等规模的赤字。唯一的变化是跨太平洋地区的失衡变成美国对世界其他地区的失衡。如果想要控制自身对外国资本流入的依赖和目前的脆弱性，美国势必要提高国内储蓄率。若不这样做的话，美国政府实现"调整美元/人民币汇率或者实施其他能够产生相同作用的措施"的坚定承诺，"只会产生微不足道的影响"（Hormats, 2007）。

美国经常账户不仅持续出现赤字，而且赤字规模从1992年占名义GDP的0.8%上升至1995年的1.5%，到2000年上升至4.2%。在经济衰退的2001年，美国赤字收窄。但是，美国赤字在第二年便再次回升，2005年赤字占到名义GDP的6.3%，2006年达到6.5%。从1996年到2006年，美国经常账户赤字从1250亿美元飙升至8570亿美元，增长了近7倍。在短短的十年间，美国经常账户出现了巨额赤字，令人担忧。无论在绝对的意义上还是在相对的意义上，如此巨大的经常账户赤字和随之而来的贸易赤字都是庞大的数字。在现代工业经济史上，无论规模大小，没有哪一个经济体保持着美国这样规模的经常账户赤字。除了规模巨大以外，本段所引用的统计数字还说明美国经常账户赤字呈现出上升的趋势。

在世纪之交，一些学者、分析家、研究者和国际货币基金组织等国际机构对美国经常账户赤字不可持续的趋势发出了警告（Obstfeld and Rogoff, 2000 and 2004; Roubini and Setser, 2004; Mussa, 2004; WEO, 2000）。随着美国的筹资方式由产权筹资转向举债筹资，个人投资让位于外国央行购买美国资产，之前的这些警告变得愈加刺耳。高负债使美国像阿根廷和巴西一样，处在金融危机的边缘。从 2000 年到 2002 年，美国负债与 GDP 的比率或者净外债从 14%飙升至 22%，2005 年达到 25%。就阿根廷和巴西而言，2001 年，在这两个新兴市场经济体爆发金融危机以前，它们的负债与 GDP 比率分别为 33%和 14%。如果美国是一个货币高估的新兴市场经济体，那么在这种情况下，2005 年金融和货币危机一定会爆发，政府债务必须注入流动性。

2006 年，美国经常账户赤字达到 8570 亿美元。贸易赤字仍然是美国经常账户赤字增长速度最快也是数量最大的部分。2006 年，美国商品贸易赤字达到 8360 亿美元，即每天贸易赤字超过了 25 亿美元。其中两个最主要的贸易赤字组成部分是矿物燃料和工业品。目前美国贸易和经常项目账户赤字达到了历史的最高峰，尽管 20 世纪 80 年代也是美国经济失衡的时期，但如今的赤字比那时高出 1 倍。然而，美国这一次是债务国。2007 年第一季度，赤字始终徘徊在名义 GDP 的 7%左右。[107] 上文已经指出，经常账户失衡反映了美国储蓄与投资之间的差距以及境外投资资金净流入量。2007 年第四季度，“次债危机”使美元不断贬值，美国进口逐渐下降，出口不断增长，美国的赤字情况发生了改变。走弱的美元帮助经常账户赤字不断收窄，赤字只占 GDP 的 5.5%。

本章第 1 节提到，美国是第二次世界大战后初期唯一拥有大量资本顺差的国家。然而，这已经成为历史。随着 1992 年以来大量境外资金流入，到 2005 年年底，世界其他国家持有的美国资产超过了 12.7 万亿美元，而美国则仅持有 10 万亿美元海外资产。因此，2004 年年底美国净国际资产为负 2.7 万亿美元。由于经常账户长期出现赤字，美国成为最大资本进口国，资本从经常账户顺差国家大量流入美国。这些顺差成为全球资产流动池。金融市场变得更加国际化，因而变得更灵活和复杂。顺差直接进入全球金融市场，赤字经济体可以进口资本，弥补本国的资本账户赤字。因此，全球经济中金融资产和债务总额高速增长，特别是在1990年以后，这一趋势更为明显（Kose et al., 2006）。2001年至2006年，美国吸收了顺差国家净资本外流总量的75%（MGI, 2007），资本进口额占全球GDP的1.6%。一个经济体吸收如此巨大比例的全球储蓄在历史上都是极为罕见的。此外，美国大量吸收全球资本的"可持续性"值得怀疑，即便是可持续的话，对全球资本的需求也值得质疑（Summers, 2006）。著名国际经济学者麦金农（McKinnon, 2007b）发现了一种不尽如人意的奇怪现象，那就是"最富有的经济体霸占着最大份额的国际资金，这些资金本来可以促进贫穷国家的经济发展"。

2006年，中国大陆、日本、韩国、中国台湾和东盟四国占到美国经常账户赤字的52.3%。尽管美国对世界其他地区都存在贸易赤字，但是中国占到美国赤字额的1/4，大大加剧了跨太平洋地区的金融失衡。2006年，美国对中国的商品贸易赤字占到其赤字总额的28.4%。紧随其后的是欧盟和日本，分别占到美国赤字总额的14.3%和12.8%。[108] 这些金融失衡明显为美国经济带来两方面的好处：其一，大量外国资本流入抬高了美国资产的价格；其二，大量外资流入压低了美国金融市场的长期利率，刺激并支持了国内消费。

2006年，美国的债务或者净外债占世界GDP的8%，占美国GDP的26%。国际货币基金组织以2006年为起点，利用全球经济模型（GEM）作出的推论显示，如果美国不采取有效措施控制经常账户赤字，那么，即使美元继续贬值，美国的净外债将在2015年达到GDP的55%（WEO, 2006）。[109] 最终，美国经济的长期稳定将会停留在经常账户赤字约占GDP的85%的水平上。[110]

美国从全球资产中获得的回报高于它对世界其他地区债务所支付的利息（参见本章第 6 节）。由于资产收益高于债务额，美国似乎在持续的宏观经济失衡中拥有一种“特殊”地位。回报率的差别具有重要意义。正是因为这种特殊地位，美国可以维持巨大的贸易和经常账户赤字。如果全球借贷利率全部不变的话，净债务国需要拥有经常账户顺差来偿还债务。也就是说，美国不可能长期既是净债务国又是拥有经常账户赤字的国家。但是，如果像美国这样，净债务国可以获得投资收入顺差，那么对它们而言，平衡贸易或者经常账户赤字并不是难事。这种特殊性为美国带来可观的回报。1981 年至 2003 年，美国的收益约占 GDP 的 5%（Meissner and Taylor, 2006）。20 世纪 60 年代，美国的特殊收益处在高峰期，数额相当可观。然而，最近一段时期，美国的特殊收益呈现出下降趋势，数额从占 GDP 的 3%下降到 1%。2007 年第三季度末的”次债危机”破坏了美国金融中心的良好形象，随后影响到美国的特殊收益，并且大量低息借款的能力也会受到严重影响。这场危机带来的结果是，美元兑欧元[111]和日元大幅贬值，加元突破了具有象征意义的关口，追赶上了美元价值。美国向世界其他地区低息借款的日子也许马上将会结束。

学术会议和金融会议常提到“金融恐怖平衡”这个令人生厌的词语。[112]中国是美国潜在的战略和经济对手，是美国赤字最大的融资来源。日本、俄罗斯和沙特是美国其他的主要债权国。在这三个国家中，有两个国家变得愈加威权主义，政权也具有潜在的不稳定因素。对于美国政策制定者而言，高度依赖这些政权的流动资产着实令人担忧。恐怖平衡的另外一方面是，由于附带损害的风险，中国不会抛售美国国债。在全球市场的第一波反应中，中国的经济利益就会受到严重损害。考虑到财富递减效应，无论是美元大幅贬值还是美国国债价格下跌，都会损害中国的利益。因此，美联储在一定程度上认为中国人民银行一定会继续购买美国债券。

4

中国对美国的双边贸易顺差

1978年，中美贸易额接近20亿美元。1990年，这一数字上升到200亿美元，2006年飙升到3387亿美元。也就是说，中美贸易额在短短的27年中增长了171倍。2006年，中国是美国进口的第二大来源国，也是继加拿大、墨西哥和日本之后的美国第四大出口市场。2003年以来，中国排在加拿大之后，成为美国第二大进口供应国（USITC, 2007）。如果美国能够继续保持对中国的这种出口速度，中国有望在2007年取代日本，成为美国第三大市场（Morrison, 2007）。2006年，中国对美国贸易的增长速度比美国其他前五大贸易伙伴的增长速度都要快，年增长率达到32.9%。在过去几年中，中国已经成为美国公司增长速度最快的出口市场。由于中国庞大的人口规模和快速增长的经济，美国公司特别是那些出口企业将中国视为潜在的重要市场。

1985年，中美双边进出口总量均等，贸易完全平衡。20世纪80年代末，中美之间贸易和经常账户失衡非常小。1990年，美国贸易赤字是104亿元。美国双边贸易和经常账户赤字都呈现出增长趋势。1998年，双边经常账户赤字是608亿美元，2000年达到902亿美元，2002年达到1114亿美元。2003年，美国经常账户赤字增长到1348亿美元，中国获得了美国最大规模的贸易赤字，开始引发双边贸易关系的动荡。作为全球最大的消费经济体和其最大的供应国之一，美国和中国发现，它们彼此之间存在着摩擦。美国贸易代表办公室多次向世界贸易组织提出针对中国的贸易纠纷诉讼。这些诉讼大多涉及中国侵犯知识产权、区别对待进口汽车零部件，以及钢铁、木材和造纸业等工业产品的进出口补贴等问题。2005 年，这一情况更加恶化，美国双边贸易赤字到达 2180 亿美元，占美国全球赤字总额的 26%。[113] 这一现象引起了美国政界和大众媒体界对中美贸易的大量关注。美国的政治家和大众媒体认为，中国是重商主义贸易国，破坏了美国制造行业的就业市场，像过去的日本一样令人厌恶。2006 年，美国双边贸易赤字上升到 2326 亿美元。这些统计数据表明，中国的双边贸易顺差在 1998 年之后急剧增长，“但是美国的赤字不应当责备中国”（Frankel and Wei, 2007）。

2007 年 2 月，美国贸易代表办公室要求就有利于在华经营企业和外商投资企业的九条措施与中国进行磋商。这些措施包括财政刺激、关税免除和优惠贷款协议。美国贸易代表办公室声称这些措施违背了国际贸易组织的各种规定，如国民待遇原则、补贴与反补贴措施协定、与贸易有关的投资措施协定以及中国加入世界贸易组织所做的承诺。如果磋商不能产生满意的结果，美国贸易代表办公室将要求成立争端解决小组（Hufbauer, 2007）。2007 年 4 月，美国再次向世界贸易组织提出两项针对中国的诉讼。第一项诉讼针对中国法律缺乏对版权和商标权的保护和执行，第二项诉讼针对中国对图书、音乐、视频和电影进口的限制。

中美双边贸易平衡恶化的原因，在于中国对美国的商品出口增长率高于商品出口增长率。因此，1995 年至 2005 年，中国对美国的出口量占其出口总量的比例从 17%扩大到 21%。相反，中国从美国进口的增长率要低于中国总进口的增长率。结果，在这一时期，中国从美国进口的商品量占其进口总量的比例从 12%降低到 8%（Hammer, 2006）。

对于美国投诉中国双边贸易顺差，中国官员经常给出的公开回应是美国对向中国出口高科技产品的出口商进行限制。这一说法似乎没有任何根据，因为美国大部分贸易都是自由的。需要出口许可的商品只是很少一部分，而且需要许可的高科技产品的出口价值也比较低。2005 年，向美国商务部提出许可申请的出口商品总价值是 30 亿美元，其中价值 24 亿美元的商品获得批准。其他申请被驳回的原因在于这些申请尚未达到批准要求。即使美国商务部完全取消出口限制，美国对中国出口的增长甚至都不会超过 1%，双边失衡现象几乎不会得到任何改善（Lardy, 2006）。2007 年年中，布什政府低调地放宽了一些具有政治敏感性的技术出口限制，目的是促进美国高科技公司的对华出口，但同时确保该技术无法转作军事用途。这些技术涉及先进的飞机发动机零部件、导航系统、电信设备和精密复合材料。2008 年年初，对这一政策措施的质疑便已产生。一些专家认为，这是一种未经深思熟虑、目光短浅的措施，因为一些设备将会被中国用来提高军队的现代化。布什政府面临着一些令人不安的质疑（Weisman, 2008）。

美中贸易全国委员会是美国在华经营的大公司的主要组织，发起了一项对中美双边贸易的深入研究（USCBC, 2006）。基于这项研究，美中贸易全国委员会得出结论，双边贸易失衡有利于美国经济，美国可以从对华贸易和投资中获得大量长期稳定的利益，因此美国不应忽视中美宏观经济失衡的积极影响。就业岗位的减少应该视为美国经济的结构调整；服务部门就业机会的增长将会抵消工业部门就业岗位的流失。尽管工业部门的失业工人真正受到了影响，但是整个经济受益于对华贸易增长所带来的永久产出和价格效应。不过，我们不能忽视的是，美国的结构调整并不是一件新鲜事，20 年前就已经出现。

美中贸易全国委员会（2006）利用牛津经济预测的宏观经济模型，评估了中美贸易往来的影响。这项实证研究得出了下列结论：(1) 到 2010 年，由于对华贸易和投资的增长，美国的 GDP 将会增长 0.7%；(2) 基于同样原因，2010 年美国市场的平均价格将会下降 0.8%；(3) 基于以上两点，2010 年美国家庭每年的实际可支配收入将会增加 1000 美元左右，家庭年收入中位数将会上升 1.9%，或者平均年收入将会增长 1.5%。因此，对华贸易和投资将会为美国的生活水平带来积极影响。此外，这项研究还预测，到 2010

年美国劳动生产率将会提高 0.7%。这归功于制造业生产率的增长，到 2010 年，制造业生产率每年将会提高 0.3%。制造业劳动生产率提高的原因包括：第一，激烈的市场竞争淘汰了生产率低的企业，存活下来的企业将会提高生产率，与中国的进口商品进行竞争；第二，从中国进口一些原材料的企业也会得益于价格效应，可以降低成本。因此，利用牛津经济预测模型所得出的结论是：无论美国的消费价格还是生产价格都将会显著下降。

双边贸易结构

中国从美国进口数量最多的五种产品是半导体和电子元件、飞机零件[114]、废旧材料、油菜籽、谷物和葡萄干、合成橡胶和纤维。中国不断改造基础设施和提高工业部门现代化水平，因此，据预测，在不久的将来中国对美国产品和服务的需求将会大幅度增长。随着中国中产阶级规模不断扩大，随着家庭收入、购买力和生活水平持续提高，中国作为消费品出口市场的重要性也可能提高，尤其是在收入高于内陆的中国东南部地区。此外，中国已经成长为美国劳动密集型和各种非高新技术产品进口的主要来源国。2006 年，美国从中国进口的产品总价值达到 2880 亿美元，占美国进口总额的 15.5%。在 10 年前的 1996 年，这一数字仅为 6.5%。美国从中国进口的前五大类产品是计算机及其元件、制造业产品（如玩具、游戏）、服装、声像设备和通信设备（Morrison, 2007）。多年以来，美国从中国进口的产品的种类发生了显著变化。20 世纪 80 年代和 90 年代，中国的出口产品主要是低附加值的劳动密集型产品。与之截然相反的是，目前中国的出口产品囊括了技术先进的产品，比如计算机。2006 年，美国从中国进口的产品的四分之一都属于技术先进的产品。

在百思买、电路城、塔吉特和沃尔玛等大型商店中，北美消费者看到并购买中国制造的许多低价纺织品、服装和其他商品，认为中国经济的飞速增长是因为这些他们可以看到的出口繁荣，是因为他们购买中国商品。北美消费者错误地认为，中国向北美市场出口了大量消费品，同时却向美国出口关闭了自己的市场。这种观点之所以错误，是因为当代中国是一个高度开放的经济体。如果用贸易与GDP的比率作为衡量标准的话，中国比美国更为开放。2005年，中国贸易额（进口+出口）占到GDP的69.4%，2000年则占到39.6%。[115] 许多同等规模的新兴市场经济体并不像中国那样开放。如果用关税壁垒作为衡量开放的标准，中国远比巴西、印度、墨西哥等许多关税壁垒相对较高的新兴市场经济体更加开放。中国是发展中国家中关税壁垒最低的国家（参见本书第1章第3节）。2005年，中国已经取消了所有的进口配额。

整个20世纪90年代，大批美国企业把中国视为全新的市场。对于它们而言，中国是极具吸引力的快速增长的出口市场。2000年之后，这一趋势更为明显。2001年至2006年，美国对华出口增长了190%。美国对华出口的增长率是其对世界其他地区出口增长率的4.5倍。因此，在这一时期内，中国市场占美国公司出口增长总量的四分之一。如此看来，中国没有限制美国的对华出口。任何一组合理的指标都无法说明中国政策制定者具有重商主义思维。

双边贸易的产品驱动

哈默（Hammer, 2006）通过解析双边贸易数据，分析了近10年来中美双边贸易的结构性变化。中美双边贸易主要涉及机械和电子产品。机械和电子产品在中美贸易中所占的份额一直保持增长，这主要是因为中国在一些产品的全球供应链中占据重要位置。近年来中国从美国进口的最主要产品是大豆。

为了发现哪些产品对中美双边贸易产生了最深远的影响，首先要找到市场占有率较高的进口产品类型，这样我们才能知道过去 10 年里哪些两位数协调制度（HS）种类产品的市场占有率最高并且目前在双边贸易中占有主导地位。中国出口产品中市场占有率最高的主要有以下两种协调制度类型："核反应堆、锅炉和机械设备"(HS84）以及"电子设备和音像设备"(HS85)。2004 年，这些产品的出口将近占到中国出口总额的一半。至于这两种产品类型的具体产品，核反应堆、锅炉和机械设备（HS84）类型主要包括计算机及其配件，而电子设备和音像设备（HS85）则主要涵盖了手机和电视机元件。这些是中国对美出口增长最快的产品。

现在，我们转而谈谈美国对中国的出口。其中，增长最快的产品是"油籽、谷物和水果 / 植物"(HS12）以及"电子设备和音像设备"(HS85)。"油籽、谷物和水果 / 植物"（HS12）类型主要是大豆，而"电子设备和音像设备"(HS85）类型所涵盖的产品主要是集成电路。从本质上讲，这些产品推动着中国从美国的进口，它们的市场占有率出现了飞速增长。1995 年，中国从美国进口了 7300 万美元的大豆，2004 年这一数字飙升至近 34 亿美元。我们可以得到一个有趣的结论，那就是 HS85 类是双边进出口日益增长的重要产品。这一结论再次证明中国在"电子产品全球供应链中所发挥的整合作用愈加突显"(Hammer, 2006)。

双边贸易与中国刺激区

尽管经济特区在促进中国快速工业化和对外部门增长中起到了重要的作用，但是近年来经济技术开发区、高新技术产业开发区和保税区已经成为推动中国对美出口增长的主要因素（参见本书第 1 章第 4 节)。在过去十年中，这些刺激区在对美出口中所占的份额显著增长，占到中国对美出口总额的近四分之一。与之截然相反的是，经济特区在对美出口中所占的份额逐年下降，失去了在中国出口中的主导地位。这是因为经济特区的增长相对缓慢。

同时，美国工业企业从众多经济刺激区进口的增长速度也快于从经济特区进口的增长速度。

通过分析中美贸易数据，哈默（2006）发现那些位于刺激区的企业在进口美国产品方面表现得比出口更为活跃。一组数据可以证实这个观点：2004年，这些企业的出口占到中美双边出口的25%，而进口则占到38%。2008年，在这三个刺激区内，位于经济技术开发区的公司在中美双边贸易中表现得最为活跃，它们在中美双边出口和进口分别占到10%和17%。

外商投资企业对美出口

尽管国有企业对美出口的绝对数量不断增长，但是它们在对美出口中所占的比例却稳步下降，因为外商投资企业和其他类型企业在出口特别是对美出口上更为成功。中国拥有近60万家合资企业，它们被归为外商投资企业（Wu, 2007)。其中大多数是在华经营的美国公司和跨国公司。美国对中国的外商直接投资使美资企业受益颇多，因为它们能够利用廉价的高效劳动力“获得超常利润”(Goldstein and Lardy, 2005)。外商投资企业在中国对美出口以及对其他全球经济体出口中占据绝对主导地位。同样，2002年以来，外商投资企业已经成为对美贸易和进出口增长速度最快的来源。2005年，外商投资企业占到中国对美出口总额的66%，而这个数字在1995年只有45%。中国的私营企业尽管规模较小，但在对外出口中同样表现出色。2005年，私营企业在中国对美出口中的份额只有8.3%。与出口情况相同，国有企业在从美国进口总额中所占的份额也在持续下降，而外商投资企业又一次拿起国有企业的接力棒，成为从美国进口的主力军。2005年，外商投资企业从美国进口的产品占到中国进口的近乎一半，而在1995年，外商投资企业的进口只占到三分之一。中国的私营企业同样从美国进口产品，但是2005年这一比例仅有8.3%。2000年，中国私营企业从美国进口的总额几乎可以忽略不计（Hammer, 2006）。

还有一个与此密切相关的事实：80%的中国对美贸易和经常账户顺差都来源于外商投资企业的出口。很明显，如果美国对中国的投资持续增长，那么中国对美国和世界其他地区出口的制造基地就会继续扩大，反过来会进一步加剧美国的双边贸易赤字。

中国对美国出口紧缩的可能性

人们经常指责人民币低估导致了中国对美贸易和经常账户顺差。尽管 20 世纪 80 年代末中国仅保持少量顺差，但是直到 1994 年人民币一直被高估。在全面货币改革政策措施的引导下，人民币在 1994 年贬值了 28%。随着与美元的挂钩，人民币在 2002 年 2 月之后再次贬值。从那时起，人民币不断贬值加剧了中美双边贸易的潜在结构失衡。这预示着即使美国的全球贸易和经常账户赤字减少到合理的水平，美国对中国的双边贸易和经常账户赤字仍有可能继续存在。

亚洲高绩效经济体网络化生产的发展和扩张，对中美之间双边贸易和经常账户失衡加剧产生了深远影响（参见第 2 章第 2 节）。虽然中国是网络化生产的后来者，但已经成长为大量产品的最终组装地。合资企业、外商投资企业以及跨国公司的子公司都积极参与总装业务，占有总装市场的大部分份额。外商投资企业在中国工业结构中占据着举足轻重的地位，这些产品附加值的三分之二几乎都来自于其他亚洲经济体。由于大量产品的生产开始垂直一体化，并且这些产品绝大多数都出口到美国，因此，美国对日本、亚洲新兴经济体和东盟四国经济体的双边贸易失衡急剧下降。这些国家将大量的制造能力转移到中国。中国、日本、亚洲新兴经济体和东盟四国之间的这种重大结构调整对贸易和经常账户收支所带来的影响是：美国对其他东亚经济体的贸易赤字陡然下降。1997 年，充满活力的东亚经济体占美国赤字总额的

43%左右，到 2006 年，这一数字急剧下降到 17%。因此，显而易见，美国贸易结构的转变是中美双边经常账户赤字增加的主要原因。[116]

这种工业品生产的结构性转变在可以预见的未来不可能改变，外商投资企业也不可能放慢对美国市场的出口。一些从中国大量进口的产品不再在美国国内进行生产。其他低成本的新兴市场经济体既不愿也不能提供大量产品以满足美国的需要。人民币升值不可能消除中国在大量对美出口产品上的成本优势，顶多可能在一定程度上削弱中国的价格优势。人民币的升值会均衡美国与其他贸易伙伴的赤字。因此，两个经济体间的双边贸易和经常账户赤字在不久的将来仍会持续。我们目前尚未看到这一情况将会在中期发生改变的迹象。

5

跨太平洋地区的金融失衡：稳定还是不稳定？

许多专业人士争论和质疑跨太平洋地区经常账户失衡的稳定性。在中长期的中美金融失衡不是一种统计假象因而不可持续的问题上，研究人员逐渐达成了共识。克鲁格曼（Krugman, 2007）指出，即使非正统观点“获得了信任，但是很难说当前的水平可以无限期地持续下去”。这些失衡会影响实体经济，严重冲击全球经济和个别具有系统重要性的经济体。如果可信的综合政策措施没能将失衡降低到可控水平，市场力量就会发挥作用，可能导致失衡的无序骤降。市场力量经常反应过度，这是近年来金融史的教训之一。

硬着陆实质上将会导致对美元的抛售，造成美元大幅贬值。由于全球投资者放弃美元资产，美联储将不得不将大幅提高利率，从而给 2007 年 9 月爆发的房地产危机和美国的产权投资市场带来不利影响。因此，美国 GDP 的增长率也将受到损害，随后突然对主要汇率和利率进行无序调整，加重所有经济主体的负担（de Rato, 2007）。失衡完全可能出现无序的调整，这引起了全球政策制定者的严重担忧。一些分析家已经预测出可能出现的后果，比如金融市场动荡、全球经济放缓甚至衰退。奥博斯特弗尔德和罗格夫（Obstfeld and Rogoff, 2005）将失衡比作"悬在全球经济上的达摩克利斯之剑"。他们认为，跨太平洋地区的失衡除了会引发汇率动荡的严重风险以外，还有"附带地伤害"全球金融体系的巨大风险。鲁比尼和赛特赛尔（Roubini and Setser, 2004）预测，"尽管贸易赤字逐渐稳定"，但是美国的赤字将会长期存在，直到"引发金融危机的爆炸性债务变动"。

市场带来的这种无序而又突然的调整所引发的外部冲击不利于全球经济的发展。这必然会导致汇率的难题，使全球金融市场利率上升速度高于预期。由于全球资本市场突然对国家风险进行重新评估，一些存在结构性缺陷和金融部门缺陷的经济体或许会受到严重的伤害。中国和其他新兴市场经济体也易于受到对中美宏观经济失衡无序调整的影响。除了负财富效应以外，中国还要受到全球利率上升和美国国债价格下跌所带来的冲击。资产转移将引发新兴市场经济体金融市场的动荡。此外，美国进口的萎缩将会对中国和其他亚洲高绩效经济体产生不利影响，美元的突然贬值也会如此。尽管对美国市场的依赖度有所下降，但对于中国和亚洲高绩效经济体而言，美国依然是重要的进口市场。然而，由于美元贬值，对于那些拥有大量美元债务的国家而言，这种危机所能带来的好处是减少了它们以美元为计价的债务。

一些深入的研究一致认为，纠正中美宏观经济失衡之所以不可避免，是因为随着时间的推移，失衡愈加恶化，已经到了不可调和的程度。[117] 虽然跨太平洋地区经常账户赤字数量巨大并且差距明显，但是美国几乎对世界任何地区都存在赤字。2007 年年初，美国经常账户赤字接近 GDP 的 7%，未来的趋势仍不确定。在赤字达到更高水平之前，投资者很可能会决定寻找回报率更高的投资或者简单地远离美国资产。鲁比尼（Roubini, 2006）极力主张美国“不可能永远维持不可持续的双赤字，不能总依靠陌生人的仁慈”来确保失衡顺利得到融资。指望中国人民银行和其他亚洲高绩效经济体的中央银行忽视跨太平洋地区宏观经济失衡的恶化，并继续向美国赤字提供无限融资，是根本不现实的。

因此，大多数分析者暂时都同意美元必须从高位开始下跌，但这将会突然发生还是持续数年仍然是悬而未决的问题。正如斯坦恩（Stein）指出：“如果事情不能永久持续，它就会停止。”显然，消除贸易赤字和失衡将在某一时刻首先以全球支出和消费模式的重新调整为起点。美国的支出将会下降，而顺差经济体的支出则将提高。全球支出和消费模式的这种重新分配之所以会缩减美国产品和服务业的相对进程，实质上是“因为在美国生产的那些产品和服务上，美国支出水平下降的速度远高于其他国家”（Krugman, 2007）。美元一直持续贬值。在 2007 年 9 月美国爆发”次债危机”之后，美元兑换欧元、日元等主要货币的汇率下跌的趋势更为明显。[118] 美国“次债危机”没有破坏中国的稳定，之所以没有影响到中国的金融市场，是因为中国的资本账户依然封闭。大量的外汇储备和实际 GDP 的快速增长帮助中国避免了这场危机。在短暂下跌后，中国的股票市场继续保持上涨的趋势。无论中国的信用差价还是人民币，都反映出中国没有受到美国”次债危机”的影响。然而，如果”次债危机”引发了美国经济的衰退，那么中国和其他经济体一定能感到”次债危机”的经济影响。

从潜在投资者的角度考虑，赤字必须可控地下降到合理水平上。这个水平是多少呢？拉詹（Rajan, 2005）的宏观经济平衡估计显示，由于生产率更高和人口更年轻，美国在中期内能够把赤字维持在 GDP 的 2%—3%的水平上，而不会引发动荡。这意味着美国需要把目前的经常账户赤字（2007 年）削减一半以上，即降低四分之三左右。这将会削弱其他国家要求美国把赤字降低到 GDP 合理水平上的主张。

6

关于跨太平洋地区宏观经济失衡的多元视角

尽管上一节预测了可能会发生的结果，但是期待已久的预言尚未变成现实。毫无疑问，“次债危机”使美国的金融市场黯然失色。但是，中国人民银行和其他亚洲高绩效经济体的中央银行没有放弃对美国经济的投资。难道市场对人们的普遍认知变得无动于衷了吗？针对中美宏观经济失衡，有一些不同甚至相互矛盾的解释。一些解释认为这种失衡是可持续的，而另外一些解释则坚定地认为这种失衡不会对全球经济造成严重的影响。一种合理的解释是美元处在关键地位，是全球货币体系的中心。如果美元不是权威的国际货币的话，美国本不会出现如此规模的赤字。由于全球经济是美元本位制，因此美国经济“可以无限地从海外借入美元，弥补美国较低的储蓄水平。只要美联储能够使美元的购买力保持稳定，贸易顺差国家就不愿本国货币对世界贸易结算货币升值，这样一来，美国就可以从海外借款。因此，危机不会马上爆发，政府也没有必要采取贸然行动，特别是对汇率采取贸然行动，‘纠正’美国的经常账户赤字”（McKinnon, 2007b）。

另一种解释是体系性的，认为失衡是全球金融体系转变的一部分。“布雷顿森林体系”仍然在不断变化和调整，以适应全球经济环境的变化。在新的全球经济体系中，从中国和其他亚洲高绩效经济体流入美国的资本与这些经济体的快速经济增长有着密切的关系。美国经常账户赤字为中国和其他亚洲高绩效经济体提供了国际抵押品，这反过来“支持了金融资产的双向贸易，使得资本从贫穷国家的低效国内金融市场中解脱出来”（Dooley, Folkerts-Landau and Garber, 2004a）。按照这种观点，美国依然可以维持巨大的经常账户赤字，因为中国和其他亚洲高绩效经济体更愿意积累美元资产。美元之所以不需要贬值，是因为国际收支平衡不需要调整。这一学派相信，中国和其他亚洲高绩效经济体将会抵制那种认为本国货币对美元需要升值的看法。在最新的演变中，国际金融体制被称为“布雷顿森林体系—II”。在这种体制中，中国和亚洲高绩效经济体把本国货币与正在贬值的美元挂钩，这样它们能够压低本国货币的汇率，受益于出口导向型经济的增长。[119] 美国在中国和高绩效经济体那里看到了稳定和廉价的流动性来源，从而帮助美国为其经常账户赤字融资。因此，双方都能够明显从中获益。这应当是重商主义眼中和谐的金融世界。重商主义认为金融业务的运行方式是：刻意低估的货币带来经常账户顺差，从而积累大量外汇储备，而这些外汇储备反过来以较低的利率为美国的赤字提供资金。在新兴市场经济体中，中国拥有最大规模的外汇储备、剩余劳动力和外商直接投资，因此在“布雷顿森林体系—II”中发挥了关键作用。“布雷顿森林体系—II”据认为将会持续数十年，直到它由于超高的赤字、顺差和外汇储备而达到崩溃点。这种假设已经证明是错误的，因为许多分析家认为 21 世纪第一个十年中期已经出现这种过度盈余（Dooley, Folkerts-Landau and Garber, 2004b and 2005）。很少有经济学家同意这种关于新全球金融体系的观点。一些研究者在那些认为“布雷顿森林体系—II”已经形成的学者的全球经济观点中发现了一些错误。[120]

伯南克（Bernanke,2005）对跨太平洋地区宏观经济失衡的直接解释引起了学术界和政策制定者们的广泛关注。伯南克认为，全球性因素导致了美国经常账户的巨大赤字，过去 10 年中，多种力量产生了“供过于求”的全球储蓄，引起了美国经常账户赤字的增长和全球经济长期处于低利率的局面（参见本章第 1 节）。这种所谓的过度储蓄使信贷流向发生了逆转，即本应是全球资本市场中的借款方成为贷款方，促进了美国与中国以及其他高储蓄经济体之间的共生关系。过度储蓄所蕴含的第二个基本原理是人口原理。相对于劳动人口而言，退休人口不断增长，大多数工业化经济体必须为此做好充分准备。随着劳动力的减少和资本劳动比率的提高，这些工业化经济体面临着国内投资机会匮乏的困境。虽然不是由于人口原因，但是新兴市场经济体也面临着同样的问题（Cooper, 2006）。因此，这类经济体寻求向海外放贷。根据这一观点，本来不断增长的美国财政赤字在近期内下降，这“不会消除经常账户赤字”（Bernanke, 2005）。

一些研究者不赞同过度储蓄论，强调相对于投资而言，美国的低储蓄率是导致经常账户赤字恶化的原因（Lee, McKibbin and Park, 2004）。近十年来，虽然美国国内总投资占到 GDP 的 19%左右，但国内总储蓄仍只占到 GDP 的 14%左右。美国的储蓄率仍远落后于投资率。储蓄的长期恶化和 2000 年后预算赤字的增长是美国经常账户赤字不断增长的主要原因。相反，中国和其他亚洲高绩效经济体的顺差实质上反映了它们相对于投资而言的高储蓄率。

所谓的逻辑理论提倡了另一种不同寻常的解释。为何美国能够如此幸运地从全球资本市场上借到如此巨额的资金？逻辑理论给出的答案是美国在向全球购买者销售证券上具有比较优势，特别是对那些持币待投的中央银行来说，这种优势更为明显。这反映了“美国金融资产的吸引力”（Cooper, 2004 和 2006）。美国经济具有较强的灵活性，生产率稳步增长，因此能够确保投资的收益。美国声称，基于稳健、创新以及高科技的美国经济，中国人民银行和其他亚洲高绩效经济体中央银行对美国的投资是安全、流动性高和稳定的投资。因此，中国人民银行和其他中央银行决定将超额储蓄合理地投资美国市场（Backus and Lambert, 2005; Clarida, 2005）。这是资本流向美国经济的基本原理。因此，美国在过去可以维持高赤字，未来也有可能依然如此。

卡巴雷罗等人（Caballero, 2006）提供了一种解释失衡的模型。按照这种模型，均衡可以在全球经济不同地区不同增长力量和这些地区从实际投资中产生金融资产的不同能力中形成。他们的全球资金结构平衡模型表明，相对于欧元区和日本，美国良好的经济和全要素生产率增长表现自然吸引了资金流入美国。全球均衡的形成一方面是由于中国和亚洲新兴市场经济体高速增长的潜力，另一方面是由于美国金融资产的吸引力。

在本章第 3 节中，我们谈到美国全球资产的收益高于其偿还世界其他地区的债务。古林查斯和雷伊（Gourinchas and Rey, 2006）进一步发展了这一逻辑方法。他们利用近年来建立的数据库，详细分析了 1952 年以来美国对外资产和债务市值的历史发展。毫不奇怪，他们发现，有力的证据表明，美国总资产的收益额远远高于美国的总债务额。美国在中国和其他国家投资的收益远超过中国对美投资的收益。因此，收益收支仍有利于美国。有趣的是，在“布雷顿森林”固定汇率体系瓦解之后，美国的超额收益进一步增长。这主要是因为“折扣收益”，也就是说，在每一种类型的资产中，需要偿还他国债务后的总收益（包括生产收益和资本收益）要少于美国在对外资产中获得的总收益。古林查斯和雷伊的另一个重要发现是“结构效应”，这个效应意味着美国往往短借长贷。随着金融全球化的发展，“美国从世界银行家转变为世界风险资本家”。为了与新角色保持一致，美国加大了对股票和外商直接投资等高收益资产的投资。于是，尽管看起来似乎有悖常理，但是美国可以轻松地保持巨额经常账户赤字和借入巨额外债，因为美国的国外投资收益远远高于外国中央银行对美投资的收益。因此，古林查斯和雷伊（Gourinchas and Rey, 2006）认为，美国的赤字不应该视为一个经济体出现的正常赤字。作为全球经济的风险资本家，美国为中国等经济体提供低风险、低收益的资产，同时也购买这些国家的高收益资产。这一解释弱化了持续经常账户赤字的预测情景。

豪斯曼和斯图尔辛格（Hausmann and Sturzenegger, 2006a and 2006b）将

这一逻辑方法再次向前推进了一步，认为尽管美国身为净债务国，但是美国全球投资的超额收益是由概念测量误差所导致的。在豪斯曼和斯图尔辛格看来，常见的统计方法低估了美国资产的价值。这是因为美国公司和跨国公司利用流动资产出口账外资产。这些无法统计的资产被称为“暗物质”，包括声誉、技术知识、营销和管理知识以及创新技能，大幅度增加了美国国外投资的资本价值。如果将“暗物质”计算在内的话，美国的净债务额远没有统计数字所显示的那么严重。

因此，虽然传统观点认为跨太平洋地区的失衡蕴藏着风险，是不可持续的，有可能导致全球金融危机，但是一些分析者则持有不同意见，相信这种失衡将会长期存在，不会损害全球经济。

7

缓解中美收支失衡

对采取政策行动来消除全球金融市场的跨太平洋地区失衡的必要性的质疑是十分合理的，因为从理论上讲，在当今全球化的金融市场中资本具有极强的流动性，汇率也非常灵活，因此根本无须制定协议政策措施缓解经常账户失衡（参见本章第 1 节）。在这种假设的世界中，经常账户失衡不应当被认为是例外，而是正常的现象。此外，这种失衡不会引发在“布雷顿森林体系”时代钉住汇率盛行时所发生的那种大规模经常账户危机。在适应力极强的全球化金融市场上，经常账户失衡将会导致逐渐而不是突然的汇率调整，直到实现平衡。通常来说，市场机制将会使支付失衡得到细微的自我调整。

但是，我们之所以担心国际收支失衡，是因为普遍的失衡反映出市场和政策不够完善，反映出对市场机制的干涉（Cotis, 2007）。诚如第本章第5节所指出的，失衡的确能够引发大规模的市场动荡。

中国继续对美国保持最大规模的贸易顺差和经常账户顺差（参见本章第3节）。仅中国就占到了美国这两项赤字的四分之一，因此，这一现象引起了美国政治家们的极大关注和严厉批评，经常向世界贸易组织争端专家组进行投诉。一些批评者没有掌握大量事实就毫不犹豫地强烈指责中国是美国和全球经济所有问题的根源（Bergsten, 2007）。斯蒂格利茨（Stiglitz, 2006）反对这种失去理智的言论，他指出："我们对全球失衡无能为力，除非美国解决自身的问题。"霍尔迈茨（Hormats, 2007）强调美国迫切需求制定国内政策措施，它将会帮助美国经济摆脱目前的困境（参见第本章第3节）。

虽然以市场为导向的无序调整存在风险，但是大多数分析者认为这些风险与其说是一种短期的政策紧急事件，不如说是一种中期的挑战。利普斯基（Lipsky, 2007）指出："为了立即大规模减少失衡而采取过激的政策措施，这将会无谓地影响全球经济增长，甚至破坏金融市场的稳定性。"采取中期的视角来看待这种令人苦恼、显而易见和广受关注的全球经济困境，并不是冷漠、无所作为和无动于衷。这是一种避免全球金融市场短期压力和增强投资者信心的深思熟虑的策略。

国际货币基金组织拥有多重目标，发挥着纠正全球经济失衡的作用。根据国际货币基金组织协定条款的规定，促进国际金融稳定是国际货币基金组织的任务之一。国际货币基金组织协定第一条规定，国际货币基金组织"监督国际货币体系，确保国际货币体系的有效运行，监督会员国履行职责"。然而，国际货币基金组织在对中美宏观经济失衡所作出的反应以及协调具有系统重要性的经济体等方面都表现得不够迅速。人们指责国际货币基金组织在缓解跨太平洋地区和全球的失衡时没有充分发挥作用，使失衡进一步恶化

(Buria and Abeles, 2007)。其次，20 世纪 80 年代中期出现了类似的全球宏观经济失衡，1985 年 9 月的《广场协议》有效解决了这些失衡。[121] 当前为了实现同样的国际政策协调，也可能达成“广场协议—II”，在国际货币基金组织的技术支持下，那些受到中美宏观经济失衡和其他收支失衡影响并负有责任的经济体适当地汇率调整，实现一致的政策协调。

关于跨太平洋地区宏观经济失衡的多边磋商

诚如上文所述，2004 年，国际货币基金组织国际货币与金融委员会建议应当建立并采取一种中期政策战略，这一战略被称为“国际货币基金组织的中期战略”。2006 年年初，国际货币基金组织开启了“全球失衡多边磋商”。2007 年 4 月，国际货币与金融委员会会议评估了磋商的进展。国际货币基金组织所主持的这种全球经济问题多边磋商是国际协调政策的一种尝试。包括中国和美国 [122] 在内的 5 个主要国家的货币和金融高级官员举行了会谈，讨论了关于缓解全球收支失衡、促进全球经济强劲增长中期战略的政策选择和实施。

这些多边磋商的明确目标是使全球经济重新走上“国内需求增长更加稳定可靠和全球 GDP 强劲增长的道路”(Lipsky, 2007)。尽管多边磋商的重点在于跨太平洋地区宏观经济失衡问题，但是其他拥有巨额经常账户顺差的经济体——例如日本和沙特——也涵盖在内。在磋商过程中，中国提出了一项经过缜密思考的三重战略：第一，使增长转向国内消费并控制 GDP 和投资增长率；第二，进一步深化亟须的金融改革；第三，提高汇率管理的灵活性。尽管幅度并不是很大，但中国确实已经扩大了人民币的每日交易区间。由于 2007 年中国经常账户顺差进一步增长，因此，人民币加速升值不仅有助于解决跨太平洋地区的宏观经济失衡，而且会为投资提供正确的价格信号。美国宣布了它的计划：政策行动的重点是提高国内家庭储蓄率和到 2012 年消除财政赤字。消除财政赤字的目标取得了一定的成功，2004—2006 年政府支出赤字下降了 2%。美国需要比过去更严格地控制它的可支配开支。然而，提高国内储蓄率必然要采取限制消费和投资的政策行动，这并不在美国所提出的建议之中。确保美元继续贬值也不包括在其中。尽管无法与中国相比，但是日本和沙特也拥有大量经常账户顺差。日本提议采取深入的结构性改革，期望促进日本的经济复苏。随着日本消费和投资支出的增长，经常账户顺差必然会下降。沙特开始增加社会支出，开展一项不限于石油产业的雄心勃勃的投资计划。

截至 2007 年 4 月，国际货币与金融委员对多边磋商进展的评估是正面的。它指出，尽管这些政策仍然存在不足之处，但是随着这些政策的实施，它们能够相互加强政策行动，有效减少全球收支失衡，包括跨太平洋地区的失衡。国际货币与金融委员会认为，目前的经验证明会员国之间通过合作与对话形成的多边磋商有助于全球问题的解决。

消除跨太平洋地区宏观经济失衡的协议

《史密森协定》(1973 年)、《伦敦峰会协定》(1977 年)、《广场协议》(1985 年）和《卢浮宫协议》(1987 年）等以往签署的协议，都促使具有系统重要性的经济体一致同意解决复杂的全球经济问题。然而，并不是所有的协议都达到了预定目标。《史密森协定》和《伦敦峰会协定》就没能完全实现目标。但是,《广场协议》和《卢浮宫协议》证明了主要工业化经济体强有力的合作、协作和政治意志。即使如此，主权国家显然自有其局限，通常缺乏广泛紧密的协作。

解决失衡问题面临着相似的情况，人们又一次怀念过去的国际协议。许多研究者认为，现在需要采取类似的宏观经济协调行动，才能解决跨太平洋地区宏观经济失衡，系统地缓解其他经济体巨额顺差的问题（Cline, 2005;

Williamson, 2005）。虽然主要工业化经济体以前在“五国集团”（G–5）的主持下达到了各种协议，但是现在需要让更多的国家参与进来，因为拥有大量顺差的新兴市场经济体在“七国集团”（G–7）中没有代表。此外，一些新兴市场经济体开始为全球经济增长提供重要的动力。2006 年，中国、印度和俄罗斯的经济增长量占到全球经济增长总量的一半（WEO, 2007）。这些经济体和其他新兴市场经济体在全球经济中发挥的作用愈加重要。此外，它们还是跨太平洋地区和全球失衡的重要组成部分。因此，“二十国集团”（G–20）[123] 是当今开展合作协议的合适平台。

目前（2007 年），一些参与协议的经济体将它们的货币与美元挂钩，通常控制外汇流入，干预国内外汇市场，阻止本国货币升值。当今开展合作协议，极为重要的一点是需要这些经济体能够达成一致协议。这种市场干预不仅持续时间长，而且规模比较大。这些国家的中央银行需要达成一致意见，避免这种市场干预行为。布拉和埃伯利斯（Buria and Abeles, 2007）建议，日本银行、欧洲中央银行和“二十国集团”其他成员国中央银行应当同意出售各自的美元储备，美联储应当同意购买欧元、日元和其他主要贸易经济体的货币。中国和其他顺差国家应当遵守政策，直到其货币完成对美元汇率的升值和重新调整。至于决定货币升值或者贬值的程度和范围，国际货币基金组织能够发挥积极和重要的作用。这种合作行动需要周密的协调，国际货币基金组织是提供这种协调的理想超国家组织。在其协调者的角色中，国际货币基金组织必须决定“‘二十国集团’成员国货币汇率的大致范围，并且这一范围要同相关经济体高就业水平的对外平衡保持一致”。

克莱恩（Cline, 2005）将潜在的参与者即“二十国集团”成员国划分为三种类型。第一类是将会使本国货币对美元汇率升值 40%左右的国家；第二类是升值幅度在 15%—40%的国家；第三类是不会采取任何行动直到本国货币对美元开始贬值的国家。中国属于第一类国家，人民币将会逐渐升值 45%左右。由于 2002 年以来欧元大幅升值，欧元区国家被归为第二类国家。

汇率调整是一个错综复杂的过程，不能一蹴而就。各种政策措施的实施时间约为 3 年甚至 4 年，实施过程也需谨慎。

考虑到“美国经济政策的缺陷”是失衡的主要原因，美国需要付出努力来完成它应该完成的调整过程（Cline, 2005）。美元大幅贬值不是解决美国经常账户赤字的灵丹妙药。如果不采取财政紧缩和遏制国内需求的措施，美元贬值将会阻碍通过提高国内产出进行调整的进程，也会给美国经济带来通胀压力。[124] 如果美联储通过收紧货币政策遏制通胀上升，那么利率就会开始上涨，美元将会反弹，从而挫败调整进程和协议的目标。因此，如果一项协议要达到预期目标，美国的充分合作必不可少。

这种协议的最终目标是转变或矫正全球需求与供给配置。也就是说，需求将从赤字国家转移到顺差国家，而供给则是相反。这种转变将是缩小跨太平洋地区宏观经济失衡的关键。如果需求没有在中国这样的顺差经济体中产生，那么美国的财政紧缩、消费需求下降和美元的持续贬值将会引发全球经济衰退。我们应当不惜一切代价避免这种可能性的发生。这种协议要想获得成功，顺差经济体必须采取一揽子扩张性的国内政策。美国需求萎缩将会造成净出口下降，进而导致全球需求萎缩，而中国和其他“二十国集团”顺差经济体的需求扩张将解决这一问题。然而，只有中国自身扩大需求难以填补差距，因为按照市场汇率计算，中国的 GDP 只有美国的四分之一。无论如何，中国的需求扩张无法抵消因美国需求萎缩而出现的全球需求下降。因此，通过达成协议缓解跨太平洋地区和全球失衡的方式优于以市场为导向的解决方法，因为这种协议可以有效地“把其他调整过程的衰退趋势降低到最小程度，例如美国消费增长率突然下降，或者国际投资放弃美元资产的突然调整”（Buria and Abeles, 2007）。

8
结　论

全球宏观经济失衡在第二次世界大战之后时有发生。中国对美国的贸易和经常账户顺差达到了史无前例的规模，持续了很长的时间，有可能进一步持续和恶化。在当前的某个时刻或者不久的将来，中美宏观经济失衡是否会威胁到全球经济？这是目前争论的焦点。

先是石输出国组织成员国家，然后是一些作为发展中国家的新兴市场经济体积累了巨额外汇储备，这是全球金融领域近年来发生的结构性变化。新兴市场经济体从净资本进口国转变为净资本出口国是一种新现象，这与经济理论并不一致。资本顺差过去是工业化经济体的特权。全球经济中之所以出现这种长期变化，主要是两个原因：第一，在亚洲金融危机（1997—1998年）后亚洲高绩效经济体的投资消失；第二，亚洲金融危机刺激了国内储蓄的增长。

作为一个高储蓄经济体，中国过去仅拥有少量经常账户顺差，2001 年后经常账户顺差的增长速度明显加快。虽然没有达到令人不安的水平，但是顺差仍在持续增长。2005 年，中国经常账户顺差同比增长了 2.5 倍，达到 1608 亿美元的历史最高水平，占到 GDP 的 7.2%。

作为一个低储蓄经济体，美国储蓄长期下降，这是由多个原因造成的。如果美国的储蓄—投资继续失衡，美国就会继续依赖包括中国在内的外国资本流入。美中贸易水平起初并不高，但是在近 20 年中，美中贸易得到突飞猛进地发展。2006 年，中国成为美国第二大进口来源国，同时成为继加拿大、墨西哥和日本之后的美国第四大出口市场。2003 年以来，中国排在加拿大之后，是美国第二大进口供应国。1985 年，中美贸易完全平衡。20 世纪 80 年代末，中美贸易和经常账户失衡程度极低。然而，这些失衡却在不断扩大。2003 年，美国经常账户赤字上升至 1348 亿美元。随着中国获得两国之间的贸易差，美国出现了最大的贸易赤字，双边贸易关系开始变得动荡起来。中国官员对美国的抱怨常常给出的回应是美国限制出口商向中国出口高科技产品。然而，这一说法没有统计数据上的证据。

在中美双边贸易中，“HS85”类产品已经成为日益增长的大规模产品。这证明了中国在电子产品全球供应链中的整合地位日益增强。近年来，经济技术开发区、高新技术产业开发区和保税区促进了中国对美国的出口。过去 10 年中，它们在对美出口中所占的比例显著增长。在对外出口上特别是在对美出口上，外商投资企业和其他企业取得了更大的成功。大部分外商投资企业是在华经营的美国公司和跨国公司。在中国对美国和其他经济体的出口中，外商投资企业占据着绝对主导地位，占到美国对中国经常账户赤字的 80%。由于大量产品的生产已经垂直一体化，并且其中大多数所谓的加工产品出口到美国，因此，美国过去对日本、亚洲新兴经济体和东盟四国的双边贸易失衡明显下降。这些国家把大量制造能力转移到中国。中国、日本、亚洲新兴经济体和东盟四国之间的这种重大结构调整对贸易和经常账户平衡产生了影响，即美国对其他东亚经济体的贸易赤字直线下降。由于这些原因，中美双边贸易和经常账户赤字在短期内不会消失，目前也看不到这一状况在中期内能够扭转的迹象。

美国在华大公司的主要组织美中贸易全国委员会进行的一项研究显示，中美贸易和经常账户失衡有利于美国经济的发展。根据它们的评估，美国在对中国的贸易和投资中获得了大量长期持久的好处。

许多专业人士争论并质疑了中美经常账户失衡的稳定性。研究者逐渐达成了一致的看法，认为跨太平洋地区中期或长期的金融失衡在中期内是不可持续的。这些失衡可能反作用于实体部门的行为。一些深入的研究同样认为，随着时间流逝，失衡正在恶化，走向完全不可持续的程度，因此，矫正跨太平洋地区宏观经济失衡不可避免。

虽然许多研究者预测了失衡的许多负面影响，但是所预料的结果尚未出现，中国人民银行和其他亚洲高绩效经济体中央银行也没有停止对美国经济的投资。针对中美宏观经济失衡的问题，有一些不同甚至矛盾的解释和阐述。因此，尽管传统观点认为中美宏观经济失衡蕴含着风险，是不可持续的，可能导致全球金融危机，但是仍有一些分析家持不同看法，认为这种失衡将会长期存在，不会损害全球经济的发展。

美国的一些批评者谴责中国应当为美国的问题负主要责任。然而，许多著名学者——例如斯蒂格利茨（Stiglitz, 2006）——认为，除非美国解决自身的问题，否则全球经济失衡不可能明显改变。他们强调，美国迫切需要采取国内政策措施来解决双边失衡，从而使美国经济摆脱目前的困境。

许多方法可以缓解中美宏观经济失衡。首先，国际货币基金组织拥有多重目标，能够在纠正这些失衡的过程中发挥作用。根据国际货币基金组织协定条款的规定，促进国际金融稳定是国际货币基金组织的任务之一。国际货币基金组织已经发起了中美宏观经济失衡多边磋商，尽管这一举动略显滞后。其次，20 世纪 80 年代曾经出现类似的全球宏观经济失衡，《广场协议》和《卢浮宫协议》有效地解决了这些失衡。当前为了实现相同的国际政策协调，也可能达成“广场协议—II”，在国际货币基金组织的技术支持下，那些受到中美宏观经济失衡和其他收支失衡影响并负有责任的经济体适当地汇率调整，实现一致的政策协调。

第 5 章

中国的复兴与人民币问题

The Chinese Economic Renaissance

1

中国汇率制度的演变

历经频繁调整和波动之后，人民币[125]的币值在 1952 年至 1970 年间保持了稳定。这一时期的汇率先后同美元和英镑挂钩，但这并不具有太大意义，因为中国的贸易量和资金流非常小，相关决策为政府当局所控制。此外，汇率在计划经济中充当金融策划的工具，因而固定在高估水平上。1971 年 8 月，美元停止兑换黄金，“布雷顿森林体系”随之于 1971 至 1973 年间瓦解。人民币的挂钩对象不再是一种单一的主要货币，而是包括 15 种硬通货在内的一篮子货币。人民币自此开始逐渐升值，直到 1980 年才停止。

1980 年，一项重要的汇率改革采取了双重的货币价值体系，这意味着，官方的汇率同市场决定的与贸易相关的汇率并存。此时的官方汇率是 1.5 元人民币兑换 1 美元，这并非是为了贸易或金融交易，而是为了内部结算。1984 年，官方的汇率跌至 2.8 元兑换 1 美元（Lardy, 2002）。维持币值高估是第二次世界大战后许多发展中国家普遍采取的一项举措。如果中央银行按照官方汇率兑换本国货币，出口赚取外汇的企业的收益以国内货币计算将减少，从而以这种形式缴纳了隐性税款。大多数发展中国家不允许企业留存外汇收入，企业必须将外汇收入上缴中央银行。

1986 年，随着经济改革和自由化进程的推进，中国货币当局批准建立二级市场，当年 11 月确立了自由市场掉期汇率。这是买卖双方为了进行与外贸相关的结算所达成的汇率。获准留存出口收入的中国企业能够以这个由市场决定的汇率进行外汇交易。外商资者在货币当局建立的100个外汇中心使用掉期汇率。中国企业也可以在汕头、深圳、厦门和珠海四个经济特区使用这种汇率。1988年，所有获准留存外汇的中国企业都可以使用掉期汇率。

当双重汇率盛行之时，美元的官方价格远远低于公开市场的掉期汇价。在市场的驱动下，美元出现了大幅波动。这表明中国政府人为地高估了人民币币值。在双重汇率体系下，出口产品的交易成本和一小部分利润决定了官方的汇率。由于币值高估，人民币持续面临贬值压力，不得不反复贬值。1992年邓小平发表南方谈话，重申政治领导层致力于改革和自由化进程的决心，这直接导致GDP增速加快，加剧了人民币贬值的压力。两种汇率的差价因市场决定的汇率下降而扩大。1992年后，经济自由化和开放进程加速，导致经济过热，通货膨胀率上升，经常账户出现巨额赤字。1993年，人民币官方汇率是1.5元兑换1美元。到1993年年末，人民币贬值至5.8元兑换1美元，名义上的贬值率达到73%（Shuqing, 2004）。

中国货币当局从充满活力的亚洲邻国那里汲取了教训，决定放弃维持人民币高估的策略，引入基于市场的新货币政策。像日本和其他亚洲高绩效经济体中的情况一样，货币定价具有竞争力是采取出口导向型增长策略的必要条件。1994年1月1日，中国结束了双重汇率制度，实行了两种汇率的并轨，采用了一种更加以市场为基础和由市场管理的浮动汇率体系。官方汇率和自由市场掉期汇率的一体化导致人民币大幅贬值。人民币汇率从5.5元兑换1美元下跌至8.7元兑换1美元。后者就是当时自由市场的掉期汇率。这相当于货币名义上大幅贬值了32.09%（Das, 2006）。一些分析家认为，如此巨幅贬值是导致亚洲危机（1997—1998）[126]的原因之一。货币贬值使中国的出口相对于其他亚洲高绩效经济体具有很大的竞争优势，出口随之飙升。

人民币由于汇率并轨而不再高估，这对中国经济特别是对外部门的活动产生了积极影响。麦金农（Mckinnon, 2005）指出，在双重汇率体系时期，中国的贸易尤其是制造业贸易原本就以较高的汇率来进行，因此 1994 年的汇率并轨加大了人民币实际贬值的幅度。然而，1993 年至 1995 年，通胀率突然上升，结果人民币的实际贬值幅度不大。人民币名义上的贬值加剧了通货膨胀。不过，到 1996 年，人民币稍微升值，对美元汇率达到 8.2773 元兑换 1 美元，通胀消退。

中国政策制定者认为，货币的稳定性是激活对外部门的不可或缺的因素。在采取实际钉住美元汇率制之前，1994 年至 1997 年中国实行爬行式挂钩（Crawling-peg）汇率制。自从钉住美元后，尽管 GDP 快速增长，全要素生产率（TFP）提高，出口强劲扩张，外商直接投资大规模流入，人民币对美元的名义汇率仍然保持稳定。所有这四个因素理论上都会导致通货膨胀。此外，中国的外汇储备量已经居世界第一。2007 年 8 月末，中国外汇储备达到 1.4 万亿美元。如此巨大的外汇储备本身就表明了人民币的低估。

事后表明这种做法相当完美，钉住美元保证了人民币汇率的稳定，很好地服务了经济。1997—1998 年的亚洲金融危机对地区货币产生了巨大冲击。陷入危机的经济体的货币急剧贬值，包括中国在内的其他具有系统重要性的亚洲经济体，有可能贬值各自的货币，这在货币市场中引发强烈担忧（Das, 2006）。然而，为了防止危机恶化，中国货币当局承诺不诉诸货币贬值，而是坚持人民币实际钉住美元。这种做法以其远见和对相邻经济体的善意赢得了国际赞誉。中国让国际金融界知道自己是全球金融市场中负责任的国家，赢得了国际投资者的信任和称赞。中国和其他亚洲高绩效经济体已经日益一体化，这种一体化还在继续（参见本书第 2 章）。中国坚持人民币钉住美元的做法成为亚洲高绩效经济体汇率稳定的关键。由于其他许多亚洲高绩效经济体的货币也与美元挂钩，各个经济体的货币几乎是相互挂钩。因此，中国坚持人民币不贬值成为一项重大而谨慎的政策措施。

为了抵消危机带来的外部冲击，中国实施了出口退税等之类的政策措施，也开始实施其他一些旨在增强地区经济和金融稳定的措施，包括全力支持2000年5月亚洲高绩效经济体财长会议宣布的“清迈倡议”。[127]中国保持人民币不贬值且钉住美元，这使人民币跻身为新兴市场经济体中的最重要货币。然而，亚洲危机刚过，坚持人民币不贬值就让中国付出了通货紧缩的代价。为了应对通货紧缩，中国采取了反经济周期的财政政策。国内通货紧缩阴云中仍有一线曙光，中国出口在全球市场中的竞争力得到加强。到2001年，中国经济摆脱了通货紧缩困扰。

1997年至2002年，美元稳步升值。正如本书第4章（第3节）中所指出的那样，美元贸易加权值增加了。如果采用美联储计算的广义指数来衡量，美元在1995年1月至2002年2月间升值了37.66%。美元价格在此时达到了峰值，接着开始贬值。从2002年2月到2007年8月，美元贬值了20.29%。[128]广义指数是指美元对美国一组主要贸易伙伴货币的加权平均汇价。随着美元升值，人民币由于实际上钉住美元从而名义上和实质上也在升值。2002年2月美元开始进入调整期，美元走上下坡路，人民币也因此开始贬值。2002年2月后，欧元、日元、英镑、澳元和加元的发展趋势却与此相反，对美元都在升值。由于人民币2002年2月前随美元升值而升值，到2003年，人民币名义上和实质上已经贬值到1998年的汇率水平(Kanamori and Zhao, 2006)。到2007年11月，欧元、日元、英镑、澳元和加元对美元已升值到创纪录的水平。美元对欧元急剧贬值。

人民币以8.2773的实际汇率钉住美元直到2005年7月。上述有关人民币汇率制度演变和发展过程的简要分析佐证了如下观点：首先，在改革时代，中国的汇率制度随着自由化举措而同步发展变化。其次，市场力量和外部因素对不断演化的汇率制度有着决定性影响。

2
人民币汇率的错位

人民币低估已经是公认的事实，这也是难以改变的状况。国际货币基金组织 2006 年第四款磋商报告（IMF, 2006）也坚持这一立场。然而，就人民币低估的程度而言，各种看法却全然不同。2007 年 7 月，人民币的汇价是 7.6 元兑换 1 美元。2004 年至 2007 年，中国经常账户顺差占 GDP 的比重从 4%升至 11%。大多数观察家认为，这表明人民币汇率出现错位，因此人们普遍相信，要消除经常账户顺差，人民币就必须升值。根据基于购买力平价理论的“巨无霸指数”(非正式的经济指数，用以显示货币是否高估或低估)，人民币低估了 58%（*The Economist*, 2007）。然而，根据另一种与此类似的所谓“星巴克拿铁指数”，人民币在 2004 年仅仅低估了 1%（*The Economist*, 2004）。这两种购买力平价测量都仅仅以一种产品为基础，因此都只能被视作不切实际的指标。近来的经济计量学对于人民币低估程度的各种测算结果，从适度到高达 45%不等。对此的一般看法是，发展中国家的货币由于人均国民收入低而被低估。

人民币低估和巴拉萨—萨缪尔森假说

根据巴拉萨—萨缪尔森假说，较富裕国家的消费价格水平系统性地高于较贫穷国家。这个假说是基于这样一个假设，即一个国家货币实际贬值会带来相对较高的生产率增长。根据这个假说，实际汇率上升会带来快速的经济增长。一般认为，较之非贸易商品部门，贸易商品部门的生产率或生产率增长在不同国家变化的程度要大（Samuelson, 1964 ；Balassa, 1964）。何以断定人民币汇率被低估？人民币升值到何种水平才能纠正这种低估？这些都与巴拉萨—萨缪尔森假说有关。根据 1990 年佩恩世界中心的数据，中国的价格水平仅仅是美国价格水平的 11.9%（Summers and Heston, 1991）。据弗兰克尔（Frankel,2006b）较新的测算结果，中国的价格水平相当于美国价格水平的十分之一。这种价格水平差异部分是因中国的家庭收入是美国的八分之一所致。从巴拉萨—萨缪尔森假说的考虑因素来估计，人民币低估了大概 40%。估计要经过 10 年才能消除这种水平差异的一半，这意味着在未来 20 年内人民币应该每 10 年升值 20%。换言之，人民币每年应升值近 2%。此外，2000 年依据相对收入记录对 118 个国家进行的横截面回归分析，得出了非常显著的系数 0.382。这也就是说，人均国民收入增长 1%，货币就实际贬值 0.38%。如果中国 GDP 的增长率继续保持在当前的水平，就几乎比美国的增长率高出 7%。因此，运用这些回归分析结果可以推断，根据巴拉萨—萨缪尔森假说，人民币应该每年升值 2.8%。考虑到这两点，人民币的每年升值幅度预计应在 4.8%以内。如果中国未来 GDP 的增速会从现在的高水平跌落，人民币的升值速度也会相应地下降。然而，这种演算仅仅是货币价值的双边比较。一些人认为，这种比较的统一性有限，另一些人则认为，这种比较是完全错误的。

张建等人（Cheung et al, 2007a）在弗兰克尔（Frankel, 2006b）探索的基础上进一步研究。他们从世界发展指数数据库（WDI）获取了 160 个国家 1975 年至 2005 年的数据，并以此为基础进行了分析。他们所采用的方法同弗兰克尔的一样，运用混合时间序列 OLS 回归分析来估计实际汇率同收入之间的关系。分析中的所有变量都被表述为与美国相对应。如此得到的许多分析结果可以和弗兰克尔研究的原型相比较。结果表明，2005 年至 2006 年，人民币按记录值计算贬值了 60%，按绝对值计算贬值了 50%。然而，这些估计并不足以给出具体的说明。在张建等人（2007b）的研究中，类似的分析得到拓展，以便容纳不同国家和时间段的异质性。第二项研究得出结论：虽然估计表明，人民币对美元低估，但这种背离几乎在任何情况下都不具有统计上的显著性。当系列相关性得到解释时，人民币和美元之间的汇率错位甚至在 50%的水平上都不具有统计上的显著性。

如此看来，上述结论突显了有关“均衡实际汇率”的经验估计的不确定性。研究发现，以购买力平价计算的实际人均国民收入和实际货币价值之间的关系是模糊的。这些经验分析所得到的结果本质上是贫乏的。诚然，这种关系确实存在过并且仍然存在，但是“斜率系数”的量级“存在巨大的不确定性”（Cheung et al, 2007a）。按照这些方法进行的经验研究如果说有什么作用的话，那就是证明了评估人民币币值低估程度存在困难。有关人民币低估的结论难以被否认，因为这一结论与传统观念相一致。然而，这一结论经不起经验证据的仔细审查。张建等人（Cheung et al, 2007a）给出了一般说明：“当人们在推理过程中运用解释抽样不确定性的一般程序时，如果使用常规的显著性水平，就没有任何证据表明，人民币币值实质上被低估。根据在审核中的具体说明，人民币的实际价值处在预测水平的一至两个标准误范围内。”一般而言，以绝对购买力平价为基础的计算会导致人民币汇率出现更严重的低估。近来，其他一些研究（Barell, Holland and Hurst, 2007; Dunaway, Leigh and Li, 2006）要么在较低的水平上估计人民币低估的程度，要么认为人民币低估的程度存在极大的不确定性。模型设定、解释变量或时间段的变化，会导致均衡汇率的估值出现显著的变化。不同的计量经济学演算对于人民币币值低估程度的估计结果差异很大，从完全没有直到 50%，具体估值取决于所使用的方法。至此，关于人民币低估的统计证据都不是清楚明晰和确定无疑的。要使这些演算得出比原先更有意义的结论，就必须进行更复杂的理论研究。

人民币低估和行为均衡汇率（BEER）、永久均衡汇率（PEER）和基础均衡汇率（FEER）估计

其他评估人民币低估程度的计量经济学技术源自于“均衡实际汇率”（ERER）的概念。一些学者已经为此运用了标准均衡汇率模型。虽然实际汇率是指长期汇率的均值，但有证据显示，实际汇率在中短期有可能会显著而持续地偏离均衡实际汇率，也就是说，实际汇率错位的情况普遍存在。这种错位肯定会导致全球宏观经济或中美两宏观经济的失衡（本书第4章）。均衡汇率是指吸引实际汇率的汇率，也就是力图将实际汇率拉向自身的汇率。行为均衡汇率（BEER）和永久均衡汇率（PEER）方法是对均衡实际汇率概念的修正。二者可以更严格地确认出均衡汇率。二者关注实际汇率的基本决定因素的实际而非中期均衡价值。这两种方法尽管在技术上有些许差异，但在理论上是类似的。某些研究将基本因素分解成暂时性部分和永久性部分，以评估PEER（Clark and MacDonald, 2000）。

冯科和拉恩（Funke and Rahn, 2005）运用BEER方法得出了如下结论：在高估至1996年年中后，人民币对美元时常低估。人民币高估的峰值是15%左右。使用PEER方法测算，实际有效汇率在1999年年末已经被低估了15%以上。此外，双边PEER估计显示，人民币对美元的低估程度并不是很大，仅仅是12%。因此，认为人民币和美元之间存在高度汇率错位的一般看法言过其实。有两种方式可以修正中度的双边汇率错位。一是赋予人民币更大的弹性，二是借助中等幅度的（不超过5%）货币升值，扩大汇率浮动幅度3%—5%。

第三个ERER方法是FEER，后者可以容纳内部均衡和外部均衡，这种均衡表示产出具有增长潜力和经常账户具有可持续性。假设经济寻求内部平衡以达到完全的非通胀性就业，FEER预期会产生的经常账户剩余或赤字，就相当于商业周期的基础性资本流量。这使得FEER成为一个中期概念。高

特和库阿德（Coudert and Couharde, 2005）依据 FEER 模型得出结论，虽然对美元的双边汇率错位达到 44%，但 2003 年人民币仅仅低估了 23%。然而，高特和库阿德（2005）表示，他们的评估过程存在缺陷。高特和库阿德指出，如果考虑到中国的就业和失业情况，人民币低估幅度的估值就会下降很多。他们还指出，“人民币的汇率错位”对于美元的有效均衡汇率仅有“微弱影响”。“这表明，人民币升值对于美国外部赤字的影响不大”（也见第 2 章第 3 节）。罗西（Rossi, 2005）运用同样的 FEER 方法估测，人民币汇率在 2000 年 1 月接近均衡。从这些结论预测，她估计人民币 2010 年对美元低估幅度在 5.5%—7%之间。如此一来，基于各种均衡汇率理论所获得的估值就存在很大的变动。在结束这一节之前必须提到的是，某些经济学家认为均衡汇率理论并不适用于发展中经济体和新兴市场经济体。因此，这些结论的有效性容易引起争议（Bouveret., 2007）。

3

人民币的升值

在过去十年的头几年，分析家和市场参与者预期人民币将会升值，人民币汇率制度将不再采取钉住美元的做法。但是，近几年的实际情况却并非如此。期望人民币升值并非不合理，但是中国人民银行也同样有充足理由搁置人民币升值。历经长期投机炒作后，人民币确实出现了小幅度升值，人民币汇率制度发生了变化。从幅度上看，人民币的这种小幅度升值与其说是对国内和贸易伙伴经济产生显著影响的实质性汇率调整，不如说是象征性的手段。这样的升值确实暗示中国正在启动一项系统的创新。

为什么人民币升值预期普遍存在？

自从2002年2月美元修正以来，货币市场中关于人民币升值的投机炒作就泛滥起来。在官方作出放松汇率的改革声明，中国人民银行采取一系列解除管制的措施后，人民币升值预期越发强烈了。这些措施包括允许外贸公司全部留存外汇收入在其外汇账户中，允许保险公司和养老基金投资海外市场，允许中国移民将资产转移出境，允许中国游客和留学生携带较大量硬通货出境。

货币市场和中国分析家预期，中国货币当局将会顺理成章地选择人民币一次性升值、浮动汇率制度和人民币钉住一篮子货币，因为这些措施据说将有助于对抗通胀动力，为中国近来巨大的需求增长降低商品进口成本，从而稳定商品在全球市场中的价格。在这种情况下，人民币升值将为中国经济带来巨大收益。鉴于中国渴望为自身塑造一个负责任的全球公民形象，中国需要对中美之间的巨大不平衡和美国的窘境作出反应。通过人民币升值，中国有望帮助美国减少巨大的贸易赤字和经常账户赤字。这些赤字总体上在上升，对中国的赤字尤其如此（参见本书第4章）。

2004年11月，美元开始急剧贬值。市场对人民币升值的预期随后进一步加强。市场参与者相信，中国会保持人民币与美元挂钩直至2005年年初或年中，随后及时让人民币升值，让汇率浮动或挂钩一篮子货币。[129] 当人民币升值的决策通过时，如果人民币大幅升值，亚洲新兴市场国家的货币就会如法炮制，从而引发新一轮货币升值。这些货币的升值幅度必定会小于人民币的升值幅度，因为2004年2月“七国集团”峰会之后，这些货币已经被允许升值。然而，人民币的小幅升值（比方说，5%）将不会导致这样一轮货币升值。此外，这样一轮货币升值如果确实发生，将会使得美元兑一篮子亚洲货币进一步贬值。

为什么市场预期落空?

与市场参与者和投机压力的预期相反，中国人民银行没有看到任何紧迫或直接的需要触动人民币钉住美元的汇率制度。这种钉住制度自从实施以来就很好地服务于中国经济，这使得中国人民银行在实施新汇率制度的问题上必须格外谨慎。上文已经指出，中国货币当局的选择是采取与一篮子贸易加权货币挂钩的有管理的浮动汇率制度，并扩大人民币汇率浮动的区间。人民币可以在钉住汇率上下浮动 10%。如果这种新汇率制度（假设是一种有管理的浮动的或与一篮子货币挂钩的汇率制度）在中期未能很好地服务于经济，导致人民币升值 10%，引起混乱，这就被视为对出口和失业率的严重潜在干扰。创造就业机会是宏观经济政策领域的问题，中国在这一领域表现不佳。虽然中国经济的增速高于其他任何世界主要经济体，但是中国每年的就业增长仅为 1%。由于政治、社会和经济的原因，为大量失业和未充分就业的工人创造就业机会，实现就业岗位高速增长的重要性，绝不亚于实现 GDP 高速增长的目标。官方的失业统计即便有些误导性，也提供了一幅经过美化的不完整的现实图景。[130]

中国是一个制造业出口大国，众所周知，制造业是一个雇佣大量劳动力的部门。因此，人民币升值或浮动必定会给出口和就业带来不利影响。人民币升值的幅度越大，对制造业部门带来的不利影响就越大。中国的比较优势肯定会随着人民币升值而发生变化，中国甚至会被其他经济体特别是灵活的亚洲经济体冲垮几条中低技术和高技术生产线，这些经济体自身也是重要的出口国。在人民币升值的汇率制度下，低效率的国有企业部门将会被迫以更快的速度缩减规模。毫无疑问，中国人民银行不会急切地想要人民币迅速升值。

人民币仓促地升值所导致的后果甚至比以上列举的还要严重。2004 年，中国经济遭受到一些行业价格泡沫的困扰。最为明显的是房地产、钢铁、汽车、重化工和水泥行业的泡沫。人民币升值将有可能导致这些泡沫破灭，不仅引发其他经济领域的“多米诺”骨牌效应，而且给亚洲其他经济体带来不利影响。这很可能会导致像日本那样的通货紧缩。因此，中国人民银行短期内认真考虑货币升值远非最优的选择。不仅如此，中国金融市场基础设施的脆弱性众所周知。一般认为，中国金融市场基础设施过于缺乏，不能应对人民币汇率制度的显著变化。迈向弹性汇率制度——例如浮动汇率制度——的先决条件是：衍生市场的深度和避险工具的可得性。中国在这两个方面都存在着严重不足。

中国金融和银行部门脆弱性的一个明显表现就是金融不良资产带来的沉重负担，这使得汇率制度目前并不适宜进行重大转变。在银行系统中占据支配地位的四大国有商业银行背负着大量的金融不良资产。这些银行近一半的资产被认为受损，这使得整个金融体系处于脆弱状态。尽管中国金融体系已经进行了一段时间的改革和修复，也已经出现了显著的改善，但是这些工作不如信用评级机构所希望的那样迅速和稳健。2004 年，根据标准普尔公司的估计，需要 6560 亿美元才能解决四大国有商业银行的金融不良资产问题(参见本书第 1 章第 2 节第 2 小节)。[131] 到 2007 年，虽然有待完成的工作还有很多，但是多年的银行改革包括四大国有商业银行资本结构的调整，取得了显著的进展。四大国有商业银行的金融不良资产已经在下降。

虽然中国意识到国际社会需要人民币升值或浮动，但是中国人民银行顶住了国际压力，因为币值低估的货币要比币值高估的货币容易管理。[132] 从中期来看，货币低估会提供出口动力，产生经常账户顺差，增加用途广泛的外汇储备，从而实现更高质量的经济增长。从后期来看，出口能够提升附加值链，从而随汇率上升进行调整。相反，货币高估鼓励过多的外部借贷，从而降低经济增长质量，产生经济泡沫。货币升值的经济体将会出现经济增长质量下降，进口需求增加。与此同时，它的出口品在全球市场中的价格变得更贵。由于货币升值的经济体的进口需求增加，而出口下降，这对贸易收支或经常账户收支的净影响将是不确定和不可预测的。当 1971 年至 1995 年日元升值时，日本的贸易顺差不断扩大。一个可以确定无疑作出的预测是："这个货币升值的国家将遭受通胀压力"（McKinnon, 2005）。

尽管（如前所述）中国正在引入渐进的汇率改革措施，但是这些措施似乎并非是短期货币升值战略的一部分。从中国的角度看，汇率制度改革和资本账户自由化看起来是一项中期政策目标，而绝非短期内的必要举措。从未有迹象显示，中国货币当局会冒额外的风险实施汇率制度的重大转变。从短期来看，宏观经济和金融的政策安排和改革措施已经填满了政策高官们的议程。货币市场中立刻出现升值的预期落空了，虽然这并不合理。

人民币的升值压力

根据 2007 年的统计数据，欧盟是中国最大的贸易伙伴，美国和日本紧随其后。自从 2003 年夏季以来，这三大贸易伙伴向中国施加了重商主义的压力，以迫使人民币升值。这使人联想到 20 世纪 70 年代和 80 年代的日美贸易摩擦，当时日本制造的商品已经进入美国市场。[133] 我们再一次有了似曾相识的感觉。美国需要其贸易伙伴升值货币已经并不新鲜；20 世纪 80 年代中期的日元和 20 世纪 80 年代末的韩元都面临着来自美国的类似升值压力。2007 年年底，美国的政治环境转向民族主义，反对与中国的贸易。几项反中国的贸易法案提交给参议院和众议院。同样地，尽管欧盟与中国的贸易额剧增（2006 年达到 2500 亿欧元），但 2007 年 11 月在北京举行的第十届中欧峰会并不顺利，欧盟特别要求中国调整人民币汇率。人民币对美元却不对欧元升值引起了欧元区政府的反感。中国的解释是，欧元对人民币的汇率取决于欧元对美元的汇率，但是欧洲人却并不这么认为。在他们看来，作为新兴的经济强国，中国在其全球经济战略特别是汇率制度中所必须考虑的不仅仅是美元。新迹象明白无误地显示，这两个经济巨人之间的关系出现紧张。证据表明，公共事务、社团组织和政府等许多层面的安排和部署发生变化。主要原因有两个，一是欧盟对中国贸易赤字激增，二是汇率争端。

由于总体上特别是对中国的贸易额巨大且不断增长，经常账户不平衡，美国尤其毫不留情地对中国施加了强大的政治压力。[134] 压力的一个主要来源是美国制造业的利益。受此影响，美联储、白宫和美国国会里的一些人设法保持一种报复性威胁的环境，破坏了中美两国的双边关系。货币事务进入美国财政部的管辖范围，这对人民币汇率制度起到了先发制人的作用。政治家们和大众传媒叫嚣着指责中国先通过汇率实际挂钩美元获得了不公平的优势，然后不充分升值货币以获取在全球市场中的竞争优势，指责中国“操纵货币”（Goldstein, 2004; Goldstein and Lardy, 2005）。[135] 在他们看来，中国继续坚持钉住美元的汇率制度会给全球经济带来不利影响。

据金融新闻报道，在 2003 年迪拜“七国集团”会议期间，美国财长约翰·斯诺获得其他“七国集团”成员国的支持，向中国政府施压以迫使人民币升值。他随后与中国领导人会晤，向他们施加了更大的压力。在美国财政部官员的活动下，迪拜会议后的接连几次“七国集团”会议都表达了对人民币缺乏弹性和币值低估的关切。美国财政部每半年向国会报告，是否有任何一个贸易伙伴操纵货币，损害了美国经济。在确认一个贸易伙伴是否操纵货币时，美国政府着重考虑的一个变量是双边赤字。中国因这种确认方式而易于受到批评，有可能背上操纵者的骂名。尽管工业和劳工集团极力游说，美国财政部仍然体谅中国，没有指控中国故意操作货币以获取不公平的贸易优势。这一件事就可以表明，中国的贸易和货币战略对美国是何等重要。2006 年 12 月中旬，美国财长汉克·保尔森和其他五名内阁级官员以及美联储主席本·伯南克，同中国相应级别的官员进行了战略经济对话。所涉及的最棘手的中心问题是，北京是否会继续保持人民币对美元的升值态势。

国际货币基金组织第四条款禁止任何国家操纵汇率或国际货币体系，以“获取对其他成员的不公平的贸易竞争优势”（IMF, 2006）。国际货币基金组织在与汇率相关的问题上充当了公正无偏的全球裁决者，它承认人民币币值低估（本章第 2 节），但并不把中国称为货币操纵者或国际货币基金组织章程的违背者。而且，伯南克评论说，对于那些致力于出口而非国内市场的中国企业而言，人民币低估是一种“有效的补贴”（FT, 2006）。如果这一断言能够成立的话，中国可能会因违反贸易法而受到世界贸易组织的调查。操纵货币的指控是严重且不适当的，因为任何国家都可以自由选择其货币的挂钩对象。当前人民币低估能够刺激中国产品在全球市场的销售，或者削减其他新兴市场经济体的市场份额。但是，人民币升值似乎既不会大幅减少美国的贸易和经常账户赤字，也不会改善美国的就业状况（Zhang et al, 2006）。[136] 此外，假使人民币真的出现升值，其他亚洲高绩效经济体可能紧接着就会升值货币。在这种情况下，美国的贸易赤字和就业所受到的冲击充其量也不会很大。

尽管如此，我们不能冒失而冷漠地认为，国际货币体系的顺差国家没有义务进行合作，以消除大规模的宏观经济不平衡。在条件允许的情况下，可以要求这些国家为了国际货币体系改善所带来的互惠互利而考虑他国的利益。改善国家货币体系符合全球公共利益，可以惠及所有体系参与者。然而，弗兰克尔（2006a）恰当地主张：“说权衡固定汇率的利弊违背了世界贸易组织的规定是不合适的，因为如何权衡固定汇率的利弊是一个比如何权衡自由贸易的利弊模糊得多的问题。”固定对一种主要国际货币的汇率有利可图，如果各个经济体看到这种好处，它们就有权这么做。那些把美国的一切问题归咎于中国的人（参见 Bergsten, 2007; Goldstein, 2007）必须消消怒气，因为“汇率变化绝不是消除美国贸易赤字和亚洲贸易顺差的有效途径”（McKinnon, 2005）。他们没有看到，美国极低的储蓄率而非错位的汇率，是美国经济问题的根本原因。

人民币低估的机会成本

由于货币低估使进口商品变得更昂贵，因此，允许货币长期低估，意味着货币以前对进口具有更强的购买力。更强势的货币对经济产生了直接的有利影响。中国是世界第三大贸易经济体。根据《2007 年世界发展指数》，2005 年中国的货物和服务进口占到 GDP 的 31.9% [137]。根据海关的数据，中国将近一半的进口是用于国内的用途。人民币升值 20%，就会使中国在全球市场上的购买力大约提高 3%（Garton and Chang, 2005）。

这是相当巨大的机会成本，体现在以前的社会消费和企业投资之中，这接下来制约了未来的消费可能。由于近年来过度投资一直是令人担忧的问题，因此，未来的消费问题可能不是政策制定者担心的问题。然而，低估的货币也对中国经济的资源配置产生了负面影响，导致了对贸易品部门的过度投资和低效率投资。这反过来对中国经济产生了长期的影响。

上文已经指出，中国把绝大部分外汇储备投资于低收益的美国国债。可是，中国却为自己所借入的外国贷款支付了更高的利息。这增加了中国经济由于人民币低估而承受的机会成本。此外，中国将近 80%的外汇储备是美元资产。随着人民币的升值，外汇储备的价值以人民币计算将会持续缩水。这种负财富效应将会导致重大的经济损失（Qiao, 2005）。

最终的小幅升值

由于投机压力减弱和政府采取了纠正宏观经济和金融问题的政策措施，因此，2005 年年初市场参与者继续预测，人民币汇率制度的转变要么是重新钉住美元，要么与一篮子货币挂钩。在经过多年的思考、等待和辩论后，在 2005 年 2 月第一周的“七国集团”财长和央行行长会议后，中国作出了重估人民币币值的决定。[138] 对中国来说，2005 年 7 月是人民币重新估值的正确时机，因为 2005 年第二季度的实际 GDP 增长率达到了 9.5%。当然，美国国会和财政部的保护主义威胁影响了这次重估的时机。中国人民银行宣布，人民币不再钉住美元，代之以一篮子货币，尽管这将使中国让人民币汇率由市场力量决定的时期变得更遥远。2005 年 7 月 1 日，人民币对美元升值了 2.1%，旧汇率是 1 美元兑换 8.277 元，新汇率则是 1 美元兑换 8.11 元。从长期（1988—2007 年）的历史视角来观察人民兑美元汇率，是非常重要的。来自美国的无情的政治压力确实在中国人民币升值的决定中发挥了作用。

这种小幅的人民币重新估值更像是自由浮动的货币每周正常的汇率变化。这对贸易和经济只会产生微不足道的影响。同时，中国放弃了事实上的人民币钉住美元制度，代之以钉住一篮子秘密货币的浮动汇率制。人民币每天的交易区间从 0.1%扩大到 0.3%，表明未来人民币汇率将会获得更大的灵活性。欧元与人民币每年的交易区间更大，达到 1.5%。核心汇率的交易区间更大，使市场力量可以发挥更大的作用。人民币汇率在这些每天或每周的交易区间内波动。这些交易区间未来的扩大，将会使人民币汇率具有更大的灵活性。美国政府及时地宣布废止苏默尔修正案的保护主义提案。人民币重新估值和汇率体制变化冲击了全球货币、债券和商品市场。中国能够震动全球经济，这证明了中国经济日益提高的重要性。

无论从哪一种标准来看，人民币汇率调整的幅度都太小，远远低于市场的预期，无法对国内或全球宏观经济产生任何重大的影响，不会阻碍 GDP 的快速增长。不过，普遍认为，人民币汇率的小幅调整是在短期或中期内应该采取的诸多措施的第一项措施。转向钉住一篮子货币，将会提高管理经济的货币灵活性。中国人民银行起初并不公布篮子中的货币及其权重，到 2005 年 8 月才公布了 11 种货币的名称。其中 4 种主要货币是美元、日元、欧元和韩元。权重较低的是澳元、加元、林吉特、卢布、新加坡元、泰铢和英镑 7 种二级货币。中国与这些经济体具有重要的贸易关系，它们对中国的经常账户来说也非常重要。人民币汇率出现了小幅调整，并转向钉住一篮子货币。这些预示着中国未来的政策措施，表明中国可能更多实行的货币改革。尽管人民币汇率调整幅度非常小，但却是人民币汇率进一步调整的开始。这些调整可能推高其他东亚国家货币对美元的汇率，纠正跨太平洋地区的贸易和经济失衡，从而校正其他东亚国家货币的汇率。

中国人民银行有可能加强这两项小步的政策措施。倘若如此，这可能增强中国经济的国际自信，因而促进中国和亚洲更多的长期资本流入，增加对亚洲资产的需求。由于新的汇率制度被称为"有管理的浮动汇率制"，它很有可能意味着管理多于浮动。这种汇率调整最终产生的经济和政治影响取决于人民币升值幅度有多大和速度有多快。

通过公布这两项小的措施，中国货币当局成功地实现了它十分期望的软着陆。在人民币汇率进行调整的时候，中国经济看起来非常平衡，从消费支出、固定资产投资和出口中得到了更多的支撑。不断增长的家庭收入提高了家庭的购买力，2005 年上半年零售额同比增长了 13%。农业部门开始发挥了它的作用。在经过 6 年缓慢的增长后，2005 年上半年农村收入增长了 12.5%。

中国人民银行所采取的有管理的浮动汇率制并不是中国的原创。早在 20 世纪 80 年代，新加坡就使用了这种汇率制度。这种混合汇率制度被称为"篮子、区间和爬行"制或者"BBC"汇率制[139]，货币针对一篮子秘密的最大贸易伙伴国货币实行有管理的汇率。按照这种汇率制度，汇率在一个允许货币缓慢升值或贬值的区间波动，而不是急剧地波动。"BBC"汇率制被普遍地视为世界最成功的汇率制之一。它为新加坡金融管理局提供了应对本国和全球经济的变化、维护出口竞争力与控制通货膨胀的灵活性。然而，一篮子汇率制不如钉住单一货币的汇率制透明可信。

考虑到贸易模式的变化，货币篮子定期进行调整。秘密的政策区间也定期进行评估，保证它与经济环境的变化相一致。如果需要的话，政策区间每两个季度或者有时每个季度进行调整。新加坡通过汇率而不是直接调整利率来指导它的货币政策。新加坡的通货膨胀一直比较低，自 20 世纪 80 年代初期以来保持在每年 2%的水平上。更多的亚洲经济体把“BBC”汇率制当作政策模板。

人民币汇率制度改革后的状况

本章第 3 节第 1 小节已经指出，自 2003 年第四季度以来，货币市场就期望人民币汇率的调整。2003 年 10 月的远期汇率反映了这种期望。在人民币汇率宣布进行调整的前夕，人民币对美元的远期汇率是 8∶1，因此意味着对人民币升值范围的预期高于次日中国人民银行宣布的范围。尽管法定的货币篮子已经公布，但是美元在货币篮子安排中的权重仍然非常高。按照一项评估，美元的权重高达 85%（Jen, 2005; Rossi, 2005）。即使在新汇率制公布之后，人民币与美元事实上的联系仍然高于它与欧元和日元之间的联系。尽管人民币对美元出现了明显升值的趋势，但是升值幅度非常缓慢。2005 年 7 月至 2006 年 7 月，人民币缓慢升值了 3.3%。另一个明显的现象是，人民币对欧元和日元汇率的波动更大；这在很大程度上反映了美元对这两种货币汇率的波动。2006 年春之后，人民币汇率的灵活性出现了一些明显可见的迹象。2006 年 4 月，人民币对日元升值了 12%，而对欧元却贬值了 2%（Frankel and Wei, 2007）。

通过把第一批差数纳入对数函数中，杰弗里·弗兰克尔（Jeffrey A. Frankel）和魏尚进（Frankel and Wei, 2007）估计，直到 2006 年春，人民币与美元之间每日的汇率波动在 0.05%的幅度之内，偶尔在 0.1%的幅度之内。[140] 然而，此后，人民币汇率每日的波动幅度明显扩大，超过了 1%。[141]

在人民币汇率制度宣布改革后，对待人民币升值的整体论观点如下：2005 年 7 月至 2006 年 7 月，人民币缓慢升值了 3.3%。2007 年 9 月，人民币对美元的汇率是 7.5：1，也就是说，人民币又升值了 4.2%。人民币似乎每年以 3%左右的速度继续升值。显然，人民币的升值受到了严格的控制。这种逐渐的升值似乎符合中国决策者一贯采取的谨慎路径。

4

各种截然对立的观点

2003 年夏季之后，对中国汇率制度和人民币升值的研究得到了加强。人民币是否应该进一步升值？何时升值？幅度有多大？这成为激励争论的问题。学者、研究者、政策制定者和政治领导人在这些问题至今尚未达成共识。在人民币进一步升值的问题上，各种专业意见存在明显而尖锐的对立。其中两个绝对对立观点的代表分别是麦金农（Mckinnon, 2007）和鲁比尼（Roubini, 2007）。

第一种观点得到了一些国际经济学家的支持，强调中国应该允许人民币急剧升值，应该实际上而不只是在原则上转向更灵活的汇率体制（Roubini, 2007）。我们很容易理解，对这类经济学家来说，巨额的出口和经常账户顺差是主要的指标。通过积极干预外汇市场，中国货币当局已经成功地抑制了人民币的升值。那些坚持这种观点的国际经济学家认为欧盟尤其是美国的保护主义政策是正当的，并预测这些政策将会加强。他们还表达了对中国经济的担忧，指出部分无用的干预造成了“过多的流动性信贷和资产泡沫，从而使已经过热的中国经济更加过热，加大了最终硬着陆的风险”。他们的观点完全依赖贸易均衡的标准弹性模型。在简单代数学的帮助下，这种模式的宏观经济学从直觉上来看似乎是可能的。就两大贸易伙伴货币价格在短期内的坚韧性而言，人民币升值的名义价格效应从直觉上被认为是走向减少双边贸易失衡的正确方向。货币升值国家的出口产品在进口国家和全球市场上变得更昂贵，而进口产品在国内市场上则变得更便宜。这似乎是改善贸易失衡的绝对原则。那些赞同这种逻辑的研究者并未忽视储蓄—投资的失衡。然而，这些失衡不可能符合弹性模型。像中国一样的顺差经济体为了减少贸易失衡而增加消费，实际的货币升值仍然像是一种纠正失衡的直接模式。按照这种方法，货币升值导致旧式的支出发生转变，使生产资源流出贸易品部门。

与上述观点相反，麦金农（Mckinnon, 2007）和其他货币政策经济学家强调国家货币政策、名义汇率和价格水平之间的联系。基于穆萨（Mussa, 1983）的研究，他们认为，浮动汇率制的主要决定因素是“看涨的投资者对国家货币政策和其他根本因素将来与其他国家的这些方面之间关系的看法”。为了对汇率采取官方行动，例如钉住某种货币、升值或者贬值，必须改变国内货币政策，支持官方的行动。倘若国内不出现这种改变，就不可能维持官方决定的汇率路径。因此，当一个国家同意实施类似“广场协议”的协议时，它就是暗中同意实施未来的货币贬值政策。

一些中央银行把本国货币的名义汇率钉住美元，固定它们的价格水平。日本（1949—1971 年）和中国（1994—2005 年）过去采取了这样的做法。一些亚洲高绩效经济体也以温和的方式采取了这种战略，就是说，它们的钉住汇率制并不硬性的。坚持第一种观点的经济学家不仅反对这种战略，而且从中看到了一种压低汇率并因此刺激出口的秘密机制。然而，坚持第二种观点的经济学家不赞同这种汇率低估观点，因为当名义汇率钉住大多数世界贸易所使用的世界主导货币时，这种类型的汇率低估将会“被通货膨胀所抵销”(McKinnon, 2007)。他们认为，国际储蓄失衡是中美贸易和经常账户失衡的根本原因。麦金农（McKinnon, 2007）进一步雄辩地指出，“与解决美国私人储蓄不足和巨额结构性财政赤字问题相比，指责外国人是汇率错位的罪魁祸首是更容易的事情”。汇率是纠正这些失衡的错误工具选择。

由于三个抵消效应，上文所提到的贸易平衡的标准弹性模型不会产生出所预设的结果。第一，货币升值造成的出口下降将会使国内工业生产和进口替代下降，减少国民收入，最终导致经济支出减少和进口萎缩。第二，货币升值将会阻碍外商直接投资，因为货币升值将会使接受国成为更昂贵的投资和生产地点。外商直接投资项目的盈利将会受到影响。因此，货币升值可能导致外国投资和国内投资下滑，从而进一步导致国内支出和进口的下降。第三，正如第 2 章第 4 节所指出的那样，在货币升值后，债权国对外国者的巨额美元债权将会对国内货币贬值。这种负财富效应将会压低国内消费和投资。于是，在短期和中期内，国内支出的减少可能抵消货币升值的相对价格效应。因此，货币升值对贸易平衡的影响仍然不确定。[142] 简而言之，在这类国际经济学家看来，那种认为人民币升值将会减少美国贸易赤字的观点是一种彻头彻尾的神话。

5

人民币汇率变化对贸易的影响

货币升值通常不仅影响到一个经济体的总体贸易，也影响到它与各种贸易伙伴之间的贸易。贸易顺差构成了国际收支顺差的主体部分。人民币升值将会明确地影响中国的全球贸易顺差以及双边贸易顺差和赤字。人民币升值的影响将会有多大和升值到何种程度，能够得到合理精确的经验计算。在第 1 章第 8 节第 3 小节中，我们集中于中国在“十一五”期间（2006—2010

年）实现经济再平衡的努力。一些人相信，人民币升值将会帮助中国实现经济再平衡和增长道路转变的目标。在下文中，我们考察了人民币升值对中国经济、其他亚洲经济体（通过贸易和资金流动以及生产网络与中国经济存在紧密的一体化）和美国经济的可能影响，这种影响已经变成一种具有政治意味的恶化状况。

人民币升值对中国贸易的影响

人民币升值是否会妨碍中国在全球贸易领域中的成功？这是一个激烈争论的问题。尽管计量经济学难以十分确定地估计出口竞争力由于人民币升值而遭受的损失，但是中国和其他新兴市场经济体的数据已经证明，这种损失低于成熟工业化经济体所遭到的损失。据估计，倘若人民币升值 20%，中国出口就会下降 3%（Rossi, 2005）。人民币升值导致中国商品价格大幅度上涨，从而提高了中国出口产品的美元价值，因为进口商在改善中国贸易条件的过程中可能愿意为中国的出口商品支付更多的费用。他们这样做，是为了避免贸易伙伴的变化或以更高的价格从国内生产商那里进行采购。目前，中国的成本是如此之低，即使人民币升值 20%，成本结构受到的影响也是微乎其微。简而言之，人民币升值 20%，至多使中国经常账户顺差减少 200 亿美元（Rossi, 2005）。

马尔克斯和辛德勒（Marquez and Schindler, 2006）采取了一种稍微不同的方法，估计了人民币升值对中国在多边贸易中进出口份额而不是贸易总量的影响。他们使用自回归分布滞后模型（autoregressive distributed lag model），把最小二乘法应用于那种认为需求是驱动贸易的因素的解释，量化了人民币实际升值对中国贸易的影响。他们的估计结果显示，人民币升值 10%，将会使中国在多边贸易中的出口份额下降 1.5%。然而，人民币升值对中国进口份额却产生了不同的影响。就制成品进口而言，人民币升值 10%，将会使制成品进口份额下降1%，加工产品的零件、部件和组件进口[143]将会微幅增长。这两种影响综合起来表明，人民币实际升值将使中国在世界贸易中的进口份额下降0.2%。这种估计方法的优点包括：它把中国的贸易分解为加工产品贸易和初级贸易，同时分析了中国贸易在世界贸易中的份额，也避免了使用像消费价格指数这样的贸易价格的代理变量。在这种方法中，两位研究者还对照了季节和中国春节的影响。

另一项研究估计了中国进出口对于实际有效汇率变化的长期弹性。加西亚—赫雷罗和科威（Garcia-Herrero and Koivu, 2007）使用协整分析方法，得出了类似的结论，即在人民币实际汇率升值后，中国的贸易和贸易顺差将会小幅下降。人民币升值的这种微小影响是因为“特殊的进口价格弹性”。与马尔克斯和辛德勒（Marquez and Schindler, 2006）的结论相反，中国的进口在人民币实际升值后将会下降。通过计算双边进口方程，加西亚—赫雷罗和科威（Garcia-Herrero and Koivu, 2007）发现，在人民币升值后中国从其他亚洲经济体进口的产品将会下降，而从德国等一些工业化经济体的进口将会增长，因为这些进口实质上是用来满足国内的需求。这解释了德国对华出口商品的正面和重大的价格弹性。中国从亚洲进口下降的原因可能是以垂直一体化为基础的生产网络，这些网络在亚洲地区的工业结构中占据十分突出的地位，而中国又在其中占据独特的位置。这些生产网络往往从相互补充而不是相互取代的不同亚洲经济体中生产产品。因此，中国外部需求由于人民币升值而出现的下降也会减少其他亚洲高绩效经济体对中国的出口。通过估计中国进出口对1994—1995年人民币实际有效汇率变化的长期弹性，加西亚—赫雷罗和科威（Garcia-Herrero and Koivu, 2007）得到结论说，人民币升值10%，在长期内将会使中国贸易总额下降26%。因此，汇率政策不是控制中国贸易顺差增长的正确手段。各种不同的经验研究已经证明了它的有限作用。

人民币升值对亚洲经济体的影响

当然，亚洲高绩效经济体就其自身而言是成功的贸易经济体，它们的贸易也会受到人民币升值的影响。传统的观点认为，由于价格效应，亚洲高绩效经济体的出口在全球市场上将会更有价格竞争力。因此，人民币升值将会使中国出口减少，刺激亚洲高绩效经济体的出口。这种状况不会消失，实际的影响很可能不同于这种程式化的思维。亚洲一些经济体和世界其他国家同中国直接进行竞争，因为它们在总体上都处于相同的经济增长阶段，拥有类似的要素禀赋、技术能力和生产成本。人民币升值确实会减少世界其他国家的竞争压力。与此相反，其他低收入经济体在世界市场上与中国不存在直接竞争，它们之间是一种互补的贸易模式，人民币升值不会对它们产生重大的影响。

到目前为止，在第三国市场上，中国的出口同日本和四个亚洲新兴工业化国家等亚洲发达经济体的出口不存在直接的竞争（本书第 2 章）。在全球资本货物出口市场上，中国与这些国家不存在直接竞争，也没有把它们挤出市场（Eichengreen et al., 2004）。因此，对这些经济体目前的贸易顺差来说，人民币升值很可能产生微不足道的正面影响或者根本不会产生影响。

过去 20 年里，中国已经成功地建立了生产网络和以专业化为基础的生产分散化，这是本书第 2 章第 2 节第 2 和第 3 小节的主题。这是中国迅速成为全球制造大国的方法。此外，本书第 2 章表明，中国 42%的进口用于中国海关所分类的加工产品。中国一半以上的出口（55%）来源于垂直专业化(参见本书第 2 章第 2 节第 4 小节)。在加工产品出口中，中国的附加值水平是 20%到 30%之间，其他的附加值来自那些从已经成为生产网络一部分的其他亚洲经济体进口的中间产品。[144]

在 2005 年加工产品出口总额中，20%出口到欧盟经济体，20%出口到充当转口中心的中国香港特别行政区，25%出口到美国，25%出口到其他亚洲高绩效经济体（Thorbecke, 2006a）。外商投资企业在中国出口部门发展壮大中的主要作用是另一个需要考虑的重要因素。对中国的出口和进口部门来说，外商投资企业的重要性不断提高。1990 年，外商投资企业占到中国出口的 15%（Tseng and Zebregs, 2002）。2003 年，中国大约 57%的出口来自合资企业[145]、外商投资企业和外商独资企业（Hsiao and Hsiao, 2004）。另一项研究显示，2003 年和 2004 年，这些企业占到中国出口的 50%和进口的 60%；外商投资企业对中国 GDP 每年的贡献率超过了 20%（Whally and Xin, 2006）。由于人民币升值将会影响价格竞争力并导致出口下降，因此，在这种一般性层面上，我们只能得出如下结论：中国从其他亚洲高绩效经济体进口的零件、组件、部件和中间产品可能出现下降，对这些经济体的出口产生负面影响。中国企业和外商投资企业对工业原材料和特种油的消费也会下降。毫无疑问，对中国来说，加工产品原料和工业原材料的进口将会变得低廉，从而改善中国的贸易条件。

霍格思等人（Hoggarth and Tong, 2007）把时间序列分析应用于亚洲高绩效经济体的双边贸易，认为人民币升值将会对其他亚洲高绩效经济体的出口产生复杂的影响。向中国和世界其他地区出口消费品的亚洲经济体不会从人民币升值中受益，但日本和亚洲新兴工业化经济体实质上向中国出口资本和中间产品，可能面临出口下降。

人民币升值对中美双边贸易的影响

许多考察人民币升值对中美贸易的影响的研究发现，人民币升值不会解决当前的贸易失衡（Tatom, 2007）。人民币升值充其量产生微不足道的影响。例如，曼和普鲁克（Mann and Pluck, 2005）运用动态面板设定和分类贸易往来模型，认为美国从中国进口产品的价格弹性是错误标记的，而且美国对中国出口产品的价格弹性并不具有统计学上的重要性。这意味着人民币升值最终不会成功解决中美贸易失衡。秦凤鸣、陈庚辛和藤井英次（Cheung, Chinn and Fujii, 2007a）使用动态最小二乘法方法，得到如下结论：尽管人民币升值将会略微提高美国对中国的出口，但是不会影响中国对美国的出口。越来越多的研究者赞同斯蒂格利茨（Stiglitz, 2006）的看法："除非美国解决自身的问题，否则做什么都不可能解决这些全球失衡。没有人认真地建议，企业应该储备现金，而不应该简单投资于正在扩大的生产来解决贸易赤字问题；尽管关于美国为什么应该增加储蓄——肯定要高于去年负家庭储蓄——可能有许多说教，但是美国两党中没有人找出确保他们这样做万无一失的方法。"

在考察中美双边贸易后，陶贝克（Thorbecke, 2006b）发现，中国对美出口、实际汇率和实际收入之间存在一种稳定的、长期的协同关系。这项经验研究运用了约翰森极大似然法（Johansen MLE）（MLE）和动态最小二乘法，并控制了中国与东盟四国在美国市场上的竞争。他们的估计表明，人民币长期汇率与进出口之间的系数大约是 1。这一估计意味着，倘若人民币兑换美元的汇率比 2005 年高出 10%，那么名义出口和名义进口之间的差额在中国 GDP 中所占的比重就从 11%降到 10%。因此，初步的结论是，人民币升值可能对这些具有政治意味的双边贸易失衡产生微不足道的影响。也就是说，在得出这样一个结论以前，必须指出的是，由于缺乏双边贸易价格，陶贝克（Thorbecke, 2006b）使用美国的 CPI, 缩小了出口和进口的统计数据。这让人得出如下结论：需求的实际价格弹性远远高于所估计的汇率系数。倘若如此，人民币升值将有助于减少中美之间的双边贸易失衡。

其他亚洲经济体货币的普遍升值

在人民币升值后，亚洲其他高绩效经济体很有可能出现货币普遍升值的浪潮。倘若如此，况且这未必是不可能的情景，那么，人民币升值将会对中国和其他亚洲高绩效经济体产生更巨大的影响。中国和所有亚洲经济体的出口增长可能受到负面的影响，造成它们的GDP增长率下降。

其他亚洲高绩效经济体货币的普遍升值可能严重影响中国加工贸易产品的成本结构，因为它们以进口国货币计算的价格将会上涨。拉赫曼和陶贝克（Rahman and Thorbecke, 2007）使用了多变量面板数据组，估计了汇率以及加工产品和中国对33个贸易伙伴普通出口产品的收益弹性。他们的结论是，一些亚洲经济体是中国加工产品出口的大型供应国，它们的货币升值将会对中国出口产生巨大影响。与此相反，人民币的单方面升值不会对中国出口产生严重影响。然而，在后一种情况下，中国的双边贸易顺差将会下降。格林斯潘（Greenspan, 2005）在参议院听证会上第一次指出和提到了这种可能性。

人民币升值是转向一篮子货币汇率体制和更宽参考汇率区间的真正步骤。在其他亚洲高绩效经济体货币普遍升值之前，人民币升值具有一定的作用。亚洲高绩效经济体先货币升值、后采取更灵活汇率体制的双重战略，可能帮助解决全球贸易失衡。不过，这种情况下存在一种囚徒困境。由于亚洲高绩效经济体采取了出口导向战略，它们全都谨慎地不首先进行货币升值，不愿意面对其他亚洲高绩效经济体失去它们的竞争力（Ogawa and Ito, 2002）。虽然汇率自由浮动的货币能够更准确地反映出经济的基本面，但是许多亚洲高绩效经济体仍未成熟到实行这种汇率制的程度，因为它们的金融市场肤浅狭隘。采取自由浮动汇率制，容易导致货币的过度波动，被证明是一种不稳定的力量，最终造成不利的后果。因此，上文所指出的两种长期战略可能有助于全球贸易的有序再平衡。

6
美国“次债危机”与人民币升值

2007 年第三和第四季度美国的“次债危机”影响了全球货币和金融市场，使美元对各种主要货币出现了贬值。在这一时期，人民币加快了升值的速度。2008 年 1 月中旬，人民币兑换美元汇率达到 7.21：1，自 2007 以来升值了将近 13%（参见本章第 2 节）。这是自 2005 年 7 月人民币—美元脱钩以来人民币升值的最快速度。2008 年，市场预测人民币将会升值 8%到 10%（*The Economist*, 2008）。

表面上来看，欧盟、日本和美国对中国施加的压力产生了一些迟到的——即使合乎预期——结果。然而，实际的原因是中国决策者的新成本—收益分析。国内和国际经济条件的变化使他们相信，人民币快速升值的好处大于维持现状即采取人民币缓慢升值战略的好处。通货膨胀正在成为中国的严重问题。尽管 2007 年中国人民银行 6 次提高了利率，但是到 2007 年年底，通货膨胀率上升到了 6.9%。食品价格上涨是通货膨胀的主要因素。就降低通货膨胀而言，人民币升值被认为是比利率更有效的工具。据认为，人民币升值可以降低进口食品和原材料价格，有助于降低通货膨胀。国内政策存在高度的担忧，2008 年 1 月中国政府宣布对一系列消费品实行价格控制。

这种战略的两个附带结果是：(1) 降低了干预国内市场以压低人民币汇率的要求；(2) 降低了外汇储备增斜率和货币增长率。此外，在后“次债危机”时期，中国人民银行本外币对冲操作的成本不断上升。过去，中国人民银行能够从这些操作中获利，因为美元储备的收益远高于中国人民银行的对冲债券费用。由于美联储因“次债危机”而正在稳步降低利率，中国的利率开始高于美国的利率。中国人民银行开始在对冲操作中出现损失。中美之间的这种利率差可能进一步扩大，使中国的损失变成更沉重的负担。除了对冲成本增加外，随着美元贬值，美元储备的人民币价值也出现了缩水。对中国货币当局来说，这使干预变成了一种高成本的战略。对中国货币当局来说，理性的做法是放弃干预和对冲，真正地允许人民币升值。

7 结 论

在第二次世界大战后，人民币先是钉住美元，然后钉住英镑一直到1970年。然而，这并不具有太多意义，因为中国的贸易和资金流入量非常少，而且政府控制着相关决策。1980年，中国采取了双重汇率制，即官方汇率同市场决定和贸易相关的汇率并存。当时，人民币兑换美元的官方汇率是1.5∶1，这不是为了贸易或金融交易，而是为了内部结算。1984年，官方汇率跌到2.8元人民币兑换1美元。中国货币当局从充满活力的亚洲邻国那里汲取了经验，决定采用一种具有价格竞争力的汇率体制。1994年1月1日，中国结束了双重汇率制度，实现了两种汇率的并轨，采用一种更加以市场为基础和由市场管理的浮动汇率体系。官方汇率和自由市场掉期汇率的一体化导致人民币大幅贬值。人民币汇率从5.5元兑换1美元下跌至8.7元兑换1美元。后者是当时自由市场的掉期汇率。这相当于货币名义上大幅贬值了 32.09%。事实上的钉住美元汇率制提供了货币的稳定性，为中国经济作出了重要的贡献。

由于 1997—2002 年美元稳步升值，钉住美元的人民币无论在名义上还是在实际上都在升值。2002 年 2 月，美元开启了它的校正时期，开始下行，人民币也开始贬值。到 2003 年，无论是人民币的名义汇率还是它的实际汇率都回到了 1998 年的水平。直到 2005 年 7 月，人民币兑换美元的汇率实际上一直固定在 8.2773∶1 的水平上。人民币的汇率错位和贬值得到了普遍的承认。然而，不同的经验研究提出了不同的汇率错位标准。评估人民币贬值的方法之一是巴拉萨—萨缪尔森假说。按照这种假说，更富裕国家的消费价格水平总体上高于更贫穷国家的消费价格水平，而且快速的经济增长与实际汇率上涨相关。按照巴拉萨—萨缪尔森原理，人民币的汇率本该每年上涨 4.8%。如果中国未来的 GDP 增长率从目前的高水平上逐步下降，这种升值率也会随之下降。

估计人民币低估的另一个计量经济学方法来源于均衡汇率理论。一些研究者为此使用了标准均衡汇率模型。当实际汇率被当做长期手段使用时，有证据表明，在短期和中期内，汇率可能严重地持续偏离均衡汇率模型，也就是说，实际汇率错位是普遍的现象。一些最新的经验研究要么估计人民币的低估水平非常低，要么把它纳入宽泛的不确定性的上下限中。到目前为止，关于人民币低估的统计证据是模糊不清和不确定的。

自 2003 年夏季以来，欧盟、日本和美国对中国施加了重商主义的压力，要求人民币升值。这让人想起了 20 世纪 70 年代和 80 年代的美日经济摩擦。当时，美国市场充斥着日本的工业品。美国要求贸易伙伴的货币升值并不新鲜；20 世纪 80 年代中期的日元和 80 年代末的韩元都在美国的类似压力下升值。正如本章第 3 节第 3 小节所述，2007 年年底，美国和欧盟的政治环境和贸易关系变得更具有民族主义色彩，变得不利于中国。

一方面，人们不可能不顾一切地坚持，在国际货币体系中，顺差国没有共同消除宏观经济巨大失衡的义务。当情况需要的时候，就可以要求这些国家为了改善国际货币体系的共同利益而考虑到其他国家的利益，而国际货币体系则是一种使所有参与者都受益的全球公共产品。另一方面，那些指责中国是美国经济所有问题的罪魁祸首的人需要控制自己的怒火，因为汇率的变化并不能解决美国的贸易赤字和亚洲的贸易顺差。他们没有看到，美国超低的储蓄率，而不是错位的汇率，才是美国经济问题的根源。

在 2005 年 2 月第一周，中国公布了调整人民币汇率的决定。中国人民银行宣布人民币准备不再钉住美元，代之以一篮子货币，尽管中国让人民币汇率由市场力量决定将需要更长的时间。2005 年 7 月 21 日，人民币兑美元汇率升值了 2.1%。尽管人们能够看出人民币兑美元汇率升值的势头不断加强，但是升值速度却非常缓慢。2005 年 7 月至 2006 年 7 月，人民币汇率爬升了 3.3%。另一个清晰的观察是，人民币对欧元和日元的汇率波动更大，这在很大程度上反映了美元对这两种主要货币汇率的波动。2006 年春季后，人民币汇率出现了一些清晰可见的灵活性迹象。

人民币是否应当进一步升值、何时升值和升值多少变成了激烈争论的问题。在这个充满争议的问题上，学者、研究者、政策制定者和政治领导人至今尚未达成共识。在人民币进一步升值的问题上，各种公开的观点之间存在一种明显的和深层的对立。

货币的升值通常不仅影响到一个经济体的贸易，而且影响到它同各种贸易伙伴之间的贸易。人民币升值显然会影响中国的全球贸易顺差以及双边贸易的顺差和赤字。我们能够相当准确地计算出人民币升值对它们的影响。由于中国在“十一五”期间（2006—2010 年）一直致力于经济的再平衡，因此，一些人相信，人民币升值将会帮助中国实现经济再平衡和增长道路转变的目标。本章还考察了人民币升值对中国经济、其他亚洲经济体（通过贸易和资金流动以及生产网络与中国经济存在紧密的一体化）和美国经济的可能影响，这种影响已经变成一种不断加剧的双边政治指责。

人民币的升值是否可能妨碍中国在全球贸易领域中的成功？这是一个激烈争论的问题。经验研究显示，即使人民币大幅升值，也只会使中国出口产品的美元价格略微下降。在人民币实际汇率升值后，中国的贸易和贸易顺差将会小幅下降。人民币升值的这种微小影响是因为特殊的进口价格弹性。

中国已经完全融入亚洲地区以垂直专业化为基础的生产网络。人民币的升值可能对其他亚洲高绩效经济体产生复杂的影响。向中国和世界其他地区出口消费品的亚洲经济体不会从人民币升值中受益，但日本和亚洲新兴工业化经济体实质上向中国出口资本和中间产品，可能面临出口下降。中美之间的双边贸易和贸易失衡不可能对人民币升值产生巨大影响。这是因为美国对华出口的价格弹性并不具有统计学上的重要性。这意味着人民币升值最终不会成功地解决中美贸易失衡。人民币升值将会使美国对华出口略微增长，但不会影响中国对美国的出口。

在人民币升值后，其他亚洲高绩效经济体很有可能出现货币普遍升值的浪潮。倘若如此，人民币升值将会对中国和其他亚洲高绩效经济体产生更巨大的影响。中国和所有亚洲经济体的出口增长可能受到负面的影响，造成它们的 GDP 增长率下降。其他亚洲高绩效经济体货币的普遍升值可能严重影响中国加工贸易产品的成本结构，因为它们按照进口国货币计算的价格将会上涨。一些亚洲经济体是中国加工产品出口的大型供应国，它们的货币升值将会对中国出口产生巨大影响。与此相反，人民币的单方面升值不会对中国出口产生重大影响。然而，在后一种情况下，中国的双边贸易顺差将会下降。

注 释

第一章　中国的复兴：30 年不可阻挡的经济进步

1　1492 年，哥伦布率领 3 艘帆船，发现了通往印度的新航线。其中最大的帆船“圣玛丽亚号”长 60 英尺。郑和每次航行率领 300 多艘船只，他的旗舰长达 400 英尺。

2　“中央王国”是中国的汉语名称，源自公元前 1000 年，当时它是指位于华北平原的西周帝国。

3　关于详细的讨论，参见 Maddison（1998）；Shiue and Keller（2004a and 2004b）。

4　Lovell（2006）详细地解释了英国贸易使团及其活动。

5　尽管受到了合适的接待，但是英国贸易使团没有取得多少成功。英国商人和东印度公司只允许在很小的范围内活动。他们只能在远离首都北京的广州活动。尽管中国向英国大量出口茶叶，但是它无意从英国进口任何东西。中国继续接受以白银作为茶叶出口的货币。英国出现了越来越大的贸易赤字。

6　引自 Tanaka (2006), p.180。

7　“19 世纪中叶以后，由于列强的野蛮侵略和封建统治的腐败无能，中华民族陷入了丧权辱国、民不聊生的悲惨境地。”（胡锦涛，2005），引自 2005 年 5 月 17 日胡锦涛主席（时任）在 2005 年北京福布斯全球论坛开幕式上的主题演讲。这篇演讲参见人民日报网站：http://english.people.com.cn/200505/17/eng20050517_185302.html。

8　“新兴市场经济体”是 1981 年国际金融公司创始人安东尼·范·阿格塔米尔（Antoine van Agtmael）发明的术语。它代表一组发展中经济体。关于新兴市场经济体定义的解释，参见 Das (2000, Chapters 1 and 2)。

9 这些统计数量来源于 Dollar (2007)。基尼系数衡量的是一个国家的收入不平等程度，0 表示人与人之间收入相同的绝对平等，而 1 则表示绝对不平等。

10 关于收入增长与不平等加剧之间的对立的详细分析，参见 Yusuf and Nabeshima (2006), Chapter 2。

11 不久前，10 个亚洲高绩效经济体使亚洲成为增长最快的地区，包括中国大陆、中国香港特别行政区、印度尼西亚、日本、韩国、马来西亚、菲律宾、新加坡、中国台湾地区和泰国。这群充满活力的亚洲经济体的领导者是日本，中国大陆则是最新的成员。

12 “外商投资企业”是指跨国公司子公司和合资企业。外商投资企业是外国公司独资或部分所有的企业。“外商投资企业”在中国似乎是一个不恰当的称呼。它是指外国公司在当地的子公司。其中许多子公司是与中国企业共同建立的合资企业。直到 1992 年，中国几乎所有的外商直接投资都采取合资企业的形式。“外商投资”的表述是用来重新保证这些合资企业是外商参与的国内企业。自 1992 年以来，外国公司的子公司越来越多地由外商投资者控股或独资所有，但是，“外商投资”这一表述继续适用于它们。目前，外商投资企业由外商独资企业和合资企业——例如中外合作经营企业和中外合资经营企业——构成。

13 关于对改革开放计划的详细讨论，参见 Das (2006), Chapter 3。

14 2006 年，中国南方省份广西省吉安市修建了一条 8 车道的公路。吉安市城区人口只有 20 万，轿车保有量不到 1 万辆。

15 抚养率的计算方式是 0—14 岁的人口和 65 岁以上的人口除以 15—64 岁的人口。

16 威廉·阿瑟·刘易斯（William Arthur Lewis, 1915—1991）提出了经济增长的两部门模型，这是一种古典经济学增长模式。刘易斯认为，新古典经济学家没有准确地描述发展中经济体的条件，因为他们假定劳动力供应不足。刘易斯的经济增长模型假定，发展中经济体拥有两个部门，一个是现代的部门，另一个是传统的部门。现代的部门是资本密集型的小规模部门，而传统的部门则是非资本密集型的大规模部门。传统部门存在大量的劳动力过剩，因此，劳动边际生产率是零。

17 参见 Jackson and Howe (2004); Cai et al. (2001); 以及 Qiao (2005)。

18 伯南克（Bernanke, 2006）根据当前的市场汇率，使用中国国家统计局所提供的数据计算出了这些数字。

19 东盟成员国包括下列国家：文莱、柬埔寨、印度尼西亚、老挝、马来西亚、缅甸、菲律宾、新加坡、泰国和越南。柬埔寨也是最后加入东盟的国家（1999年）。这项研究不包括东盟更小的经济体的数据。

20 2005年，中国国家统计局修正了国民核算，纳入了2004年全国经济普查的新信息。修正后的核算结果显示，不仅中国经济的规模更大，而且增长速度也稍快于以前的计算。2004年全国经济普查还表明，对中国经济来说，服务业比以前估算的更为重要。这次经济普查更好地估算了服务业部门的产值。中国的GDP比2004年的估算增加了2840亿美元，也就是说，2004年的GDP修正后增长了16.8%。这种修正扩大了中国GDP的基数。关于更多的细节，参见 *World Development Indicators 2006*。

21 作者根据公开的国际数据计算得出。

22 参见 Chapters 1 and 2 of the WEO (2007), October。

23 四个亚洲新兴工业化经济体是中国香港、韩国、新加坡和中国台湾。

24 "东盟"是东南亚国家联盟（Association of South East Asian Nations）简称，共有10个成员国。东盟四国是指印度尼西亚、马来西亚、菲律宾和泰国。

25 哈佛大学教授约瑟夫·奈（2005）发表了"软实力"一词，是指一个国家拥有通过吸引力而不是强制实现目标的能力。

26 以美元计算的GDP数据来源于WDI（2007）。这种排名使用世界银行的所谓货币换算图谱法，把国民总收入折合成美元。它使用3年的平均数计算，消除了汇率的波动。

27 WDI (2007)。

28 转引自 Tanner (2004)。

29 Engardio and Roberts (2004) 表达了工业化经济体企业家的沮丧："美国以前挺住了来自日本、韩国和墨西哥的进口浪潮，并适应了中国20年。但是，现在情况有所不同。长期以来有一种假设认为，美国和其他工业化国家将会保持在知识密集型产业中的领导地位，而发展中国家则集中于低技术部门。这种假设现在遭到了质疑。""中国让人吃惊的是，第一次有一个贫穷的大国能够以低工资和高科技进行竞争"，哈佛大学经济学家 Richard B. Freeman 说，"中国能够把低工资和高科技结合起来，美国有麻烦了"。

30 参见 Ahearne et al. (2003), Feyzioglu and Wang (2003)。WEO (2004) 第二章详细讨论了这些问题。

31 其他的"金砖"国家也是金属价格上涨的原因（"金砖"国家是巴西、俄罗斯、印度和中国）。

32 参见1997年2月7日克林顿总统发表的国情咨文。

33 参见"Anan Hails China' s Role on the World Stage", in China.org.cn. Xinhua News Agency. December 29, 2005。http://www.china.org.cn/english/international/153614.htm。

34 参见 *Time*, "China Century," January 2, 2007。

35 "peaceful ascendancy"在汉语中是"和平崛起"。

36 邓小平第一次使用"小康"一词表示人民过上舒适生活的富裕社会。对邓小平来说，到2000年实现人均GDP达到800美元的初步目标就意味着实现小康。尽管中国的确实现了这个目标并且做得更好，但是这个"小康"定义实质上是满足基本的生活需要。

37 这项调查的结果引自 Huang Qing, "China's Development an Opportunity, Not Threat", in *The People's Daily,* on January 23, 2007。

38 Rumbaug and Blancher (2004)，参见 Table 2.7, p.10。

39 根据联合国商品贸易统计数据库计算得出，参见 Ianchovichina and Martin (2006), Table 2。

40 同上。

41 这些数据来源于 *International Trade Statistics 2006*, World Trade Organization, Table I.5 and Table II.2.

42 这些数据来源于《2007年世界发展指数》。

43 这些数据来源于 WEO (2004), Chapter 2, Table 2.9。

44 关于出口部门升级的详细解释，参见 Freund and Ozden (2006), and Branstetter and Lardy (2006)。

45 外国公司与中国国内企业经常——但并不总是——成立合资企业。

46 中国是关贸总协定的23个原始缔约国之一，1950年中国宣布退出关贸总协定。

47 Lall and Albaladejo (2004) 根据联合国商品贸易统计数据库计算得出。

48 这些统计数据来源于 *International Trade Statistics 2006*, World Trade Organization, Table I.5 and Table II.2.

49 中国成为亚洲制造中心的最好例证是中国从亚洲高绩效经济体进口的电子部件不断增长。这些进口近年来显著增长，这与中国对三大工业化国家市场的电子产品出口增长是一致的。

50 关于中国加入供应链和生产网络的详尽学术分析，参见 Haddad (2007)。

51 这些统计数据来自世界银行《中国经济季报》2007年5月号和以前各期。

52 “加工品”是指由在中国海关归类为“加工品”的类目下进口的零件和部件制造的出口产品。

53 这些数据来源于 WTO (2007) Table I.5, p.17。

54 关于中国外商直接投资体制分阶段自由化的详尽讨论，参见 Das (1996); Naughton (1996)；Huang (2003a)；and Das (2005)。

55 1992 年，外商直接投资突然增长的非经济原因是邓小平视察广东、南部沿海地区和经济特区，这表明邓小平完全致力于广泛的经济改革战略，尤其是吸引外商直接投资。邓小平视察的目的是推动改革进程。

56 引自 Hexter and Woetzel (2007)。

57 这些统计数据来自国际货币基金组织的《国际金融统计》。

58 与此相比，多元化投资组合——60%的股票和 40%的债券——的实际收益率是 5%或者更高。

59 世界银行《中国经济季报》2007 年 2 月号深入地讨论了这些建议和这一领域的最新发展。

60 中国共产党全国代表大会不应与中国立法机关全国人民代表大会相混淆。

61 2007 年 3 月 16 日温家宝总理（时任）在十届人大五次会议上答记者问，参见 http://www.10thnpc.org.cn/english/2007th/ 203204.htm。

62 温家宝总理（时任）在世界经济论坛年会开幕式上的讲话，参见 http://www.weforum.org/en/events/AnnualMeetingoftheNewChampions/WenJiabaosaddress/index.htm。

63 2006年，上海市委书记因为挪用 4000 万美元养老金投入房地产项目而被免职。

64 2007 年 5 月 21 日，这项研究公布了它的研究结果。最富有和最发达的江苏省占到总癌症病例的 12%（Watts, 2007）。中国的报纸报道了“癌症村”的故事，在这些“癌症村”中，工厂附近的村庄出现了许多由于污染而患病的家庭。污染的河流附近也发现了这样的家庭。

65 2831 项产品免除或降低了关税，占到出口产品类目总数的 37%。

66 2004 年 11 月 30 日在彭博社网站上公布。参见“China Tells Currency Speculators to Get Lost”, by W. Pesek. Accessed on December 15, 2004, http://quote.bloomberg.com/apps/news?pid=10000039&refer=columnist_pesek&sid=aDaFXG_.Fn08。

67 中国共产党全国代表大会是中国共产党的最高决策机构，每五年举行一次。包括人事安排决策在内的最重要的决策都在全国代表大会上作出。战略性的决策通常在全国代表大会召开前作出，但在会议期间公布。中国共产党第十七次全国代表会于 2007 年 10 月 15 日举行。

68 所谓的"20 国集团"诞生于 2003 年月 6 月坎昆部长级会议召开之前。"20 国集团"包括凯恩斯集团一些想要改善其农产品出口市场准入的发展中国家（阿根廷、巴西和泰国），也包括其他的发展中国家（印度、墨西哥、玻利维亚和厄瓜多尔），这些国家想要避免进口剧增对国内市场的冲击。在本书写作时，"20 国集团" 包括下列国家：阿根廷、玻利维亚、巴西、智利、中国、哥伦比亚、哥斯达黎加、古巴、厄瓜多尔、埃及、危地马拉、印度、印度尼西亚、墨西哥、尼加拉瓜、巴基斯坦、巴拉圭、秘鲁、菲律宾、南非、泰国和委内瑞拉。巴西、中国、印度和南非扮演"20 国集团"组织领导者的角色（Das, 2007b）。

第二章 中国的复兴与持续一体化的地区经济

69 关于更详细的讨论，也可参见 Schott (2006) 和 UNCTAD (2005)。

70 参见第一章注 67。

71 引自 Rodrik (2006)。

72 例如，参见 Ahearne et al. (2003) and Zebregs (2004)。

73 中国大陆和香港特别行政区的出口数据之所以合并统计，是因为许多出口产品使用中国大陆的劳动力和香港地区的管理和销售技术。

74 东南亚经济体是指印度尼西亚、韩国、马来西亚、菲律宾、新加坡、中国台湾和泰国，而南亚经济体则是指孟加拉、印度和巴基斯坦。

75 在这时，在官方汇率贬值 28%后，新的汇率固定在 1 美元兑换人民币 8.28 元，这一汇率持续到 2005 年。1994 年和 1995 年，中国经济经历了两次高通货膨胀，逆转了货币适度贬值的效应。

76 参见 *World Economic Outlook*, 2004, Chapter 2。

77 参 见 *The New Straits Times*, "Future Flows of FDI to Asia to Depend on China", March 9, 2002。

78 Woo (2004) 引用。

79 2002 年由联合国贸易和发展会议公布。

80 这个自由贸易区是中国与"东盟六国"之间的自由贸易区。"东盟六国"是指文莱、印度尼西亚、马来西亚、菲律宾、新加坡和泰国。东盟的新成员国是柬埔寨、老挝、缅甸和越南，被称为"东盟新四国"。

81 关于对这个问题的详细讨论，参见 Yu and Cheng, 2004 as well as Das（2004,

2005）。

第三章 中国的复兴与持续一体化的全球经济

82 关于这个问题的详细说明，参见 Das (2005)。

83 原油的供需基本面显然存在缺口。2007 年 9 月末，西德克萨斯轻质原油（WTI）参考现货平均价（APSP）已经达到每桶 83.90 美元；到 11 月初，它就升高到每桶 99 美元。也就是说，石油价格一年内提高了 65%。2008 年 1 月 2 日，石油价格达到了每桶 100 美元，突破了人们的预期。全球石油消费的年增长率为 1.9%，而石油生产的年增长率却为 1.5%。去年，也就是 2007 年，石油价格已经是连续第六年上涨。

84 尽管人们对工业革命开始的日期还存在分歧，T. S. 艾什顿（T. S. Ashton）坚持认为它开始于 1760 年。艾什顿是《工业革命 1760—1830》（*The Industrial Revolution 1760–1830*）一书的作者，曾多次撰文论述工业革命。

85 关于这些调查的详细结论，参见世界舆论网站（http://www.worldpublicopinion.org/）。

86 引自 Kurlantzick (2007)。

87 经合组织发展援助委员会（DAC）会就成员国的国际援助情况发表报告。由于中国不是这一组织的成员，因此这方面的信息和统计数据不详。

88 引自 Kurlantzick (2007)。

89 参见 Chapter 1, *World Economic Outlook*, October 2007。

90 在 2007 年 10 月 1 日 BBC 对阿兰·格林斯潘（Alan Greenspan）的采访中，他提到，"可能最糟糕的情况是美国发生衰退，这是由于美国家庭支出的下降引起的，因为人们感到自己的钱变少了，消费也就变少了"。即使在最好的情况下也不能排除这种情况，即"美国经济出现实质性的放缓，从而影响到全球经济"。BBC 新闻栏目的相关视频，见 http://news.bbc.co.uk/go/prfr/-/2/hi/business/7022117.stn。

91 关于详细的讨论，参见 IMF (2004) Chapter 2。

92 到 2007 年 11 月末，西德克萨斯轻质原油现货平均价为每桶 99 美元。这至少反映了供给和需求基本面存在着不平衡，需求增速明显快于供给。这一时期，全球石油消费增长率为 1.9%，而供给则增加较慢。2007 年，石油价格连续第 6 年上涨。2008 年 1 月 2 日，石油价格涨到了每桶 100 美元。

93 参见 UNCTAD (2007), Chapter 3, Table III.1。

94 在 2007 年 8 月底。

95 参见 UNCTAD (2005 and 2007)。

96 FTAP 是“外商直接投资和贸易分析项目”(Foreign Direct Investment and Trade Analysis Project) 的缩写。

97 关于各个国家的更详细结果，参见 Tables 14, 15 and 16 in OECD (2006)。

98 本节参考了 Winters and Yusuf (2007), Chapter 1。

第四章 中国的复兴与跨太平洋地区宏观经济的失衡

99 参见 IMF (2007), see Chapter 3。

100 例如，参见 Croke, Kamin and Leduc (2005); Edwards (2005); Freund and Warnock (2005); Goldman Sachs (2005); Debelle and Galati (2005); de Haan, Schokker and Tcherneva (2006); WEO (2002)。

101 尽管我们在这里主要关注中国的经常账户顺差，但保持经常账户顺差的还有其他亚洲新兴市场经济体，比如印度、日本、韩国、马来西亚、新加坡、中国台湾，以及石油输出国组织经济体，包括伊朗、科威特、尼日利亚、沙特、委内瑞拉、巴西和俄罗斯。其中一些国家坚持有管理的汇率制度和和有限的资本账户可兑换。

102 这些统计数据来源于中国国家统计局、商务部和中国政府。

103 2007 年 11 月底，国际石油现货平均价暴涨至每桶 99 美元，一年之间价格增长了 65%。2008 年 1 月 2 日，石油价格突破每桶 100 美元的心理点位。

104 中国不是转变成债权国的唯一国家。东亚国家是高储蓄经济体，特别是中国和日本在制造业中对美国保持巨大的贸易和经常账户顺差。

105 广义指数由美联储计算并发布，参见 http://www.federalreserve.gov/releases/h10/Summary/indexb_m.txt。

106 克莱恩 (Cline 2007) 用另一种指数来衡量美元对其他主要货币的价值，得出了相同的结论。

107 基于国际货币组织的国际金融统计数字。

108 这些统计数字来源于美国国际贸易委员会，http://dataweb.usitc.gov/classification_systems.asp。

109 参见 WEO (2006)，box1.3, p.24。

110 同上。

111 2007 年 11 月，欧元兑美元达到历史高点，1 欧元兑 1.48 美元。

112 最先使用这一词语的是 Larry H. Summers（2004）。

113 这些数据来源于国际货币基金组织的《世界贸易方向统计年鉴》(*Direction of Trade Statistics*)。

114 波音公司预计在未来 20 年内中国将成为除美国以外最大的商用飞机和旅行市场。基于对目前中国交通和航空工业扩张速度的分析，波音公司预测，到 2023 年中国将需要 2300 多架商业飞机。

115 这些统计数据来源于《世界发展指标 2007》。

116 本节参考了 Lardy (2006)。

117 例如，参见 Eichengreen（2004）; Roubini and Setser（2005）; Roubini（2006）; Chinn and Ito（2007）and WB（2005）。

118 关于美元贬值的必要性的详细讨论，参见 Krugman, 2007。

119 克鲁格曼（2006）不客气地将其称为“所谓的布林顿森林体系—II”。

120 例如，参见 Eichengreen（2004）; Goldstein and Lardy（2005）。

121 关于对《广场协议》的各种分析，参见 Das, 1992; Funabashi, 1989。

122 欧元区国家、日本和沙特也参加了国际货币基金组织所主持的全球失衡多边磋商。

123 多年来，“二十国集团”成为全球结构的重要组成部分。“二十国集团”正式成立于 1999 年 9 月 25 日的“七国集团”部长级会议上。1999 年 12 月“二十国集团”在柏林召开第一次会议。欧盟、国际货币基金组织和世界银行的代表成为“二十国集团”的组成部分。法国和意大利政府反对“二十国集团”这一思想，理由是“二十国集团”将削弱国际货币基金组织的权威。相反，它们支持国际货币基金组织的新国际货币与金融委员会（IMFC)。美国和日本非常赞成“二十国集团”这个新组织。英国虽然对此表示支持，但是同时也持保留意见，因为担心“二十国集团”在实践上会削弱国际货币与金融委员会的地位，而英国前财政大臣戈登 · 布朗被选为国际货币与金融委员会首任主席。加拿大表示支持“二十国集团”，这很大程度上是因为加拿大希望能看到一种更广泛和正式的磋商组织，这种组织可以和其他超国家组织联系在一起，减少美国的控制。加拿大财政部长保罗 · 马丁担任“二十国集团”第一届主席，任期 2 年。他指出，“二十国集团”的任务是“推动工业化国家和新兴市场间的讨论、学习和政策问题评估，促进国际金融稳定”。“二十国集团”的最初成员国除了“七国集团”成员国外，还包括阿根廷、澳大利亚、巴西、中国、印度、墨西哥、俄罗斯、沙特、南非、韩国和土耳其。2000 年，“二十国集团”在加拿大举行了第二次会议。会议决定“二十国集团”主席由成员国轮流担任，任期为 2 年，前几任主席从“七国集团”成员国中选出。

124 麦金农和施内伯（McKinnon and Schnable, 2006）不同意克莱恩所作出的逻辑推论。

第五章 中国的复兴与人民币问题

125 在汉语中，“人民币”的意思是人民的货币，“元”是货币单位。

126 例如，参见 Fernald et al.（1999）。

127 “ASEAN”（东盟）是“东南亚国家联盟”（Association for Southeast Asian Nations）的缩写。“东盟 +3”包括东盟的 10 个成员国和 3 个东北亚经济体即中国、日本和韩国。

128 广义指数由联邦储备委员会计算和公布，数据可从美联储网站上获得 http://www.federalreserve.gov/releases/h10/Summary/indexb_m.txt。

129 直到 2005 年年底，只有摩根士丹利相信人民币可能继续钉住美元（Baker and Jen, 2004）。

130 中国的失业问题远比统计数据所显示的更为严重。尽管 1998 年至 2002 年总就业岗位据说增加了 3100 万，但是在同一时期城市登记失业人口的数量从 3% 增至 4%，从 670 万增至 1000 万。在这一时期，城市就业数量从 2.24 亿增加到 2.48 亿。这些统计数据仅仅揭示了中国失业状况的冰山一角，掩盖了真实的情况。兰德公司的研究表明，当适当地考虑到中国农村的“隐性”失业和城市的“未登记”失业时，中国的实际失业率就会剧增，据估计占到总劳动人口的 23%。“隐性”失业是指名义上并有收入的就业人口，但实际上对产出并未作出贡献，相当于美国劳动力市场上的“虚雇员工”。我们难以估计中国长期的大规模失业和未充分就业人口所造成的紧张和压力，但是怎么高估都不为过。与中国外部所了解的情况（Wolf, 2004）相比，中国的就业问题已经成为经济和社会稳定的更深刻、更长期和潜在的更严重的挑战。

131 2004 年 11 月 30 日彭博社公布，参见“China Tells Currency Speculators to Get Lost”, by W. Pesek, December 15, 2004, http://quote.bloomberg.com/apps/news?pid=10000039&refer=columnist_pesek&sid=aDaFXG_.Fn08。

132 （时任）中国总理温家宝在金融媒体上一再指出，中国不会迫于外界压力对人民币重新估值。在 2004 年 11 月 29—30 日老挝万象举行的东盟峰会期间，温家宝总理更进一步，向货币投机者发出了警告。他表示，由于市场对人民币升值抱着强烈的投机心理，所以目前并不是调升人民币汇率的时候。如果国际社会继续对人民币进行热炒，这项措施就不可能出台。他表示，那些正在考验中国决心的国家只会推迟人民币汇率制度的改革。言外之意是关于人民币重新估值的市场预期和投机活动越多，人民币重新估值的过程就可能越长。

133 日本的政策制定者屈从了美国的压力和毫不掩饰的贸易制裁威胁，对出口美国的大宗产品实施了“自愿的”限制。此外，日元兑换美元的汇率从 1971 年 360 日元兑换 1 美元升值到 20 世纪 80 年代中期的 110 日元兑换 1 美元（Das, 1992）。日元的急剧升值导致日本出现了长期的通货紧缩。日本经济变得脆弱，这种脆弱性持续到 21 世纪。

134 纽约州民主党参议员查尔斯·舒默（Charles Schumer）提出了对来自中国的所有进口产品施加 27.5%的惩罚关税的法案，小布什政府的官员一致认为人民币汇率应该提高灵活性。由于这可能严重违反了世界贸易组织的规定，因此，2007 年 9 月，林德赛·格拉汉姆和查尔斯·舒默起草了一份符合世界贸易组织规定的制裁中国的法案。这份新法案要求美国由于中国根本错位的汇率而威胁对中国进行反倾销惩罚。

135 例如，参见 Bergsten (2007)。

136 参见本书第 4 章。

137 这些数据来源于《2007 年世界发展指数》。

138 中国应邀参加 2005 年 2 月 5 日在伦敦举行的“七国集团”会议。中国人民银行副行长李若谷在会后告诉记者，“我们有非常坚定的决心倾向于更浮动的汇率”，但目前没有具体的时间表。

139 关于“BBC”汇率制的详细讨论，参见 Williamson (2001)。

140 Ogawa and Sakane (2006) 支持这个推论。

141 2007 年 9 月 20 日，这些数字的引用得到了杰弗里·弗兰克尔和魏尚进的许可。

142 参见 McKinnon, 2007。

143 “加工产品”是中国海关称呼那些使用进口零件、部件和组件生产的出口产品的名称。

144 关于详细的分析，参见 Thorbecke (2006a); and Gaulier et al. (2005)。

145 合资企业通常是外国公司与中国公司共同投资的企业，但并不总是如此。

参考文献

Abraham, F. and J. van Hove. 2005. "The Rise of China: Prospects of Regional Policy." *Review of World Economics*. Vol. 141. No. 3. pp.486-509.

Abu-Lughod, J. 1989. *Before European Hegemony: The World System A.D. 1250-1350.* New York. Oxford University Press.

Adams, G. F., B. Gangnes and Y. Shachmurove. 2006. "Why is China So Competitive? Measuring and Explaining China's Competitiveness." *The World Economy.* Vol. 29. No. 1. pp.95-122.

Ahearne, A. G., J. G. Fernald, P. Loungani and J.W. Shindler. 2003. "China and Emerging Asia: Comrades or Competitor?" Chicago, Illinois. Federal Reserve Bank of Chicago. Working Paper No. 2003-27. December.

Ahearne, A. G., J.G. Fernald, P. Loungani and J.W. Shindler. 2006. "Flying Geese or Sitting Ducks? China's Impact on the Trading Fortunes of Other Asian Economies." Washington DC. Board of Governors of the Federal Reserve System. International Financial Discussion Papers. 887. December.

Ahn, J. and D. Cogman. 2007. "A Quiet Revolution in China's Capital Markets." *The McKinsey Quarterly.* July. Available on the Internet at http://www. mckinseyquarterly.com/article_print.aspx? L2_57L3_7ar_2016.

Akamatsu, K. 1961. "A Theory of Unbalanced Growth in the World Economy." *Weltwirtschaftliches Archiv.* Vol. 86. No. 1. pp.196-217.

Alvarez, R. and S. Claro. 2007. "David versus Goliath: The Impact of Chinese Competition on Developing Economies." Santiago, Chile. Pontificia Universidad Catolica de Chile. (mimeo.).

Amiti, M. and C. Freund. 2008. "An Anatomy of China's Export Growth" in R. Feenstra and Shang-Jin Wei (eds) *China's Growing Role in World Trade*. Cambridge, MA. National Bureau of Economic Research. (forthcoming).

"APEC at a Glance." 2007. Singapore. APEC Secretariat. Arayama, Y. and K. Miyoshi. 2004.

"Regional Diversity and Sources of Economic Growth in China." *The World Economy*. Vol. 27. No. 7. pp.1583-1607.

Asian Development Outlook (ADO). 2007. Manila, The Philippines. Asian Development Bank.

Athukorala, P. C. 2006. "Multinational Production Networks and the Geo-Economic Division of Labor in the Pacific Rim." Canberra, Australia National University. Research School of Pacific and Asian Studies. RSPAS Working Paper No. 2006-09.

Aziz, J. and S. Dunaway. 2007. "China's Rebalancing Act." *Finance and Development*. Vol. 44. No. 3. pp.27-31.

Backus, D. and F. Lambert. 2005. "Current Account Fact and Fiction." New York. Stern School of Business. New York University. (unpublished manuscript).

Baker, M. and S. L. Jen. 2004. "Asian Currencies: Rotation Revived." *Morgan Stanley: Global Economic Forum*. New York. November 29.

Balassa, B. 1964. "The Purchasing Power Parity Doctrine: A Reappraisal." *Journal of Political* Economy. Vol. 72. No. 3. pp.584-596.

Barboza, D. 2007. "China Moves to Change Damaged Global Image." *The New York Times*. June 29. p.6.

Barell, R., D. Holland and I. Hurst. 2007. "Correcting US Imbalances." Paper presented at the workshop jointly organized by the Korea Institute of International Economic Policy and Peterson Institute for International Economic Policy, Washington DC, during February 8-9.

Barnett, S. and R. Brooks. 2006. "What's Driving Investment in China?" Washington DC. International Monetary Fund. Working Paper No. WP/06/265.

Batra, A. 2004. "India's Global Trade Potential: The Gravity Model Approach." New Delhi. Indian Center for Research on International Economic Relations. Working Paper No. 151. June.

Bergsten, C. F. 2007. "The Dollar and the Renminbi." Statement before the Hearing on US Economic Relations with China, United States Senate, May 23.

Bernanke, B. S. 2006. "The Chinese Economy: Progress and Challenges." Paper presented at the Chinese Academy of Social Sciences, Beijing, December 15, 2006.

Bernanke, B. S. 2005. "Global Saving Glut and the US Current Account Deficit." The Sandridge Lecture delivered in front of the Virginia Association of Economics, Richmond, Virginia, on April 14.

Bernanke, B. S. 2005. "The Global Saving Glut and US Current Account Deficit." Sandridge Lecture delivered in front of Virginia Association of Economists, in Richmond, Virginia, on June 30.

Bersick, S. 2006. "Making Euro-Asian Soft Power in the 21st Century." Amsterdam. Amsterdam University. Asia-Europe Foundation. July. Available on the Internet at http://www.civdialogue.asef.org.

Bian, Z. 2004. "A Gentle Giant." *Beijing Review.* Available on the Internet at http://www.bjreview.com.cn/200414/World-200414（A). htm. September 14.

Bijian, Z. 2005. "China's Peaceful Rise to Great-Power Status." *Foreign Affairs.* September/October. pp.128-62.

Borensztein, E. and D. J. Ostry. 1996. "Accounting for China's Growth Performance." *American Economic Review.* Vol. 86. No. 6. pp.224-228.

Boston Consulting Group（BCG). 2006. *The New Challenge: How 100 Top Companies from Rapidly Changing Developing Economies are Changing the World.* Boston, MA.

Bouveret, A., S. Mestiri and H. Sterdyniak. 2007. "The Renminbi Equilibrium Exchange Rate: An Agnostic View." Unpublished manuscript. Available on the Internet at http://www.unicatt.it/convegno/open_economy/Allegati/Bouveret.pdf.

Brandt, L. and T. G. Rawski. 2005. "Chinese Industry after 25 Years of Reform" in *Asia Program Special Report* No. 129. Washington DC. Woodrow Wilson International Center for Scholars. July. pp.14-20.

Branstetter, L. and N. Lardy. 2006. "China's Embrace of Globalization." Cambridge, MA. National Bureau of Economic Research. NBER Working Paper 12373. July.

Brown, D. K., A.V. Deardorff and R.M. Stern. 2004. "The Effect of Multinational Production on Wages and Working Conditions in Developing Countries" in R. Balswin and L. Alan Winters（eds) *Challenges of Globalization: Analyzing the Economics.* Chicago.

University of Chicago Press. pp.279-332.

Buelens, C. P. 2005. “Trade Adjustments Following the Removal of Textile and Clothing Quotas.” Belgium, Brussels. Center for European Policy Studies. Working Document No. 222. May.

Buira, A. and M. Abeles. 2007. “Global Imbalances and the Role of the IMF” in *Global Imbalances and Developing Economies.* FONDAD, The Hague. pp.93-123.

Buira, A. and M. Abeles. 2006. “The IMF and the Adjustment of Global Imbalances.” Paper submitted to the G-24 Technical Group Meeting, Geneva, March 16-17.

Caballero, R. J., E. Farhi and P.O. Gourinchas. 2006.“An Equilibrium Model of ‘Global Imbalances’and Low Interest Rates.” Cambridge, MA. National Bureau of Economic Research. NBER Working Paper No. 11996. May.

Cai, F., Z. Wang and M. Wang. 2001. “Chinese Population and Family Planning Policies: Enforcement and Consequences.” Beijing. The Chinese Academy of Social Sciences. Working Paper.

Cerra, V., S. A. Riveera and S.C. Saxena. 2005. “Crouching Tiger, Hidden Dragon: What Are the Consequences of China’s WTO Entry for India’s Trade?” Washington DC. International Monetary Fund. IMF Working Paper No. WP/05/101. May.

Chantasasavat, B., K. C. Fung, H. Iizaka and A. Siu. 2004. “Foreign Direct Investment in China and East Asia.” Stanford, CA. Stanford University. Stanford Center for International Development. Working Paper No. 233.

Chen, H. and D.L. Swenson. 2007. “Multinational Firms and New Chinese Export Transactions.” January. Unpublished manuscript. Available on the Internet at http://www.haveman.org/EITI07.swenson.pdf.

Chen, Y. 2001. “Evidence of the Effects of Openness Policy on TFP and Its Components: The Case of Chinese Provinces.” Paper presented at the Third International Conference on the Chinese Economy in Clermont-Ferrant, France, on May 21.

Cheung, Y. W., M. D. Chinn and E. Fujii. 2007. “China’s Current Account and Exchange Rate.” Paper presented at the NBER conference on “China’s Growing Role in World Trade” at Cape Cod, MA, during August 2-3.

Cheung, Y. W., M. D. Chinn and E. Fujii. 2007. “The Overvaluation of Renminbi Undervaluation.” *Journal of International Money and Finance.* Vol. 26. No. 5. pp.762-785.

Chinn, M. D. and H. Ito. 2007. “Global Current Account Imbalances: American Fiscal

Policy versus East Asian Savings." Madison, Wisconsin. La Follette School of Public Affairs. University of Wisconsin. Working Paper No. 2007-013.

Chow, G. 1993. "Capital Formation and Economic Growth in China." *Quarterly Journal of Economics*. Vol. 108. No. 4. pp.809-842.

Clarida, R. H. 2005. "Japan, China and the US Current Deficit." *CATO Journal*. Vol. 25. No. 1. pp.111-114.

Clark, P. B. and R. MacDonald. 2000. "Filtering the BEER: A Permanent and Transitory Decomposition." Washington DC. The International Monetary Fund. Working Paper No. 00/144.

Cline, W. R. 2007. "The Fiscal Deficit and the US External Deficit." Statement before the Budget Committee of the US Senate's hearing on *The Current Account Deficit and the US Foreign Debt*, on February 1.

Cline, W. R. 2005. "The Case for a New Plaza Agreement." Washington DC. Institute for International Economics. *Policy Brief* PB05-4.

Cooper, R. N. 2006. "Understanding Global Imbalances." Paper presented at the conference organized by the Federal Reserve Bank of Boston on *Global Imbalances: As Giants Evolve* at Chatham, MA, June 14-16.

Cooper, R. N. 2004. "US Deficit: It is Not Only Sustainable, It is Logical." London. *The Financial Times*. October 31.

Cotis, J. P. 2007. "Unwinding Global Imbalances." Paper presented at the Brussels Economic Forum, Brussels, Belgium, on May 31.

Coudert, V. and C. Couharde. 2005. "Real Equilibrium Exchange Rate in China." Paris. Centre d'Etudes Prospectives et D'Informations Internationales. Working Paper No. 2005-1. January.

Crafts, N. and K. Kaiser. 2004. "Long-Term Growth Prospects in Transition Economies: A Reappraisal." *Structural Change and Economic Dynamics*. Vol. 15. No. 1. pp.101-118.

Croke, H., S. Kamin and S. Leduc. 2005. "Financial Market Developments and Economic Activity during Current Account Adjustments in Industrial Economies." Washington DC. The Board of Governors of Federal Reserve System. International Finance Discussion Paper No. 827.

Cui, L. and M. H. Syed. 2006. "Is China Changing Its Stripes?" Washington DC.

International Monetary Fund. Research Department. April.

Das, Dilip K. 2007. "Foreign Direct Investment in China: Its Impact on the Neighboring Asian Economies." *Asian Business and Management.* Vol. 6. No. 3. pp.1-17.

Das, Dilip K. 2007. "Foreign Direct Investment in China and Its Impact over the Neighboring Asian Economies." *Asian Business and Management Journal.* Sheffield, UK. Vol. 6. No. 3. pp.136-166.

Das, Dilip K. 2007. *The Evolving Global Trade Architecture.* Cheltenham, UK and Northampton, USA. Edward Elgar Publishing Inc.

Das, Dilip K. 2007. "Integration of South Asian Economies: An Exercise in Frustration?" *Asian-Pacific Economic Literature*. Canberra. Vol. 21. No. 1. pp.55-68.

Das, Dilip K. 2006. "The Dollar Correction Period and the Asian Currencies." *Derivatives: Use, Trading and Regulations.* Vol. 11. No. 4. London. pp.345-365.

Das, Dilip K. 2006. *China and India: A Tale of Two Economies.* London and New York. Routledge.

Das, Dilip K. 2005. *The Anatomy of a Crisis: Asia as Ground Zero.* Macquarie University. Center for Japanese Economic Studies. Sydney, Australia. CJES Research Paper No. 2005-4. October.

Das, Dilip K. 2005. *Asian Economy and Finance: A Post-Crisis Perspective.* New York, USA. Springer Publications.

Das, Dilip K. 2004. "Structured Regionalism in the Asia Pacific: Slow but Sure Progress." *Asia Pacific Viewpoint*. Wellington. Vol. 45. No. 2. August. pp.217-233.

Das, Dilip K. 2004. *Financial Globalization and the Emerging Market Economies.* London and New York. Routledge.

Das, Dilip K. 2001. *The Global Trading System at Crossroads: A Post-Seattle Perspective*. London and New York. Routledge.

Das, Dilip K. 2001. "Liberalization Efforts in China and Accession to the World Trade Organization." *The Journal of World Investment*. Vol. 11. No. 4. December. pp.121-137.

Das, Dilip K. 1999. *Salient Policy Lessons from the Asian Crisis: A View from 1999.* Graduate School of International Relations and Pacific Studies. University of California, San Diego. Available on the Internet at http://www-igcc.ucsd.edu/igcc2/asiancrisis.lessons.htm. August 1999.

Das, Dilip K. 1996. *The Asia-Pacific Economy.* London. The Macmillan Press Ltd,

UK and New York. St. Martin's Press, Inc.

Das, Dilip K. 1992. *The Yen Appreciation and the International Economy*. The Macmillan Press Ltd. London and the New York University Press, New York.

Dayal-Gulati, A. and A. M. Husain. 2000. "Centripetal Forces in China's Economic Take-Off." Washington DC. International Monetary Fund. Working Paper WP/00/86.

Dean, J. M., K. C. Fung and Z. Wang. 2007. "Measuring the Vertical Specialization in Chinese Trade." Washington DC. The US International Trade Commission. Working Paper No. 2007-01. January.

Debelle, G. and G. Galati. 2005. "Current Account Adjustment and Capital Flows." Basel. Bank for International Settlements. BIS Working Paper No. 169.

de Haan, L., H. Schokker and A. Tcherneva. 2006. "What Do Current Account in OECD Countries Tell Us about the US Case?" Amsterdam. De Nederlandche Bank. DNB Working Paper No. 111.

Dekle, R. and G. Vandenbroucke. 2006. "A Quantitative Analysis of China's Structural Transformation." University of Southern California. Institute of Economic Policy Research. Working Paper No. 06/51. May.

Deloitte Research (DR). 2003. "China Enters the 21st Century." New York.

Delpeuch, C. 2007. "EU and US Safeguards against Chinese Textiles Exports." Paris. Groupe d'Economie Mondiale. MPRA Paper No. 2319. March.

Deng, Y. and T.G. Moore. 2004. "China Views Globalization: Towards a New Great-Power Politics?" *The Washington Quarterly.* Vol. 27. No. 3. pp.117-136.

de Rato, R. 2007. "State of the World Economy." Speech at the Harvard Business School, Cambridge, MA, February 26. Available on the Internet at http://www.imf.org/external/np/speeches.2007.022607.htm.

Dollar, D. R. 2007. "Asian Century or Multi-Polar Century?" Washington DC. The World Bank. Policy Research Working Paper 4174. March.

Dooley, M., D. Folkerts-Landau and P. Garber. 2005. "International Financial Stability: Asia, Interest Rates and the Dollar." Frankfurt, Germany. Deutsche Bank.

Dooley, M., D. Folkerts-Landau and P. Garber. 2004. "The US Current Account Deficit and Economic Development." Cambridge, MA. National Bureau of Economic Research. NBER Working Paper No. 10727. September.

Dooley, M., D. Folkerts-Landau and P. Garber. 2004. "The Revisited Bretton Woods

System: Alive and Well." Frankfurt, Germany. Deutsche Bank.

Drezner, D.W. 2007. "The New World Order." *Foreign Affairs.* March/April. pp.73-80.

Dunaway, S., L. Leigh and X. Li. 2006. "How Robust Are Estimates of Equilibrium Real Exchange Rates for China?" Washington DC. International Monetary Fund. IMF Working Paper No. WP/06/220. October.

Economic Intelligence Unit (EIU). 2007. "China: Telecoms and Technology Forecast." London. February 7.

The Economist. 2008. "Revaluation by Stealth." January 12. p.69.

The Economist. 2007. "The Big Mac Index: Sizzling." July 5. p.87.

The Economist. 2007. "Keep Your T-Bonds, We'll Take the Bank." July 28. pp.75-76.

The Economist. 2007. "Asia's Rich and Poor." August 11. p.36.

The Economist. 2007. "High-Tech Hopeful." November 10. Special supplement.

The Economist. 2006. "Balancing Act: A Survey of China." March 25. p.6.

The Economist. 2006. "Balancing Act: A Survey of China." March 25. After p.52.

The Economist. 2005. "From T-Shirts to T-Bonds." July 30. pp.61-63.

The Economist. 2004. "Burgers or Beans? The Starbucks Index." January 30. p.74.

The Economist. 2004. "The Dragon and the Eagle." October 2. p.58.

Edwards, S. 2005. "Is Current Account Deficit Sustainable? And If Not, How Costly is Adjustment Likely to Be?" Cambridge, MA. National Bureau of Economic Research. NBER Working Paper No. 11541. October.

Eichengree, B. G. 2004. "Global Imbalances and Lessons of Bretton Woods." . Cambridge, MA. National Bureau of Economic Research. NBER Working Paper No. 10497. May.

Eichengreen, B. G., Y. Rhee and H. Tong. 2006. "China and the Exports of Other Asian Economies." Paper presented at the Korea Institute of Economic Policy and Claremont Business School conference of *East Asian Regionalism*, Seoul, Republic of Korea. Revised version. January.

Eichengree, B. G. and H. Tong. 2006. "How China is Reorganizing the World Economy." *Asian Economic Policy Review.* Vol. 1. No. 1. pp.73-97.

Eichengreen, B.G. and H. Tong. 2005. "Is China's FDI Coming at the Expense of Other Countries?" Cambridge, MA. National Bureau of Economic Research. Working Paper No. 11335. June.

Eichengreen, G., Y. Rhee and H. Hong. 2004. "The Impact of China on the Exports of Other Asian Countries." Cambridge, MA. National Bureau of Economic Research. Working Paper No. 10768.

Engardio, P. and D. Roberts. 2004. "The China Price." *Business Week International.* December 6. pp.102-112.

Engardio, P., D. Roberts and F. Balfour. 2007. "Broken China." *Business Week International.* July 23. pp.39-45.

Erceg, C., L. Guerrieri and C. Gust. 2005. "Expansionary Fiscal Shocks and the Trade Deficit." Washington DC. The Board of Governors of Federal Reserve System. *International Finance Discussion Paper* No. 825. January.

Farrell, D., U.A. Gersch and E. Stephenson. 2006. "The Value of China's Emerging Middle Class." *The McKinsey Quarterly.* Available on the Internet at http://www.mckinseyquarterly.com/Economic_Studies/Productivity_Performance/.

Faruqee, H., D. Laxton, D. Muir and P. Pesenti. 2005. "Smooth Landing or Crash? Model Based Scenario of Global Current Account Rebalancing." Paper presented at the NBER conference on *G-7 Current Account Imbalances: Sustainability and Adjustment* at New Port, June 1-2.

Fernald, J., H. Edison and P. Loungani. 1999. "Was China the First Domino? Assessing Links between China and Other Asian Economies." *Journal of International Money and Finance.* Vol. 18. No. 4. pp.515-535.

Feyzioglu,T. and T. Wang. 2003. "China's Dynamic Economy Needs Structural Reforms." *IMF Survey.* Vol. 32. No. 21. pp.332-355.

The Financial Times. "Bernanke Calls for Renminbi Revaluation." London. December 15. p.6.

Fishman, T. C. 2005. *China Inc.: How the Rise of the Next Superpower Challenges America and the World.* New York. Scribner.

Frankel, J. A. 2006. "On the Renminbi: The Choice between Adjustment under a Fixed Exchange Rate and Adjustment under a Flexible Exchange Rate." *CESifo Economic Studies.* Vol. 52. No. 2. pp.246-275.

Frankel, J. A. 2006. "The Balassa-Samuelson Relationship and the Renminbi." Harvard University. The Kennedy School of Government. December. Available on the Internet http://ksghome.harvard.edu/~jfrankel/ BalasaSamuelson&ChinaRMB.pdf.

Frankel, J. A. and S. J. Wei. 2007. "Assessing China's Exchange Rate Regime." *Economic Policy.* No. 51. July. pp.575-614.

Freund, C. and C. Ozden. 2006. "The Effects of China's Exports on Latin American Trade with the World." (mimeo.).

Freund, C. and F. Warnock. 2005. "Current Account Deficits in Industrial Countries: The Bigger They Are, the Harder They Fall?" Cambridge, MA. National Bureau of Economic Research. NBER Working Paper No. 11823.

Funabashi, Y. 2005. "China's Peaceful Ascendancy." *Yale Global.* New Haven, CT. Yale University. Yale Center for the Study of Globalization. December 19.

Funabashi, Y. 1989. *Managing the Dollar: From the Plaza to the Louvre*. Washington. DC. Institute for International Economics.

Funke, M. and J. Rahn. 2005. "Just How Undervalued is the Chinese Renminbi?" *The World Economy.* Vol. 28. No. 3. pp.465-489.

Garcia-Herrero, A. and T. Koivu. 2007. "Can the Chinese Trade Surplus be Reduced through Exchange Rate Policy?" Helsinki. Bank of Finland. Institute for Economies in Transition. Discussion Paper No. 6.

Garton, P. and J. Chang. 2005. "The Chinese Currency: How Undervalued and How Much Does it Matter?" *Economic Round Up.* Canberra, Australia. The Commonwealth Bank of Australia. pp.83-110.

Gates, B. 2005. "Bill Gates Bets against the US Dollar." Available on Bloomberg.com at http://quote.bloomberg.com/apps/news?pid_10000103&sid_aO.Rl7JwFWy8&refer_news_index. January 30.

Gaulier, G., F. Lemoine and D. Unal-Kesenci. 2005. "China's Integration in East Asia: Production Sharing, FDI, and High-Tech Trade." Paris. Centre d'Etudes Prospectives et d'Information Internationale. CEPII Working Paper No. 2005-09.

Geiger, M. 2005. "China's Spectacular Growth Since the Mid-1990s" in *China in a Globalizing World.* Geneva and New York. United Nations Conference on Trade and Development (UNCTAD). pp.1-44.

Gilbert, J. and T. Wahl. 2002. "Applied General Equilibrium Assessment of Trade Liberalization in China." *The World Economy.* Vol. 25. No. 5. May. pp.697-731.

Global Corruption Report 2007. Cambridge, UK. Cambridge University Press. Published for the Transparency International, Berlin, Germany.

Goldman Sachs. 2005. "Do Current Account Adjustments Have to be Painful?" *Goldman Economic Weekly.* No. 05/04. pp.41-62.

Goldman Sachs. 2004. "The BRICs and Global Markets: Crude, Cars and Capital." New York. Global Economics Paper No. 118. October 14.

Goldman Sachs. 2003. "Dreaming with BRICs: The Path to 2050." New York. Global Economics Paper No. 99. October 1.

Goldstein, M. 2007. "A (Lack of) Progress Report on China's Exchange Rate Policies." Washington DC. Peterson Institute for International Economics. Working Paper No. WP07-5. June.

Goldstein, M. 2004. "Adjusting China's Exchange Rate Policies." Paper presented at the High-Level Seminar at Dalian, China, May 26-27.

Goldstein, M. and N.R. Lardy. 2005. "China's Role in the Revived Bretton Woods System: A Case of Mistaken Identity." Washington DC. Institute for International Economics. *Working Paper Series.* WP05-2. March.

Gourinchas, P.O. and H. Rey. 2006. "From World Banker to World Venture Capitalist" in R. Clarida (ed.) *G7 Current Account Imbalances: Sustainability and Adjustment.* Chicago. The University of Chicago Press. pp.110-134.

Graham, E. M. and E. Wada. 2001. "Foreign Direct Investment in China" in P. Pricedale (ed.) *Achieving High Growth: Experiences of Transitional Economies in East Asia.* Melbourne. Oxford University Press. pp.130-149.

Greenspan, A. 2005. "The US Current Account." Speech at Advancing Enterprise 2005 Conference, in London, UK, February 4.

Greenspan, A. 2005. "China." Washington DC. The Federal Reserve Board. Testimony before the US Senate Committee on Finance, June 23.

Haddad, M. 2007. "Trade Interaction in East Asia: The Role of China and Production Networks." Washington DC. The World Bank. Policy Research Working Paper 4160. March.

Hale, G. and C. Long. 2007. "Is There Evidence of FDI Spillover on Chinese Firms' Productivity and Innovation?" San Francisco, CA. Federal Reserve Bank of San Francisco. Working Paper No. 2006-13. January.

Hallak, J.C. 2006. "Product Quality and the Direction of Trade." *Journal of International Economics*. Vol. 68. No. 1. pp.238-265.

Hammer, A.B. 2006. "The Dynamic Structure of US-China Trade, 1995-2005."

Washington DC. US International Trade Commission. Working Paper No. 2006-07A. July.

Hausmann, R. and F. Sturzenegger. 2006a. "Global Imbalance or Bad Accounting? The Missing Dark Matter." Center for International Development. Harvard University. CID Working Paper No. 124.

Hausmann, R. and F. Sturzenegger. 2006b. "Can Dark Matter Prevent a Big Bang?" Harvard University. Kennedy School of Government. (unpublished).

He, X. and Y. Cao. 2007. "Understanding High Saving Rate in China." *China and World Economy.* Vol. 15. No. 1. pp.1-13.

Hexter, J. and J.R. Woetzel. 2007. *Operation China: From Strategy to Operations.* Cambridge, MA. Harvard Business School Press.

Heytens, P. and H. Zebregs. 2003. "How Fast Can China Grow?" in W. Tseng and M. Rodlauer (eds) *China Competing in the World Economy.* Washington DC. International Monetary Fund. pp.8-29.

Hoggarth, G. and H. Tong. 2007. "The Impact of Yuan Revaluation on the Asian Region." London. Bank of England. Working Paper No. 329. July.

Hormats, R.D. 2007. "Foreign Holdings of US Debt: Is Our Economy Vulnerable?" Testimony in front of the House Budget Committee, the US Congress, in Washington DC, on June 26.

Hsiao, F.S.T. and M.C. Hsiao. 2004. "The Chaotic Attraction of Foreign Direct Investment: Why China?" *Journal of Asian Economics.* Vol. 15. No. 4. pp.641-670.

Hu, Z.L. and M.S. Khan. 1997. "Why is China Growing So Fast?" Washington DC. International Monetary Fund. *IMF Staff Paper.* No. 96/75.

Huang, Y. 2003a. *Selling China: Foreign Direct Investment during the Reform Era.* New York. Cambridge University Press.

Huang, Y. 2003b. "Foreign Direct Investment in China." Paper presented at the Carnegie Endowment for International Peace, Washington DC, on January 16.

Hufbauer, G.C. 2007. "Three US-China Trade Disputes." Paper prepared for the conference on "The China Balance Sheet in 2007 and Beyond" co-hosted by the Center for Strategic and International Studies and the Peterson Institute for International Economics, Washington DC, May 2.

Ianchovichina, E. and W. Martin. 2006. "Trade Impacts of China's World Trade Organization Accession." *Asian Economic Policy Review.* Vol. 1. No. 1. pp.45-65.

Ianchovichina, E. and T. Walmsley. 2003. "Impact of China's WTO Accession on East Asia." Washington DC. The World Bank. (mimeo.).

International Labor Organization (ILO). 2007. *Labor and Social Trends in ASEAN 2007.* Bangkok, Thailand.

International Monetary Fund (IMF). 2007. "Communiqué of the International Monetary and Financial Committee of the Board of Governors of the International Monetary Fund." Press Release No.07/71. April 14, 2007.

International Monetary Fund (IMF). 2006. "People's Republic of China: 2006Article IV Consultations." Washington DC. *IMF Country Report.* No. 06/394. October.

International Monetary Fund (IMF). 2006. *Regional Economic Outlook: Asia and Pacific.* Washington DC.

International Monetary Fund (IMF). 2004. *World Economic Outlook.* Washington DC. April.

International Trade Statistics 2006. Geneva, Switzerland. World Trade Organization.

Jackson, R. and N. Howe. 2004. *The Graying of the Middle Kingdom: The Demographics and Economics of Retirement Policy in China.* Washington DC. Center for Strategic and International Studies.

Jacoby, U. 2007. "Getting Together: New Partnership between China and Africa." *Finance and Development.* Vol. 44. No. 2. June. pp.34-35.

Jen, S. 2005. "Chinese Renminbi Basket Still a Mystery." *Global Economic Forum.* New York. Morgan Stanley. August 19.

Jianwu, H. and L. Shantong. 2007. "China's Economic Prospects, 2006–2020." Washington DC. Carnegie Endowment. Carnegie Paper No. 30. April.

Johnson, S. 2007. "The Rise of Sovereign Wealth Fund." *Finance and Development.* Vol. 44. No. 3. pp.56-57.

Jones, R., H. Kierzkowski and C. Lurong. 2004. "What Does the Evidence Tell Us about Fragmentation and Outsourcing?" *International Review of Economics and Finance.* Vol. 14. No. 3. pp.305-316.

Kahn, J. and J. Yardley. 2007. "As China Roars, Pollution Reaches Deadly Extremes." *The New York Times.* August 26. p.7.

Kanamori, T. and Z. Zhao. 2006. "The Evolution of Renminbi Exchange Rate." Tokyo. The ADB Institute. May 16.

Keidel, A. 2006. "China Succeeding beyond Expectations." Presented at the conference on *China and the World Economy* organized by the Atlantic Council, in Washington DC, on January 16.

Kose, A. M., E. Prasad, K. Rogoff and S.J. Wei. 2006. "Financial Globalization: A Reappraisal." Washington DC. International Monetary Fund. Working Paper WP/06/189. August.

Kraay, A. 2000. "Household Saving in China." *World Bank Economic Review.* Vol. 14. No. 3. pp.33-72.

Krueger, A. O. 2005. "China and the Global Economy." Paper presented at the American Enterprise Institute, Washington DC, on January 10, 2005.

Krugman, P. 2007. "Will There be a Dollar Crisis?" *Economic Policy.* No. 51. July. pp.436-467.

Krugman, P. 2006. "Will There be a Dollar Crisis?" Paper presented at the conference organized by the Federal Reserve Bank of Boston on *Global Imbalances: As Giants Evolve* at Chatham, MA, during June 14-16.

Krugman, P. 1994. "Competitiveness: A Dangerous Obsession." *Foreign Affairs.* April/March. Vol. 23. No. 2. pp.28-44.

Krugman, P. 1994. "The Myth of Asia's Miracle." *Foreign Affairs.* Vol. 73. No. 1. pp.62-78.

Kuijs, L. 2006. "How Will China's Saving-Investment Balance Evolve?" Washington DC. World Bank. Policy Research Working Paper No. 3958. July.

Kuijs, L. and Y. Wang. 2005. "China's Pattern of Growth: Moving to Sustainability and Reducing Inequality." *China and the World Economy.* Vol. 14. No. 1. pp.1-14.

Kurlantzick, J. 2007. "China's Growing Popularity." *Newsweek International.* New York. April 9. pp.45-46.

Kwan, C.H. 2002. "The Rise of China and Asia's Flying Geese Pattern of Economic Development: An Empirical Analysis." Tokyo, Japan. The Research Institute of Economy, Trade and Industry. Discussion Paper No. 02-E-009.

Lall, S. and M. Albaladejo. 2004. "China's Competitive Performance: A Threat to East Asian Manufactured Exports?" *World Development.* Vol. 32. No. 9. pp.1441-1466.

Lardy, N. 2002. *Integrating China into the Global Economy.* Washington DC. Brookings Institution Press.

Lardy, N. 1998. *China's Unfinished Economic Revolution.* Washington DC. The Brookings Institution.

Lardy, N. R. 2006. "China's Interaction with the Global Economy" in R. Garnaut and L. Song (eds) *The Turning Point in China's Economic Development.* Canberra, Australia. The Asia Pacific Press. Australian National University. pp.76-86.

Lau, L. J. and J. Park. 2003. "The Sources of East Asian Economic Growth Revisited." Paper presented at the Tsinghua University, Beijing, on March 26.

Lau, L. J., Y. Qian and G. Roland. 2001. "The Dual-Track Approach to Reform." *Journal of Political Economy.* Vol. 108. No. 1. pp.422-427.

Lee, J., W. J. McKibbin and Y.C. Park. 2004. "The Transpacific Imbalance." Sydney, Australia. The Lowy Institute. *Issues Brief.* Available on the Internet at http://www.lowyinstitute.org.

Lemoine, F. 2000. "FDI and Opening Up of Chinese Economy." Paris. Centre d'Etudes Prospectives et d'Information Internationale. CEPII Working Paper 2000-11.

Liang, H. 2005. "China's Ascent: Can the Middle Kingdom Meet Its Dreams?" *Global Economic Paper No. 133.* New York. Goldman Sachs.

Lipsky, J. 2007. Paper presented on "Understanding China" at the conference on *Global Implications of China's Trade, Investment and Growth* by the International Monetary Fund in Washington DC, on April 6, 2007.

Lipsky, J. 2007. "The Multilateral Approach to Global Imbalances." Paper presented at the Brussels Economic Forum, Brussels, Belgium, on May 31.

Lo, C. 2005. "China's Economic Threat: Myth or Truth?" Paper presented at the conference on *China's Development and Global Role* organized by the Swedish Institute of International Affairs, Stockholm, on November 25.

Loayza, N., K. Schmidt-Hebbel and L. Serven. 2000. "What Drives Private Saving Across the World?" *Review of Economics and Statistics.* Vol. 82. No. 2. pp.165-181.

Loungani, P. 2000. "Comrades or Competitors? Trade Links between China and Other East Asian Countries." *Finance and Development.* Vol. 37. No. 2. pp.1-5.

Lovell, J. 2006. *The Great Wall: China against the World.* Toronto, Viking Canada.

Maddison, A. 2003. *The World Economy: Historical Statistics.* Paris. Organization for Economic Cooperation and Development (OECD).

Maddison, A. 1998. *Chinese Economic Performance in the Long Run.* Paris.

Organization for Economic Cooperation and Development. Development Center.

Mankiw, N. G., D. Romer and D. Weil. 1992. "A Contribution to Empirical Economic Growth." *Quarterly Journal of Economics.* Vol. 107. No. 2. pp.407-437.

Mann, C. L. and K. Pluck. 2005. "The US Trade Deficit: A Disaggregated Perspective." Washington DC. Institute for International Economics. Working Paper No. WP05-11.

Marquez, J. and J.W. Schindler. 2006. "Exchange-Rate Effects on China's Trade: An Interim Report." San Francisco, CA. Federal Reserve Bank of San Francisco. Working Paper No. 2006-41. May.

McKibbin, W. J. and A. Stoeckel. 2005. "The United States Current Account Deficit and the World Markets." Washington DC. The Brookings Institution. *Economic Scenarios.* No. 10.

McKibbin, W.J. and W.T. Woo. 2003. "The Consequences of China's WTO Accession Its Neighbors." *Asian Economic Papers*. Vol. 12. No. 2. pp.1-38.

McKinnon, R. I. 2007. "Why China Should Keep Its Dollar Peg: A Historic Perspective from Japan." *International Finance.* Vol. 10. No. 1. pp.43-70.

McKinnon, R. I. 2007. "The Transfer Problem in Reducing the US Current Account Deficits." Stanford, CA. Stanford University. Stanford Center for International Development. Working Paper No. 326. May.

McKinnon, R. I. 2005. "Exchange Rates, Wages, and International Adjustment: Japan and China versus the United States." Stanford, CA. Stanford University. Stanford Institute for Economic Policy Research. *Policy Brief.* February.

McKinnon, R. I. and G. Schnable. 2006. "Devaluing the Dollar: A Critical Analysis of William Cline's Case for a New Plaza Agreement." *Journal of Policy Modeling.* Vol. 28. No. 6. pp.683-694.

McKinsey Global Institute (MGI). 2007. "From 'Made in China' to 'Sold in China': A Rise of the Chinese Urban Consumer." San Francisco, CA. November.

McKinsey Global Institute (MGI). 2007. *The US Imbalancing Act: Can the Current Account Deficit Continue?* San Francisco, CA.

McKinsey Global Institute (MGI). 2006. *Putting China's Capital to Work: The Value Financial System Reform.* San Francisco, CA. May.

McKinsey Global Institute. 2003. *New Horizons: Multinational Company Investment in Developing Economies.* San Francisco, CA.

Medeiros, E. S. and M.T. Fravel. 2003. "China's New Diplomacy." *Foreign Affairs*. November/December. pp.1-8.

Meissner, C. M. and A. M. Taylor. 2006. "Losing Our Marbles in the New Century? The Great Rebalancing in Historical Perspective." Paper prepared for the session "Global Imbalances: Lessons from History" during a conference organized by the Federal Reserve Bank of Boston, at Chatham, MA, during June 14-16.

Mercereau, B. 2005. "FDI Flows to Asia: Did the Dragon Crowd Out the Tigers?" Washington DC. International Monetary Fund. Working Paper No. 05/189.

Modigliani, F. and S. H. Cao. 2004. "The Chinese Saving Puzzle and the Life-Cycle Hypothesis. *Journal of Economic Literature*. Vol. 42. No. 1. pp.145-170.

Morrison, W. M. 2007. "China-US Trade Issues." Washington DC. Congressional Research Service. May. Code RL33536.

Mussa, M. 2004. "Exchange Rate Adjustments Needed to Reduce Global Payments Imbalances" in C.F. Bergsten and J. Williamson (eds) *Dollar Adjustment: How·Far? Against What?* Washington DC. Institute for International Economics. pp.113-128.

Mussa, M. 1983. "Empirical Regularities in the Behavior of Exchange Rates and Theories of the Foreign Exchange Market" in K. Brunner and A. Meltzer (eds) *Theories of the Foreign Exchange Market*. Amsterdam, North-Holland. pp.165-214.

Naughton, B. 1996. "China's Emergence and Prospects as a Trading Nation." *Brookings Papers on Economic Activity*. No. 2. pp.273-343.

Newsweek International. 2006. "Economy: Is China Too Rich?" September 4. pp.22-24.

Nye, J. 2005. "The Rise of China's Soft Power." *The Asian Wall Street Journal*. December 29. p.6.

Obstfeld, M. 2007. "The Renminbi's Dollar Peg at the Crossroads." Tokyo. The Bank of Japan. Institute for Monetary and Economic Studies. Discussion Paper No. 2007-E-11. August.

Obstfeld, M. and K. Rogoff. 2004. "The Unsustainable US Current Account Revisited." Cambridge, MA. National Bureau of Economic Research. NBER Working Paper No 10864. September.

Obstfeld, M. and K. Rogoff. 2000. "The Sustainability of US External Deficits and Chinese External Surpluses." New York. Stern School of Business. New York University. (unpublished).

Ogawa, E. and M. Sakane. 2006. "The Chinese Yuan after the Exchange Rate Reform." Tokyo. Research Institute of Economy, Trade and Industry. Discussion Paper No. 06-E-019.

Ogawa, E. and T. Ito. 2002. "On the Desirability of a Regional Basket Currency Arrangement." *Journal of the Japanese and International Economies.* Vol. 16. No. 2. pp 317-334.

O'Neill, J., S.B. Kim and M. Buchanan. 2006. "Globalization and Disinflation: Can Anyone Else Do a China?" *Global Economic Paper No. 147.* New York. Goldman Sachs.

Organization for Economic Cooperation and Development (OECD). 2007. *OECD Economic Outlook*, No. 81. Paris. May.

Organization for Economic Cooperation and Development (OECD). 2007. *China: OECD Review of Innovation Policy.* Paris.

Organization for Economic Cooperation and Development (OECD). 2006. "China's Trade and Growth: Impact on Selected OECD Countries." Paris. November.

Organization for Economic Cooperation and Development (OECD). 2005. "China Overtakes the US as World's Leading Exporter of Information Technology Goods." Paris. December 12. Available on the Internet at http://www.oecd.org/document/60/0,2340, en_2649_201185_35834236_1_1_1_1,00.html.

Organization for Economic Cooperation and Development (OECD). 2005. *OECD Economic Survey: China.* Paris. Vol. 2005/13. September.

Organization for Economic Cooperation and Development (OECD). 2005. "Modal Estimates of Services Barriers." Paris. November 8. TD/TC/WP (2005) No. 36.

Organization for Economic Cooperation and Development (OECD). 2005. "China Overtakes the US as World's Leading Exporter of Information Technology Goods." Paris. December 12. Available on the Internet at http://www.oecd.org/document/60/0,2340, en_2649_201185_35834236_1_1_1_1,00.html.

Organization for Economic Cooperation and Development (OECD). 2003. *China's Tariff Regime.* Paris. Center for Cooperation with Non-Members.

Organization for Economic Cooperation and Development (OECD). 2002. "Summary of the Studies on the Impact of WTO on China." Paris. October.

Overmyer, M. 2006. "WTO: Year Five." *The China Business Review.* December. Available on the Internet at http://www.chinabusinessreview.com/public/0601/overmyer.html.

Ozawa, T. 2003. "Pax Americana-Led Macro-Clustering and Flying-Geese Style Catch-Up in East Asia: Mechanism of Regionalized Endogenous Growth." *Journal of Asian Economies.* Vol. 13. No. 6. pp.699-713.

Pangestu, M. and S. Gooptu. 2004. "New Regionalism: Options for East Asia." In K. Krumm and H.J. Kharas (eds) *East Asian Integration: A Trade Policy Agenda for Shared Growth*, New York. Oxford University Press. pp.39-58.

Parker, S. and S.H. Lee. 2000. *Assessing East Asian Export Performance and Technology Upgrading from 1980-1996.* Tokyo. Asian Development Bank Institute.

Perkins, D.H. and T.G. Rawski. 2007. "Forecasting China's Economic Growth over the Next Two Decades." Cambridge, MA. Harvard University. Department of Economics. Available on the Internet at http://post.economics.harvard.edu/faculty/perkins/papers/Chaptr20.pdf.

Perkins, D. H. 2006. "China's Recent Economic Performance and Future Prospects." *Asian Economic Policy Review.* Vol. 1. No. 1. pp.15-40.

Peseck, W. 2007. "Viewpoint: Is the China Threat another Sputnik?" *The International Herald Tribune.* May 30. p.5.

Piermartini, R. and R. The. 2005. "Demystifying Modeling Methods for Trade Policy." Geneva, Switzerland. World Trade Organization. Discussion Paper No. 10.

Porter, M. 1990. *The Competitive Advantage of Nations.* New York. The Macmillan Press Ltd.

Prasad, E. S. and T. Rumbaug. 2004. "Overview" in E. Prasad (ed.) *China's Growth and Integration into the World Economy.* Washington DC. International Monetary Fund. Occasional Paper 232. pp.1-4.

Prasad, E. S. and T. Rumbaugh. 2003. "Beyond the Great Wall." *Finance and Development.* December 2003. pp.46-51.

Qiao, H. 2006. "Will China Grow Old before Getting Rich?" New York. Goldman Sachs. Goldman Economic Paper No. 138.

Qiao, H. 2005. "Exchange Rate and Trade Balance under the Dollar Standard." Stanford, CA. Stanford University. Center for International Development. Working Paper No. 259.

Quarterly Update. 2007. Beijing, World Bank, May.

Rajan, R. G. 2005. "Global Current Account Imbalances: Hard Landing or Soft

Landing." Lecture given at the Crédit Suisse First Boston Conference in Hong Kong, on March 15.

Rodrik, D. 2006. "What's So Special about China's Exports?" *China and the World Economy.* Vol. 14. No. 5. pp.1-19.

Rodrik, D. 2006a. "Social Cost of Foreign Exchange Reserves." Paper presented at the American Economic Association meeting in Boston, on January 16.

Rodrik, D. 2006b. "What's So Special about China's Exports?" *China and the World Economy.* Vol. 14. No. 5. pp.1-19.

Rossi, V. 2005. "Is Revaluation of the Renminbi Good News?" *CESifo Forum*. Vol. 3. pp.29-36.

Roubini, N. 2007. "Why China Should Abandon Its Dollar Peg." *International Finance.* Vol. 10. No. 1. pp.71-89.

Roubini, N. 2006. "The Unsustainability of the US Twin Deficits." *Cato Journal*. Vol. 26. No. 2. pp.343-356.

Roubini, N. and B. Setser. 2005. "Will the Bretton Woods 2 Regime Unravel Soon?" New York. Stern School of Business. New York University. (unpublished).

Roubini, N. and B. Setser. 2004. "The US as a Net Debtor: The Sustainability of the US External Balances." New York. Stern School of Business. New YorkUniversity. (unpublished).

Rumbaug, T. and N. Blancher. 2004. "International Trade and the Challenges of WTO Accession" in E. Prasad (ed.) *China's Growth and Integration into the World Economy.* Washington DC. International Monetary Fund. Occasional Paper No. 232. pp.5-13.

Sachs, J. D. and W. T. Woo. 2003. "China's Economic Growth after WTO Membership." *Journal of Chinese Economic and Business Studies.* Vol. 1. No. 1. pp.1-31.

Sachs, J. D. and W. T. Woo. 1997. "Understanding China's Economic Performance." Cambridge, MA. Harvard University. Harvard Institute of Economic Research. Working Paper No. 575.

Samuelson, P. A. 1964. "Theoretical Notes on Trade Problems." *Review of Economics and Statistics*. Vol. 46. pp.145-154.

Schott, P. K. 2006. "The Relative Sophistication of Chinese Exports." Cambridge, MA. National Bureau of Economic Research. NBER Working Paper No. 12173. April.

Shenkar, O. 2006. *The Chinese Century.* Upper Saddle River, New Jersey. Wharton

School Publishing.

Shiu, A. and A. Heshmati. 2006. "Technical Change and Total Factor Productivity Growth for Chinese Provinces." Bonn, Germany. Forschungsinstitut zur Zukunft der Arbeit. Discussion Paper No. 2133. May.

Shiue, C and W. Keller. 2004a. "Markets in China and Europe on the Eve of the Industrial Revolution." Cambridge, MA. National Bureau of Economic Research. Working Paper. 10778. September.

Shiue, C. and W. Keller. 2004b. "Market Integration and Economic Development: A Long-Run Comparison." Cambridge, MA. National Bureau of Economic Research. Working Paper. 10300. February.

Shuqing, G. 2004. "Evolution of Renminbi Exchange Rate Regime." *China Daily.* November 10.

Sobel, M. and L. Stedman. 2006. "The Evolution of G-7 and Economic Policy Coordination." Washington DC. The Department of Treasury. Occasional Paper No. 3. July.

Steinfeld, E. S. 2004. "Chinese Enterprise Development and the Challenge of Global Integration" in S. Yusuf, M. Anjum and K. Nabeshima (eds) *Global Production Networking and Technological Change in East Asia.* New York. Oxford University Press. pp.255-296.

Stiglitz, J. E. 2007. "Towards a New Model of Development." Paper presented at the *China Development Forum* in Beijing, China, on March 16.

Stiglitz, J.E. 2006. "China and the Global Economy: Challenges, Opportunities and Responsibilities" in L.S. Ho and R. Ash (eds) *China, Hong Kong and the World Economy.* Palgrave Macmillan Ltd. pp.17-31.

Stiglitz, J.E. 2006. "How to Fix the Global Economy." *The New York Times.* October 3. p.9.

Streifel, S. 2006. "Impact of China and India on Global Commodity Markets." Background paper for *Dancing with Giants*. Washington DC. The World Bank.

Summers, L. H. 2006. "Reflections on Global Account Imbalances." L.K. Jha memorial lecture delivered at the Reserve Bank of India, Mumbai, India, on March 24.

Summers, L. H. 2004. "The US and the Global Adjustment Process." Speech at the Institute for International Economics. Washington DC. March 23.

Summers, R. and A. Heston. 1991. "The Penn World Tables Mark-5: An Expanded Set of International Comparisons." *Quarterly Journal of Economics.* Vol. 106. No. 2. May.

pp.327-368.

Tanaka, A. 2006. "Global and Regional Geo-Strategic Implications of China's Emergence." *Asian Economic Policy Review.* Vol. 1. No. 1. 180-196.

Tang, F. 2007. "Investing in China: A New Era." Sir Gordan Wu Lecture delivered in Chasen Institute of International Business, Columbia Business School, New York, on May 10.

Tanner, M.S. 2004. "China Rethinks Unrest." *The Washington Quarterly.* Vol. 27. No. 3. pp.137-156.

Tatom, J. A. 2007. "The US-China Currency Dispute: Is a Rise in Yuan Necessary?" *Global Economy Journal.* Vol. 7. No. 3. Article 3. Available on the Internet at http://www.bepress.com/gej/vol7/iss3/2.

Thorbecke, W. 2006a. "The Effect of Exchange Rate Changes on Trade in East Asia." Tokyo. Research Institute for Economy, Trade and Industry. Discussion Paper No. 05-E-009.

Thorbecke, W. 2006b. "How Would an Appreciation of the Renminbi Affect the US Trade Deficit with China." *The Berkeley Electronic Journal in Macroeconomics.* Vol. 6. No. 3. Article 3.

Tseng, W. and H.H. Zebregs. 2002. "Foreign Direct Investment in China: Some Lessons." Washington DC. International Monetary Fund. Discussion Paper No. PDP/02/03.

United Nations Conference on Trade and Development (UNCTAD). 2007. *World Investment Report 2007.* Geneva and New York.

United Nations Conference on Trade and Development (UNCTAD). 2007. *UNCTAD Investment Brief.* No. 2. New York and Geneva. April.

United Nations Conference on Trade and Development (UNCTAD) 2006. *World Investment Report.* New York and Geneva. April.

United Nations Conference on Trade and Development (UNCTAD). 2005. *World Investment Report 2005.* Geneva and New York.

United States-China Business Council (USCBC). 2006. *The China Effect: Assessing the Impact on the US Economy.* Washington DC. June.

United States International Trade Commission (USITC). 2007. *The Year in Trade 2006.* 58th Report. Washington DC. July.

United States Trade Representative (USTR). 2006. "US-China Trade Relations: Entering a New Phase." Washington DC. February.

Wagner, J. 2007. "Export and Productivity: Comparable Evidence for 14 Countries."

Washington DC. The World Bank. Policy Research Working Paper No. 4418. November.

Wang, Y. and Y. Yao. 2003. "Sources of China's Economic Growth 1952-1999: Incorporating Human Capital Formation." *China Economic Review.* Vol. 14. No. 1.pp.32-52.

Wang, Z. 2003. "The Impact of China's WTO Accession on Patterns of World Trade." *Journal of Policy Modeling.* Vol. 25. No. 1. pp.1-41.

Watts, J. 2007. "Beijing Blames Pollutants for Rise in Killer Cancers." *Guardian.* May 22. p.6.

Weisman, S.R. 2008. "Eased Rules on Tech Sales to China Questioned." *The New York Times.* January 2. p.7.

Whally, J. 2006. "China in the World Trading System." *CESifo Economic Studies.* Vol. 52. No. 2. pp.215-245.

Whally, J. and X. Xin. 2006. "China's FDI and Non-FDI Economies and the Sustainability of Future High Chinese Growth." Cambridge, MA. National Bureau of Economic Research. Working Paper No. 12249. May.

Williamson, J. 2005. "Reforms to the International Monetary System to Prevent Unsustainable Global Imbalances" in *The International Monetary Fund in the 21st Century.* Geneva, Switzerland. World Economic Forum.

Williamson, J. 2001. "The Case of Basket, Band and Crawl (BBC) Regime for East Asia" in D. Gruen and J. Simon (eds) *Future Directions of Monetary Policy in East Asia.* Sydney. The Reserve Bank of Australia. pp.133-160.

Winters, L. A. and S. Yusuf. 2007. "Introduction: Dancing with Giants" in L.A. Winters and S. Yusuf (eds) in *Dancing with Giants*. Washington DC. The World Bank. pp.1-34.

Wolf, C. 2004. "China's Rising Unemployment Challenge." *The Wall Street Journal.* July 7. p.16.

Wolf, M. 2007. "The Right Way to Respond to China's Exploding Surpluses." *The Financial Times.* May 29. p.8.

Woo, W. T. 2004. "The Economic Impact of China's Emergence as a Major Trading Nation." Paper presented at the *2004 Forum on WTO, China and Asian Economies* jointly organized by the Research Center for International Economics, University of Washington and Renmin University, Beijing, in Beijing, during June 18-20.

The World Bank (WB). 2007. "Cost of Pollution in China." Washington DC. February.

The World Bank (WB). 2007. *China: Quarterly Update.* Beijing. September.

World Bank (WB). 2005. *Global Developmental Finance.* Washington DC.

The World Bank (WB). 2001. *Globalization, Growth and Poverty. Building an Inclusive World Economy.* Washington DC. May.

World Development Indicators 2007 (WDI). Washington DC. The World Bank. April.

World Development Indicators 2006 (WDI). Washington DC. The World Bank. April.

World Economic Outlook (WEO). 2007. International Monetary Fund. Washington DC. April.

World Economic Outlook (WEO). 2007. Washington DC. International Monetary Fund. October.

World Economic Outlook (WEO). 2006. International Monetary Fund. Washington DC. September.

World Economic Outlook (WEO). 2005. Washington DC. International Monetary Fund. April.

World Economic Outlook (WEO). 2004. Washington DC. International Monetary Fund. April.

World Economic Outlook (WEO). 2002. International Monetary Fund. Washington DC. September.

World Economic Outlook (WEO). 2000. International Monetary Fund. Washington DC. September.

World Investment Prospects. 2007. The Columbia Program on International Investment. New York. USA. Columbia University. September.

World Trade Organization (WTO). 2007. *International Trade Statistics 2007.*Geneva, Switzerland. November.

World Trade Organization (WTO). 2006. *International Trade Statistics 2006.* Geneva, Switzerland. November.

World Trade Organization (WTO). 2002. *Annual Report 2002.* Geneva.

Wu, Y. 2007. "Engage in Sincere Dialogue and Seek Common Development." speech at the banquet hosted by four American organizations in Washington DC on May 24.

Wu, Y. 2004. *China's Economic Growth: A Miracle with Chinese Characteristics.* London and New York. Routledge.

Wu, F., P.T. Siaw and Y.H. Sia. 2002. "Foreign Direct Investment to China and

Southeast Asia: Has ASEAN Been Losing Out?" *Economic Survey of Singapore.* Third Quarter. pp.96-115.

Xu, G. and R. Wang. 2007. "The Effect of Foreign Direct Investment on Domestic Capital Formation." *Global Economy Journal.* Vol. 7. No. 2. Article 1.

Yang, Y. 2006. "China's Integration into the World Economy: Implications for the Developing Countries." *Asian-Pacific Economic Literature.* Vol. 20. No. 1. pp.40-56.

Yi, J. 2006. "China's Rapid Accumulation of Foreign Exchange Reserves." Nottingham. UK. The University of Nottingham. China Policy Institute. Briefing Series No. 10. July.

Yi, K. M. 2003. "Can Vertical Specialization Explain the Growth of World Trade?" *Journal of Political Economy.* Vol. 111. No. 1. pp.52-102.

Yu, J. and S. Cheng. 2004. "The ASEAN-China Free Trade Area: Genesis and Implications." *Australian Journal of Internal Affairs*. Vol. 58. No. 2. pp.251-270.

Yueh, L. Y. 2008. "Perspectives on China's Economic Growth: Prospects and Wider Impact" in N. Dinello and S. Wong (eds) *China, India and Beyond: Drivers and Limitations.* Cheltenham, UK and Northampton, USA. Edward Elgar Publishing Inc. (forthcoming).

Yusuf, S. and K. Nabeshima. 2007. "Strengthening China's Technological Capacity." Washington DC. The World Bank. Policy Research Working Paper 4309. August.

Yusuf, S. and K. Nabeshima. 2006. *China's Development Priorities.* Washington DC. The World Bank.

Yusuf, S., K. Nabeshima and D.H. Perkins. 2006. "China and India Reshape Global Industrial Geography" in L.A. Winters and S. Yusuf (eds) in *Dancing With Giants*. Washington DC. The World Bank. pp.35-66.

Zebregs, H. 2004. "International Trade in Emerging Asia." Washington DC. International Monetary Fund. Policy Discussion Paper. PDP/04/1.

Zeng, D. Z. and S. Wang. 2007. "China and the Knowledge Economy: Challenges and Opportunities." Washington DC. World Bank Policy Research Working Paper No. 4223. May.

Zhang, J., H. G. Fung and D. Kummer. 2006. "Can Renminbi Appreciation Reduce the US Trade Deficit?" *China and the World Economy.* Vol. 14. No. 1. pp.44-56.

Zheng, Y. and J. Yi. 2007. "China's Rapid Accumulation of Foreign Exchange Reserves and Its Policy Implications." *China and the World Economy.* Vol. 15 No. 1. pp.1-25.

索 引

（页码为英文原文页码）

E

F

G

I

L

M

N

O

P

Q

R

S

T

U

V

W

Z

译后记

经过三十多年改革开放，中国的经济总量已经跃居世界第二，同时中国的发展经验也越来越具有巨大的影响力和吸引力，可以说，中国正在恢复在世界上曾经占据的地位。以历史的视角把当今的中国准确地定位为“复兴”，这是《中国经济的复兴》不同于众多“中国崛起”话语著作的特点之一。过去三十多年，中国经济发展呈现出显著的阶段性特征：第一阶段是从1980年到1990年，在这一阶段，中国的GDP总量从3015亿美元增长到3878亿美元；第二阶段是从1990年到2000年，在这一阶段，中国的GDP总量增长了3倍多，达到10808亿美元；第三阶段是从2000到2012年，中国的GDP增量增长了将近8倍，达到8.26万亿美元。这后二十多年中国财富总量的爆发式增长，显然与1992年的市场经济改革和2001年加入世界贸易组织的标志性事件存在不可分割的关系。正是改革，使中国人释放了惊人的财富创造能力；正是开放，使中国融入了世界文明发展的主流。唯有改革不停顿，才不致故步自封；唯有开放不止步，才不致盲目自大。这是本书的主要启示之一，也是我们选择翻译本书的主要缘由。

本书能够得以翻译出版，首先感谢人民出版社编辑钟金铃博士，没有他的积极推动，恐怕本书不会摆在读者面前。其次要感谢本书各位译者所付出的辛劳：本书的序言、第一章和第二章由我翻译，第三章由中央编译局马列部张志超翻译，第四章由中央编译局信息部冯瑾翻译，第五章由渤海大学商学院李冬梅翻译，最后由我对全部译文进行统稿。这里还应该感谢我的同窗、也是我多年的好友谢礼圣博士，他不辞辛苦地校阅了译稿，提出了许多修改意见，使本书增色不少。当然，翻译上的一些不当或疏漏之处，自然由我们各位译者负责。在此，我们也诚恳地希望读者提出批评意见。

吕增奎

2013 年 7 月于中央编译局